COLLANA **LUOGHI VERTICALI**

EDIZIONI **VERSANTE SUD**

Erstausgabe. Oktober 2017

ISBN 978 88 98609 840

Umschlagfoto	Torre dello Zancale in Lentiscelle (© *Antonello Naddeo*)
Texte	Caterina La Bella und Antonello Naddeo MTBCilento@versantesud.it
Foto	Antonello Naddeo
Übersetzung ins Deutsche	Ursula Oberrauch
Zeichnungen/Topos	Damiano Sessa und Chiara Benedetto. © Mapbox, © Open Street Map
Symbole	Tommaso Bacciocchi
Layout	Chiara Benedetto
Druck	Monotipia Cremonese snc (CR)

Null Km
Von Autoren, die das MTB in dieser Gegend leben und dessen Entwicklung vorantreiben

Ein „hausgemachter" MTB-Führer!

Was heißt das?
Gesünder und mehr Inhalt,
weil gemacht von lokalen Bikern.

Genauso wie die Bio-Tomaten vom Bauern nebenan?
Richtig! Unverfälscht und hausgemacht.

Lokale Autoren können nur von Vorteil sein
für jeden Bikeliebhaber:
- Sie haben die neusten Informationen.
- Sie konzentrieren sich nicht nur auf die bekanntesten Spots.
- Sie investieren den Erlös in neue Strecken.

Lokale Autoren können nur von Vorteil sein
für das Gebiet:
- Sie veröffentlichen nur das, was auch veröffentlicht werden darf.
- Sie unterstützen die einzelnen Ortschaften.
- Sie stehen in enger Verbindung mit der lokalen Realität.

Und zum Schluss das Wichtigste: auf ihren **Wegen**, liegt stets ein Stückchen ihres **Herzens**.

HINWEIS

Mountenbiken ist ein potenziell gefährlicher Sport und geschieht immer auf eigene Gefahr. Alle Hinweise in diesem Führer beruhen auf Informationen, die zum Zeitpunkt der Druck- legung aktuell waren. Es wird empfohlen sich vor jeder Tour über den aktuellen Stand zu informieren.

Null Km

Von Autoren, die das MTB in dieser Gegend leben und dessen Entwicklung vorantreiben

Caterina La Bella

Antonello Naddeo

MOUNTAINBIKEN

im Cilento

52 Touren zwischen Meer und Felsen in Süditalien

EDIZIONI **VERSANTE SUD**

VERSANTE SUD

Vorwort

Das Fahrrad ist mehr als nur ein einfaches Mittel um Sport zu treiben. Es ist ein Lebensstil. Das Fahrrad „zwingt“ uns dazu, gesund zu leben, die Natur zu entdecken und einzigarte Momente zu erleben und zu teilen. Ganz nach dem Konzept des französischen Journalisten und Autors Tronchet Didier („Petit Traité de vélosophie“ - Kleines Traktat der Fahrradphilosophie), der es liebte, auf dem Fahrrad durch Paris zu fahren, um die Welt aus einem anderen Blickwinkel zu beobachten. Die sich stets wiederholende Bewegung beim Fahrradfahren sorgt für Wohlbefinden, Entspannung, Optimis-

mus und gute Laune. Das Kind in uns wird uns dafür mit Sicherheit sehr dankbar sein.
Fahrradfahren ist, im Gegensatz zu vielen anderen komplizierten Dingen im Leben, etwas ganz Einfaches. Der schwierigste Teil ist das Anfangen und die Angst vor der Anstrengung zu besiegen. Wenn das geschafft ist, wird es schwer, wieder damit aufzuhören!

Antonello Naddeo

Punta Licosa und der Leuchtturm (© *Antonello Naddeo*)

Inhaltsverzeichnis

Karte 7
Zur Methode 8
Danksagung 8
Einleitung 12
Auswahl des Mountainbikes 12
Die Ausrüstung 16
Sicherheit - die Ausrüstung 19
Das verdammte Loch!! 21
Vorbereitung 22
Der Cilento - eine Einleitung 24
Das Lesen der Wege - Legende 28

OBERER CILENTO

01. Entdeckungstour zu den Trezeni 36
02. Den Sirenen auf der Spur 42
03. Monte Licosa Rundtour 48
04. Monte di Pietra 52
05. Die Oase des Alento 56
06. Gole dei Tremonti - Solofrone Wasserfall .. 60
07. Sentiero di San Francesco 66
08. Fiumarella und Valle dei Mulini 70
09. Vatolla - Zwischen Geschichte und Natur ... 74
Borgo di Vatolla - Palazzo De Vargas (Vatolla) 78
Die Vatolla-Zwiebel 78
10. Fünf Dörfer 80
11. Transmontemare 84
Die Ripe Rosse 88
12. Ringtour Piano Vetrale und Monte Serra 90
13. Sentiero del Pane Cilentano 96
14. S(t)ella Ronda Cilentano 100

ZENTRALER CILENTO

15. Auf dem Gipfel des Gelbison 108
16. Die schönste Küste des Cilento: La Tangeta .. 114
17. Auf den Spuren des Parmenides 118
18. Am Hof von Castelnuovo Cilento 124
19. Civitella Ringtour 128

UNTERER CILENTO

20. Capo Palinuro 134
Die Grotten von Palinuro 139
21. Valle del diavolo und Sentiero dei Briganti . 140
22. Karibik des Cilento: Baia degli Infreschi 144
23. Küste und Wachtürme 148
24. Monte Castelluccio 154
25. Calvario-Ringtour 158
26. Pianoro di Ciolandrea und Vallone del Marcellino 162
27. Oasi del Capello 168

VALLE DEL CALORE ALBURNI

28. Campora - Rundtour 176
29. Monte Chianiello Rundtour 182
30. Die Schluchten von Felitto 186
31. Geisterstädte und die Schluchten des Sammaro 190
32. Passo della Sentinella und Sella del Corticato 194
33. Valle del Fasanella: Ruinen und archäologische Fundstätten 198
34. Hüttentour in den Monti Alburni 202
35. Antece 206
36. u' Figliuliedd 212
37. Von San Pietro al Tanagro zu den Campi di Cerabona 216

VALLO DI DIANO

38. Monte Capo La Serra 222
39. Pertosa - Rundtour........................... 228
40. Sito Alto und Sentiero dei Pellegrini 232
41. Monte Motola................................ 238
42. Im Land der Fusilli...........................244
43. Cima di Mércori 248
44. Der Kopf des Drachens: Cocuzzo delle Puglie 252
45. Im Valle del Bucana.......................... 258
46. Das Tal der Orchideen.......................264
47. Die wunderbare Welt des Monte Cervati . . 270
48. Paparella-Ringtour: Monte Romito und San Michele in Grottelle 278
49. Valle Strazza und Sentiero di San Michele . 284
50. Der affondatore di Vallivona................290
51. Durch den Wald: Cerreta - Cognole.........294
52. Casalbuono Ringtour 298

Zusammenfassung der Touren 302

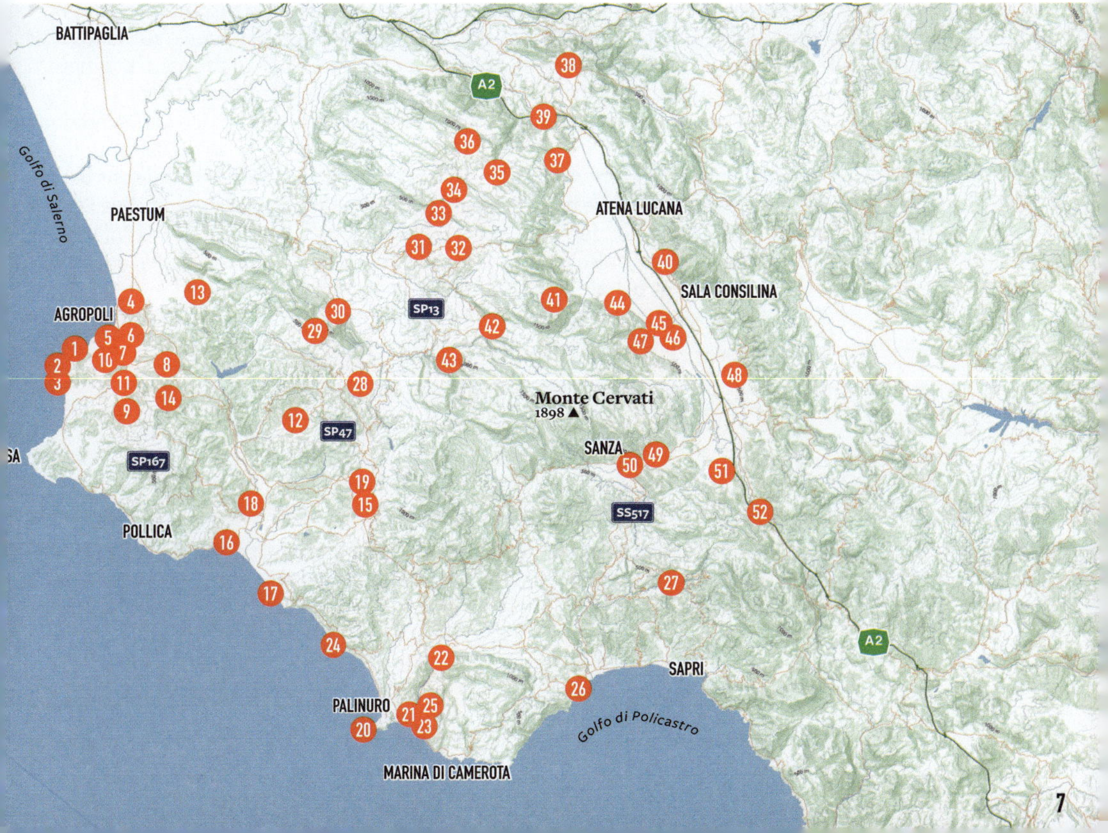

Zur Methode

Der Cilento ist ein geheimnisvolles, wildes Stück Land, ein Territorium, in dem man viele kleine Schätze entdecken kann. Dieses Buch entstand mit der Absicht, einen Weg durch diesen fantastischen Landstrich, vorbei an all diesen kleinen Schätzen zu finden. Jede unserer Touren ist eine Entdeckungsreise in Gebiete, die reich an Natur, Kunst, Geschichte, Kultur und Gastronomie sind. Die meisten Strecken wurden von uns Autoren entworfen, wir raten jedoch dazu, sich zusätzlich an die MTB-Vereine vor Ort zu wenden, um Genaueres über den momentanen Zustand der Wege zu erfahren.

Danksagung

Ein besonderer Dank geht an Marco „Aquila“ Inverso, Ansprechpartner für das MTB in der Region Cilento und großer Kenner des Territoriums. Er war der erster Bike-Kumpel, der an die Möglichkeit glaubte, unser Gebiet über seine Grenzen hinaus bekannt machen zu können. Danke auch an Cono Sanseverino, unsere Schotterwege kreuzten sich an einem Sommerabend und von diesem Zeitpunkt an haben wir das Vallo di Diano bis in die hinterste Ecke gemeinsam auf dem Bike erkundet. Er war unser Ansprechpartner bei allen technischen Fragen dieses Buches und stand uns bei all den durchwachten Nächten, die für dessen Realisierung nötig waren, tatkräftig zur Seite. Und zu guter Letzt ist da noch Adriano Auleta, ein authentischer Abenteurer, der uns bei unzähligen Kilometern durch die cilentanische Wildnis antrieb.

Nicht zu vergessen sind die beiden MTB-Verbände des Cilento - „Bike in Tour Vallo di Diano“ und „Cilento Mtb“ - und natürlich alle Biker, die uns bei der Arbeit zur Seite standen. Ein ganz großes Dankeschön geht an unsere Kinder und Eltern, die uns stets unterstützt und unsere stundenlangen Abwesenheiten ertragen haben.

Der Weg der Tragara mit tollem Ausblick auf den Mingardo und das Meer von Palinuro (© *Antonello Naddeo*)

In Richtung Gipfel des Cocuzzo delle Puglie; Sella del Corticato unten und im Hintergrund der Monte Motola (© *Antonello Naddeo*)

Einleitung

Auswahl des Mountainbikes

Wer bereits ein Mountainbiker ist, der braucht diesen Teil des Buches nicht zu lesen. Wer dagegen noch nicht so genau weiß, wie das Ganze funktioniert und was man dafür braucht, aber schon vom MTB-Virus befallen ist, dem können wir vielleicht ein paar hilfreiche Tipps geben. Bei der Auswahl des richtigen Bikes sollte man sich nicht von Marketing oder Mode beeinflussen lassen, denn es sind eine Reihe wichtiger Faktoren zu beachten. Dazu gehört beispielsweise die Art der Strecken, die man in Angriff nehmen möchte. Die Preise variieren, genauso wie auch Qualität und Sicherheit stark variieren können. Wir unterscheiden hier zwischen sechs großen Kategorien, auch wenn es noch verschiedene Untergruppen gibt. Die Kategorien sind Cross Country, All Mountain, Enduro, Freeride, Downhill und nicht zu vergessen das E-Bike. Bevor man sich auf das eine oder andere Bike stürzt, sollte man stets mehrere Möglichkeiten ausprobieren und gut abwägen um Fehlkäufe zu vermeiden.

Cross Country

Bei der Disziplin Cross Country (wird oft mit XC abgekürzt) wird eine Rundstrecke von den Sportlern mehrfach gefahren, wobei die Geschwindigkeit der entscheidende Faktor ist. Es eignen sich leichte und effiziente Bikes. Das XC-Bike ist perfekt für schnelle Touren, bergauf und nicht allzu technisch, Singletrails und Schotterwege, wobei der Abfahrt kein besonderer Stellenwert beigemessen wird. Was den Aufbau angeht, ist das ideale XC-Bike ist ein Hardtail, wobei der Federweg der vorderen Gabel nicht mehr als 120 mm betragen sollte. 29"-Reifen sind ideal um schnell Hindernisse zu überwinden, außerdem sollten sie einen geringen Rollwiderstand haben. Nur ein Kettenblatt vorn vermindert die Wahrscheinlichkeit von Problemen mit der Schaltung.

All Mountain

All Mountain ist die klassische Mountainbike-Tour, auf Pfaden durch die Berge, egal ob Alpen oder Apennin; hier stößt man sowohl auf harte und technische Anstiege als auch auf lange Abfahrten, die jede Menge Adrenalin versprechen. Die Fahrräder dieser Disziplin sind Full Suspended, also vorn und hinten gefedert mit regulierbarem Federweg zwischen 140 und 150 mm. Das Bike wiegt zwischen 12 und 15 kg, hat einen Aluminium-Rahmen (manchmal werden auch Spitzenprodukte mit Carbon-Rahmen vorgeschlagen) und eine stabile Geomet-

Die Festung Castello di Castelnuovo Cilento (© *Antonello Naddeo*)

rie, die für eine nicht extreme Abfahrt ausreichend ist, es erlaubt steile Stellen zu überwinden und sich dennoch nicht negativ auf den Anstieg auswirkt.

Enduro

Enduro ist eine Wettkampfdisziplin, die die Kriterien des All Mountain ins Extrem treibt. Der Enduro-Biker ist ein Biker, der den Anstieg nicht verschmäht, aber vor allem Abfahrten auf technischem Untergrund liebt. Sein Fahrstil ist mit Sicherheit technischer und aggressiver als der des AM-Fahrers. Wer diese Disziplin betreibt muss mehr Wert auf die entsprechende Ausrüstung legen, es sind Ellenbogen-, Knie- und Rückenprotektoren, sowie ein sicherer Helm nötig. Enduro-Bikes ähneln den All Mountain-Bikes, sind jedoch meist Wettkampfräder. Der Federweg beträgt meist 160 m, die Standrohre sind 34-36 mm dick und damit ausrei-

chend steif, das hintere Federbein mit Piggy Back. Enduro-Bikes können nur ein Kettenblatt haben und sind im Gewicht vergleichbar mit All Mountain-Rädern. Die Reifen sind breiter, stärker profiliert und somit besser geeignet für losen Untergrund.

Freeride

Freeride ist alles, was von den bereits genannten Kategorien noch nicht abgedeckt wurde. Es ist eine „Fahr-Philosophie", die auf Spaß, Abfahrt und Sprünge ausgerichtet ist. Freeride-Bikes sind auf Abfahren, Sprünge, natürliche und künstliche Steilkurven und alles, was man sonst noch an Hindernissen in Bikeparks trifft, ausgelegt. Da man meist auf motorisiertem Weg nach oben kommt (Seilbahn oder Shuttle), müssen die Räder nicht für bequemes bergauf-Fahren geeignet sein, der Fokus liegt hier auf Stabilität und den Eigenschaf-

Der Buchenwald des Monte Motola (© *Antonello Naddeo*)

ten, die sich positiv bei der Abfahrt auswirken, dazu gehört ein Federweg von ca. 180 mm genauso wie eine besondere Rahmenkonstruktion mit niedrigem Schwerpunkt und laufruhiger Geometrie. Die Rahmen sind in Aluminium, sie verfügen über hydraulische Scheibenbremsen (200 mm), die schnell abkühlen, nur ein Kettenblatt und breite, stark profilierte Reifen mit robusten Speichen.

Downhill

Downhill ist eine Wettkampfdisziplin, bei der die Athleten Abfahrtsrennen bestreiten, wobei die Strecken in Geschwindigkeit und technischem Anspruch variieren können. Beim DH ist ein kühler Kopf, höchste Konzentration, Gleichgewicht, eine sehr gute Fahrtechnik und die Fähigkeit, die Strecke schnell voraussehen und interpretieren zu können, gefragt. Das Bike muss sehr hohe Geschwindigkeiten aushalten und über eine sehr stabile Geometrie verfügen, mit hecklastiger Sitzposition und flachem Lenkwinkel. Die Rohre der Gabel haben einen Durchmesser von 40 mm, so dass sie auch bei einem Federweg von 200 mm noch ausreichend stabil sind. Man experimentiert auch mit Luftdämpfern, da auch das Gewicht eine wichtige Rolle beim DH spielt: Das Bike ist weniger träge, wird schneller und vor allem der Bremsweg damit kürzer. Auch Reifen und alle restlichen Bauteile sind ganz auf die Robustheit ausgelegt, wie auch beim Freeride. Meist werden 26”-Reifen verwendet.

E-Bike

In den letzten Jahren ist der Markt für E-Bikes regelrecht explodiert. Bei den elektrischen Fahrrädern handelt es sich um Hybride, die dem Fahrer beim Anstieg entlasten und so das bergauf Fahren leichter machen. Auf diese Weise kann man längere Strecken bewältigen und wer es ausprobiert hat, erzählt von größerem Spaß bei Abfahrt, da man sich dort, wo man vielleicht mit einem normalen MTB etwas zurückhaltender gewesen wäre, sicherer fühlt. In der Zukunft wird das E-Bike mit Sicherheit eine immer größere Rolle spielen.

Die Ausrüstung

Mein erster Rat: niemals in Eile einkaufen. Es ist wichtig, auf eine Ausrüstung mit guter Qualität zu achten.

Der Helm

Einen Helm nach modischen Gründen oder je nach Preis auszuwählen, könnte beim Mountainbiken durchaus gefährlich werden. Helme für Biker, die auf der Straße unterwegs sind haben andere Eigenschaften als MTB-Helme, denn hier ist ein höheres Maß an Schutz gefordert. Neben der Sturzgefahr besteht zusätzlich die Gefahr, durch Hindernisse wie Felsen, Äste oder Steine zu Schaden zu kommen. Je mehr man sich der Gravity-Disziplin nähert, desto größer muss natürlich auch der Schutz von Nacken und Kiefer sein und man sollte zum Integralhelm greifen. Es empfiehlt sich, stets mit Blick auf das Vorhaben einzukaufen. Der Helm, genauso wie der Rest der Ausrüstung, muss regelmäßiges Waschen aushalten, damit sich vor allem auf der Innenseite keine Bakterien breitmachen können. Außerdem hat jeder Helm eine sehr präzise Lebensdauer, die durch regelmäßige Nutzung und Waschen verkürzt wird. Man sollte seine Ausrüstung auf jeden Fall in regelmäßigen Abständen kontrollieren. Unter dem Helm sollte man stets eine Sturmhaube tragen, sie schützt im Winter vor Kälte und nimmt im Sommer den Schweiß auf.

Die Brille

Ohne Brille geht es nicht. In den Bergen stößt man auf allerlei Hindernisse, von Ästen über Staub und Insekten bis hin zu kleineren Steinen, die bei einem gewissen Tempo gefährlich für unsere Augen werden könnten. Ideal wäre eine Brille mit Linsen, deren Tönung sich automatisch den Lichtverhältnissen der Umgebung anpasst.

Die Hose

Auch die Auswahl der Hose hängt von der MTB-Disziplin ab. Beim XC und All Mountain wird meist die klassische Fahrradhose mit Polsterung verwendet, beim Freeride setzt man dagegen auf Hosen/Baggys ohne Protektoren.

Handschuhe

Auf Handschuhe sollte man nicht verzichten, sie schützen die Hände bei einem Sturz und garantieren den idealen Grip, um den Lenker besser unter Kontrolle halten zu können. Hier hat der Biker die Qual der Wahl, je nach Geschmack kann man zwischen kurzen Fingern und Kompletthandschuh (Freeride) wählen.

Der Wasserfall in der Nähe von Laurino (© *Antonello Naddeo*)

Protektoren
Je mehr man sich in Richtung Enduro und Gravity bewegt, desto wichtiger werden die Protektoren. Beim Gravity sind die Protektoren steifer, man trägt Knieschoner und steife oder halbsteife Ellenbogenschoner. Es gibt Brustprotektoren, die Schultern und den ganzen Oberkörper miteinschließen und Rückenprotektoren, die entweder einzeln oder im Rucksack integriert gekauft werden können. Nicht zu vergessen das Neck Brace zum Schutz der Halswirbelsäule.

T-Shirt
Auch hier sollte man nicht die Ästhetik als erstes Auswahlkriterium walten lassen. Ein technisches Gewebe ist auf jeden Fall vorzuziehen, da es atmungsaktiv ist und vor allem im Winter vor Kälte schützt. Am besten ist der „Zwiebel-Look", also Schichten, damit Temperaturumschwünge nicht zum Problem werden können.

Unterwäsche
Technische, atmungsaktive Unterwäsche im Winter wie im Sommer ist ratsam zum Schutz vor Schweiß und Kälte.

Socken
Jenseits modischer Fragen, sollte man stets schwarze oder graue Socken anziehen. Weiße Socken würden nicht lange weiß bleiben.

Schuhe
Hier ist für jeden Geschmack etwas dabei. Die Auswahl geht vom klassischen Fahrradschuh (leicht und für SPD-Pedale geeignet) bis zum Schuh für Enduro und Downhill. Wer das ganze Jahr über Fahrrad fährt, weiß sehr gut, welche Schwierigkeiten verschiedenartige Wege für uns bereithalten. Im Winter ist die Kälte der Feind Nr. 1, gleich gefolgt vom Wasser, beide könnten unsere Füße in sehr unangenehme Situationen bringen. Aus diesem Grund sollte man bei der Auswahl der Schuhe sehr sorgsam sein, vor allem, wenn man auf etwas extremeren

Wegen unterwegs ist. In diesem Fall sind Schuhe geeignet, die wie Trekkingschuhe über eine VIBRAM-Sohle verfügen und aus GORETEX-Material gefertigt sind, damit ist vor allem im Winter ein Großteil der Probleme gelöst.

Sicherheit - die Ausrüstung

Auf der Liste der fünf wichtigsten Ausrüstungsgegenstände steht an erste Stelle der Rucksack. Bei längeren Ausflügen sollte darin auch stets ein Trinksack enthalten sein: bequemer als eine Trinkflasche und meist mit größerem Fassungsvermögen. Die Menge an Flüssigkeit, die wir dabeihaben, variiert natürlich je nach Jahreszeit und Länge und vor allem ob oder wie viele Möglichkeiten zum Auffüllen entlang einer Strecke vorhanden sind. Manche Biker bevorzugen einen Trinkrucksack, der Nachteil ist jedoch ein geringes Fassungsvermögen und nur wenige Fächer. Andere setzen auf größere Rucksäcke, in denen auch Ausrüstung und ein Minimum an Werkzeug Platz haben. Hier eine Liste mit den Dingen, die unserer Meinung nach bei jedem MTB-Ausflug dabei sein sollten.

T-Shirt zum Wechseln (im Winter eventuell auch ein extra Paar Socken)
Windstopper, Regenjacke oder -cape
Stulpen
Kleine Pumpe und Ersatzschlauch (auch bei *tubeless* Bikes, die im Falle eines Schadens schwieriger zu reparieren sind)
CO_2-Kartusche für *tubeless*
Reparaturkit
Erste-Hilfe-Set
Multitool
Handy
Kettennieter
Energy-Riegel, ideal für eine Stärkung zwischendurch
Getrocknete Früchte
Taschentücher
Draht oder Kabelbinder
Tiervertreiber-Gerät

Die Bergkette der Monti Alburni (© *Antonello Naddeo*)

Manchmal ist es besser, ein Fahrradlicht und Reflektoren dabeizuhaben, vor allem, wenn man am Nachmittag im Wald unterwegs ist oder erst abends zurückkommt. Das scheint alles ziemlich viel Zeug, ist aber alles essentiell für einen gelungenen und sicheren MTB-Ausflug.

Besonders wichtig ist das Erste-Hilfe-Set. Mountainbiken ist ein gefährlicher Sport und Stürze, kleinere Schnitt- oder Schürfwunden sind keine Seltenheit! Das Set sollte Pflaster, Binden, Pinzette und Desinfektionsmittel enthalten, wer allergisch ist, sollte eine entsprechende Medikation auf keinen Fall vergessen.

Auch das Handy sollte man auf keinen Fall zu Hause lassen, oft kann es als GPS-Gerät von großem Nutzen sein. Auch wenn kein Netz vorhanden ist, kann das Mobiltelefon Nachrichten erhalten, Notrufe absetzen oder zur Lokalisierung dienen. Trotz GPS sollte man unbedingt eine Karte und einen Kompass mitnehmen, denn Batterien halten nicht ewig! Ganz wichtig sind auch genügend Flüssigkeit und beispielsweise Energy-Gels, die verhindern,

Blick auf Insel der Sirenen an den Klippen „Scogliera delle Macinelle“ (© *Antonello Naddeo*)

dass bei anstrengenden Touren der Zuckerspiegel zu sehr sinkt und somit unsere Fahrtechnik leidet. Dazu kommen natürlich auch ausreichend Kohlenhydraten (sie machen 70 % unseres Energiebedarfs aus) vor der Tour.

Das verdammte Loch!!

Das passiert mir doch nicht...meine Reifen gehören zu den besten und der Schlauch ist Top-Qualität! Das hört man oft von weniger erfahrenen und unaufmerksamen Bikern. Aber nichts ist wahrscheinlicher als ein Durchschlag, es reichen ein Stein, ein kantiger Felsaufschluss, Dornen oder Büsche. Reifen mit Luftschlauch sind anfälliger für Löcher und so hat man in den letzten Jahren versucht, dem Problem mit tubeless-Reifen entgegenzutreten (*tubeless* ist der Begriff für Reifen ohne Luftschlauch). Der Vorteil dieses Systems ist, dass der Reifen sehr viel widerstandsfähiger ist und die Dichtmilch-Schicht auf der Innenseite der Reifen kleine Löcher „selbst" repariert.

Wer dagegen noch Reifen mit Luftschlauch nutzt (das gilt aber auch für alle, die schon im Besitz von *tubeless* sind), sollte die Möglichkeit eines Lochs stets vor Augen und bei jeder Tour dementsprechend ausgerüstet sein. Hier unser Vorschlag für ein Reparaturkit:

2 Reifenheber, um dem Reifen von der Felge zu bekommen
1 Ersatzschlauch (auch für *tubeless*-Fahrer)
Flickset für den Schlauch, inklusive Kleber
Ein Stück Schmirgelpaper, um den Reifen oder Schlauch vor dem Flicken zu präparieren
2 CO_2-Kartuschen für *tubeless*
Ein Stück Luftschlauch für große Durchschläge beim *tubeless*
Pannenspray
Aufsatz für Kartusche
Kleine Pumpe
Multitool
Isolierband
Tubeless Tire Repair Kit

Vorbereitung

Vor jedem Ausflug sollte man seine Ausrüstung auf Vollständigkeit überprüfen, mögliche Punkte für eine Stärkung/Einkehr einplanen und einen Blick auf das Kartenmaterial werfen, um besser Länge, Höhenmeter und Kraftaufwand der Strecke abschätzen zu können. Bei der Vorbereitung auf Touren im Winter sollte man besonders auf die richtige Kleidung, entsprechende Reifen, eine geeignete Strecke und die Wettervorhersage achten.

Der „Check“ vor der Abfahrt

Obligatorisch ist die Kontrolle unseres Bikes, um bösen Überraschungen während der Tour vorzubeugen. Dazu gehören der Zustand der Kette, der

Treppe zum Traumstrand (© *Antonello Naddeo*)

Luftdruck der Reifen, sowie Funktionstüchtigkeit der Bremsen. Nie sollte man vergessen vor Tourstart alle mobilen Glieder des Bikes ausreichend zu schmieren, damit das Fahren flüssiger wird. Zudem sollte man alle Schrauben kontrollieren. Das alles am besten nicht nur vor der Tour, sondern in regelmäßigen Abständen.

Kartenmaterial und GPS

Wir haben bereits auf die wichtige Rolle von Karten und GPS hingewiesen. Heute gibt es eine unglaubliche Auswahl an Navigationsgeräten und viele Biker setzen auf die Navigations-App ihres Smartphones. So weit so gut, die gute alte Karte sollte man trotzdem nicht vergessen.

Training

Mountainbike ist ein Sport, der kein Improvisieren zulässt. Der Kraftanspruch ist niemals konstant und kann je nach Streckenbeschaffenheit variieren. Man braucht Ausdauer, Kraft, Schnelligkeit, einen guten Gleichgewichtssinn und sollte auf jeden Fall ausreichend trainiert sein, um Unfälle zu vermeiden.

Ernährung

Dieses Buch führt uns in den Süden, in die Region des Cilento, und wir kommen gar nicht umhin, einen kleinen Abstecher zur „mediterranen Diät" zu machen. Das Modell der „mediterranen Diät" wurde genau hier im Cilento, genauer gesagt in Pioppi, von dem Wissenschaftler Ancel Keys erdacht. Wenn eine anstrengende Tour ansteht, ist ein reichhaltiges Frühstück besonders wichtig. Hier empfehlen sich Brot (besser Vollkorn), Kekse, Müsli, Milch oder Joghurt als Proteinquelle und Früchte oder Saft als Vitaminquelle. Jenseits von Ernährungstabellen und strengen Diäten raten

wir dazu, vor allem am Tag vor dem Ausflug auf eine energiereiche Ernährung zu achten. Eine zu große Menge an Kohlenhydraten kann jedoch zu Verdauungsproblemen mit unangenehmen Konsequenzen führen, viele Biker entscheiden sich daher für ein leichtes Frühstück mit Brot/Toast und Marmelade/Honig. Während der Tour sind Energy-Riegel sehr hilfreich, außerdem bietet die Gegend, in der wir unterwegs sind, ein reichhaltiges Angebot an getrockneten Früchten, wie beispielsweise Trauben, Datteln, Feigen oder Aprikosen. Auch Bananen sind ein guter Snack, sie sind reich an Kalium und beugen Krämpfen vor. Am Ende der Tour sorgen Pastagerichte für den Wiederaufbau der Glykogen-Reserven. Hauptspeisen auf Basis von Fisch oder Fleisch, gefolgt von Käse sorgen dafür, dass wir ausreichend Proteine und Fette aufnehmen. Auch Hülsenfrüchte sind reich an Proteinen und liefern wichtige Kalorien.

Der Cilento - eine Einleitung

Der Cilento Nationalpark ist mit einer Fläche von mehr als 1810 Quadratkilometern der zweitgrößte Naturpark Italiens. Er erstreckt sich über ca. 80 Gemeinden in der Provinz von Salerno. Die höchsten Gipfel des Gebiets kratzen an der 2000 m-Marke und der Monte Cervati ist der höchste Berg der Region Kampanien. Der Anteil an Berglandschaften im Nationalpark beträgt ca. 22%, 71% der Fläche erstreckt sich über sanfte Hügellandschaften. Das Gebiet kann mit 115 km Küste glänzen und 14 Strände tragen eine Auszeichnung für besondere Schönheit und Qualität.

Im Cilento findet man neben den sanften Hügellandschaften auch raue Karstlandschaften, in die das Wasser der Flüsse tiefe und beeindruckende Schluchten gegraben haben. Es gibt zahlreiche Höhlen, wie beispielsweise die fast 5 km lange Grotta di Castelcivita oder die Grotta di Pertosa.

Die Flora des Nationalparks ist durch ca. 1800 verschiedene Pflanzenarten vertreten, die bekannteste und vielleicht auch die wichtigste ist die Primula di Palinuro (Palinuro-Primel), eine endemische Art, die auch das Symbol des Parks ist. An den Stränden wächst die immer seltenere Dünen-Trichterarzisse, zwischen den felsigen Klippen in direktem Kontakt mit der Gischt des Meeres. Sehr schön und charakteristisch für diese Gegend sind die weitläufigen Flächen, die mit Lavendel bedeckt sind und hinauf bis an die Ränder der Buchenwälder des Monte Cervati reichen.

Mindestens genauso vielfältig wie die Landschaften und die Flora ist auch die Fauna des Nationalparks Cilento und Vallo di Diano. Egal ob Küstenregion oder Berg- oder Flusslandschaften, hier leben die verschiedensten Arten. In höheren Lagen und über den Gipfeln dreht der Steinadler seine Runden, auf der Suche nach Steinhühnern und dem Apenninenhasen. Auch um die Flussläufe tummelt sich das Leben, hier stößt man auf die wahrscheinlich größte Fischotterpopulation Italiens.

Die fünf Regionen des Cilento

Aus geografischen Gründen werden die 80 Gemeinden des Ciltento traditionell in fünf Gebiete aufgeteilt:

Alto Cilento - Der obere Cilento wird von dem Fluss Alento durchzogen und liegt zwischen Monte Stella und Punta Licosa.

Cilento Centrale - Der zentrale Cilento liegt zwischen dem Massiv des Monte Gelbison und dem Küstenstreifen, der von Punta Licosa und Capo Palinuro begrenzt wird.

Basso Cilento - Der untere Cilento ist das Gebiet zwischen den Flüssen Bussento, Lambro und Mingardo, im Norden erstreckt es sich über das Massiv des Monte Bulgheria und an der Küste reicht es von Capo Palinuro bis zum südlichsten Teil des Golfs von Policastro.

Valle del Calore e Alburni - Das Tal des Calore und Alburni bezeichnet das Gebiet um den Flusslauf des Calore Lucano, der am Monte Cervati entspringt und an der Bergkette der Alburni entlang und im Norden mit dem Fluss Sele zusammenfließt. Der Fluss Sele kennzeichnet das nördliche Ende des Cilento.

Das Vallo di Diano ist eine weitläufige Ebene, die vom Fluss Tanagro durchzogen wird. Sie liegt zwischen dem Massiv des Monte Cervati im Süden und dem Lukanischen Apennin im Norden.

Freeride auf dem Weg von Sant'Iconio (© *Antonello Naddeo*)

Weitläufige Mondlandschaften (© *Antonello Naddeo*)

Das Lesen der Wege - Legende

Die Strecken verlaufen in den fünf Regionen des Cilento: Oberer Cilento, Zentraler Cilento, Unterer Cilento, Vallo di Diano und Valle del Calore-Alburni. Jede Streckenbeschreibung erlaubt dem Leser schnell herauszufinden, ob die Tour den eigenen Erwartungen, Fähigkeiten und der persönlichen Vorbereitung entspricht. Besonders wichtig ist es dabei, auf den Stil der Strecke, die Schwierigkeiten, Höhenunterschied und Wegdauer zu achten. Auf diese Weise könnt ihr sichergehen, dass die Tour euren Erwartungen entspricht und dass sie im Rahmen eurer Fähigkeiten liegt.

Vertikale Säule links

Titel der Tour. Geht auf Ortsnamen, den Startpunkt oder wichtigen Orten entlang der Strecke zurück und orientiert sich manchmal am Stil der Tour.

Schönheit. Ein objektiver Parameter, der jedoch einen ersten Eindruck zu den wichtigsten Charakteristiken, dem Landschaftsbild, architektonischen oder kulturellen Besonderheiten, sowie zu der Schönheit in Bezug auf die Tour selbst geben kann. Die Bewertung geht von null (Minimum) bis vier Sterne

Stil. Die Anzahl der Reifen (bei den Sternchen) beschreibt nicht die Schwierigkeit der Strecke, sondern deren Stil und die psychophysische Einstellung, mit der man an die Tour herangehen muss. Es ist ein sehr wichtiger Parameter, um die Tour richtig einschätzen und die anderen Werte, besonders die an technische Schwierigkeit und physischen Anspruch gekoppelten, richtig lesen und interpretieren zu können.

Tour für alle
Nebenstraßen, Radwege und Schotterpisten bergen keine besonderen technischen Schwierigkeiten, es braucht jedoch ein Minimum an Ausdauer und Fitness. Keine besondere Ausrüstung oder ein spezielles Fahrrad nötig, Helm ist von großem Vorteil.

Cross Country
Es ist besser, in Form zu sein. Strecken im Cross Country-Stil, die Lungen und Beine fordern; anspruchsvolle Hindernisse gibt es nur selten, manchmal muss man schieben. Man sollte ein robustes MTB haben, hard oder front, der Helm ist ein Muss.

All Mountain
Fahrrad-Alpinismus, auf Englisch All Mountain: Strecken, die Erfahrung und die Fähigkeit, sich in alpinem Gelände orientieren zu können, erfordert. Diese Touren fordern Ausdauer in Beinen und Lunge, sowie eine gute Fahrtechnik bei Anstieg und Abfahrt. Schiebe- oder portage-Passagen können oft beim Anstieg und manchmal auch bei der Abfahrt vorkommen. Es empfiehlt sich ein nicht allzu schweres fully und ein größerer Rucksack; Helm ist ein Muss.

Freeride
Strecken, die man als Freeride definieren könnte erfordern gute Fahrtechnik sowohl bei Anstieg, als auch bei der Abfahrt, einige Anstiege könnten Schiebepassagen enthalten. Es empfiehlt sich ein fully mit gutem Federweg. Wir raten zu Integralhelm, Knie- und Ellenbogenschonern. Diese Strecken eignen sich für Downhiller, die Anstiege nur sehr schwer ertragen und sich lieber auf fantastische Abfahrten konzentrieren.

Sucht die Touren entsprechend eurer Fähigkeiten aus, so dass ihr euch nicht in gefährlichen Situationen wiederfindet oder der Spaß durch eine falsche Einschätzung gemindert wird. Die Schwierigkeitsskala basiert auf den Fähigkeiten eines Bikers, der an Strecken in montanem Ambiente gewöhnt ist. Wer an Hügellandschaften gewöhnt ist, beginnt besser mit einer leichteren Tour, um sich so ein Bild vom Schwierigkeitsgrad machen zu können.

Wegbeschaffenheit. Gestaltet sich je nach dem Geländetyp, auf dem der Weg verläuft. Die Daten werden in Prozent (Näherungswert) angegeben, um eine erste Idee von dem Gelände, auf dem wir radeln werden, zu verschaffen. Jeder Wegetyp ist mit einer Farbe versehen, auch auf dem Höhenprofil und der Karte. In einigen Fällen wechselt die Wegbeschaffenheit ständig, hier ist der dominierende Geländetyp angegeben.

- Radweg
- Asphaltierte Straße
- Gepflasterter oder betonierter Weg
- Schotterstraße/Piste
- Saumpfad
- Pfad/Weg

Beste Jahreszeit. Beste Jahreszeit, um die Tour in Angriff zu nehmen, basierend auf Temperatur, Bodenbeschaffenheit (Laub) und Schneelage. Besonders schneereiche Winter oder besonders trockene Perioden können natürlich Einfluss auf diese Angabe haben.

Startpunkt. Gibt den Startpunkt an, mit Höhenmetern und GPS-Koordinaten. Für die geographische Lokalisierung siehe Übersichtskarte mit allen Startpunkten.

Höchster Punkt. Der höchste Punkt der Strecke und die Höhenlage des Starpunkts ermöglichen es, Rückschlüsse auf Temperaturveränderungen, Klima und Wind zu ziehen. Im Sommer ist es in hohen Lagen deutlich frischer als an den Küsten, im Winter stößt man hier auch auf Schnee und wählt daher besser eine Strecke in niedrigerer Lage.

Höhenunterschied. Der gesamte Höhenunterschied einer Tour setzt sich aus der realen Summe der Höhenmeter im Anstieg, inklusive derer bei Passagen im Auf und Ab, zusammen. Daher ist diese Angabe oft höher als die Summe der Höhenunterschiede der wichtigsten Anstiege. Für die Summe wurden GPS-Daten verwendet und entsprechend aufgerundet. Der reale Höhenunterschied und die mittlere Wegdauer sind wichtig, wenn es darum geht, einzuschätzen, wie anspruchsvoll die Tour ist.

Distanz. Länge in Kilometer, vom Start- bis zum Endpunkt der Tour. Die Daten wurden mit Hilfe von GPS erhoben. Die Länge der Tour kann man auch im Höhenprofil jeder Tour ablesen. Wer einen Fahrradcomputer benutzt, sollte beachten, dass die Daten bis zu 10% von denen eines GPS-Systems abweichen können.

Wegdauer. Zeit, die ein durchschnittlich trainierter Biker braucht für die Tour braucht, Pausen für Fotos oder zur Stärkung inklusive. In einigen Fällen haben wir einen Mindest- und Höchstwert angegeben. Es handelt sich hierbei um Näherungswerte, schnelle und gut trainierte Biker könnten weniger Zeit in Anspruch nehmen, bei nassem Untergrund und widriger Wetterlage kann sich die Wegdauer aber auch deutlich erhöhen.

Technische Schwierigkeit. Es gibt fünf Stufen: keine, leicht, mittel, anspruchsvoll und extrem. In jedem Fall bezieht sich die Bewertung auf einen trockenen Untergrund. Bei Regen oder feuchtem Untergrund, besonders auf Kalksteinfelsen, kann die Schwierigkeit stark zunehmen.

Physischer Anspruch. Es gibt fünf Stufen: keiner, leicht, mittel, anspruchsvoll und extrem. In diesem Buch findet ihr jedoch nur Strecken im Bereich von leicht bis anspruchsvoll. Dieser Parameter beschreibt den Grad an körperlicher Fitness/Ausdauer die ein durchschnittlicher erfahrener Biker braucht, um die jeweilige Strecke in Anspruch nehmen zu können. Der Wert ist an die Wegdauer, technische Schwierigkeit der Anstiege und Abfahrten, sowie an den Stil der Tour gekoppelt.

Befahrbarkeit bei Anstieg und Abfahrt. Der Wert bezieht sich auf den Anteil der Strecke, der im Sattel bestritten werden kann und wird in Meter und Prozent in Bezug auf die Gesamtlänge der Anstiege und Abfahrten angegeben.

E-bike. Das E-Bike ist ganz groß im Kommen und es gibt viele Motive das „elektirsche MTB“ nicht als Alternative zum traditionellen MTB anzusehen, sondern als Chance für einen besseren Zugang zu dieser Sportart und vor allem für den Tourismus und die Region, denen sich durch dieses neue Fortbewegungsmittel ganz neue Horizonte und Möglichkeiten erschließen.

Für dieses Buch haben die Autoren ausschließlich traditionelle Mountainbikes benutzt, alle angegebenen Daten beziehen sich also auf normale Fahrräder. Diese Ikone gibt Aufschluss darüber, ob man die jeweilige Strecke auch mit „elektrischer Unterstützung“ in Angriff nehmen kann; dabei muss jedoch Rücksicht auf die unterschiedlichen Anforderungen eines E-Bikes genommen werden. Das gilt besonders für das höhere Gewicht eines E-Bikes. Wir raten vor allem bei reinen „gravity“-Strecken von einem E-Bike ab.

Handy-Empfang. Angaben zur Empfangsqualität des Mobilfunknetzes, Natürlich eine sehr allgemeine Angabe, die je nach Streckenabschnitt variieren kann.

Einkehr. Hinweise zu Unterkunfts- und Einkehr entlang der Strecke, sowie Hütten, in denen man vorübergehend Unterschlupf finden kann. Im Allgemeinen haben wir auf die Angabe von Bars, Restaurants und Geschäften in den durchquerten Ortschaften verzichtet.

Trinkwasser. Punkte, an denen man Trinkwasser nachfüllen kann.

Auf dem Weg. Chronologische Abfolge der durchquerten Orte mit Höhenangabe. Jeder Station entspricht eine Nummer, die wir im Höhenprofil, auf der Wegekarte und in der Wegbeschreibung wiederfinden können.

Karte. Veranschaulicht die Strecke und die Abfolge der verschiedenen Untergrundarten, die Nummern heben die durchquerten Ortschaften hervor. Diese Karte ist natürlich nicht ausreichend für die Vorbereitung einer Tour und wir raten daher das empfohlene Kartenmaterial hinzuzuziehen. Wer ein GPS-Gerät hat, kann die Daten auf der Seite www.versantesud.it runterladen und so bestmöglich die Tour vorbereiten.

Höhenprofil. Gibt Aufschluss über Länge, Höhenunterschiede und Steigungen der Strecke, sowie über die Abfolge/Aufteilung von Anstiegen und Abfahrten.

Haupttext

Jede Tour hat eine allgemeine Einleitung, die über Geschichte, die verschiedenen Orte, kulturelle Besonderheiten und die Natur entlang der Strecke Auskunft gibt, so dass man ein ganzheitliches Bild von der Gegend, in der man sich bewegt, bekommt. Es gibt Informationen und nützliche Ratschläge zur Strecke, sei es nun ihre Entstehungsgeschichte, die Untergrundbeschaffenheit, die beste Jahreszeit, mögliche Varianten oder was sonst noch irgendwie der Rede wert wäre.

Wegbeschreibung. Eine genaue Beschreibung der jeweiligen Strecke. Mit Hilfe des richtigen Kartenmaterials kann man so den richtigen Weg auch finden, wenn man nicht in Besitz eines GPS-Geräts ist

Anmerkungen. Informationen zur Anreise und weitere wichtige Hinweise, wie beispielsweise Trinkwasserquellen etc.

Die typische Macchienvegetation in Meernähe (© *Antonello Naddeo*)

An der Kirche Madonna del Sito Alto, Wallfahrtsstätte von Sala Consilina (© *Antonello Naddeo*)

OBERER CILENTO

Der obere Teil des Cilento (Alto Cilento) wird von dem Berg Monte Stella und dem Gebiet der Punta Licosa begrenzt und von dem Fluss Alento durchzogen. Das Territorium deckt sich mit dem Territorium des antiken Cilento und umfasst die Gemeinden von Agropoli, Castellabate, Cicerale, Laureana Cilento, Lustra, Montecorice, Ogliastro Cilento, Prignano Cilento, Perdifumo, Rutino, Serramezzana, Sessa Cilento und Torchiara. Nur wenige Kilometer trennen hier fantastische Strände von unberührten Berglandschaften mit traumhaftem Ausblick auf das Meer. Agropoli ist das „nördliche Eingangstor zum Nationalpark Cilento und Vallo di Diano" und reich an Traumstränden mit blau schimmerndem Wasser. Nicht weit entfernt liegt Santa Maria di Castellabate und Castellabate, wo die Komödie „Willkommen im Süden" gedreht wurde. Wir folgen der Küste und stoßen auf die Bucht Ogliastro Marina und die kleine Insel vor der Punta Licosa, beides Schutzgebiete, in denen die Natur ihr Bestes gegeben hat, um ein unvergessliches Ambiente zu schaffen. Auf dem Weg in Richtung Landesinnere rollen wir durch Olivenhaine, vorbei an Feigenbäumen und Dörfern, in denen die Zeit stehengeblieben scheint. Der Cilento Antico ist ein Gebiet mit sanften Hügeln, weitläufigen

Olivenhainen, großen Höfen und fürstlichen Villen. Unsere MTB-Touren sind sehr abwechslungsreich und es ist sowohl für erfahrene als auch für MTB-Frischlinge die richtige Tour dabei. Wir fahren an der Küste entlang, wofür die Abendstunden besonders geeignet sind, da der Sonnenuntergang einzigartig und die frische Brise am Meer am Ende einer anstrengenden Tour sehr wohltuend ist. Am frühen Morgen dagegen machen wir uns auf eine Entdeckungsreise in Gebiete, die fernab der üblichen Touristenströme liegen. Hier kann man die mediterranen Düfte in vollen Zügen genießen und die lokale Bevölkerung kennenlernen, die stets für ein nettes Gespräch zu haben ist. Naturliebhaber kommen voll auf ihre Kosten, besonders interessant ist die Geologie der Zone mit der lokalen Gesteinsart Flysch Cilentano. Dabei handelt es sich um übereinanderliegende Gesteinsschichten, die sehr besondere Formen ausgebildet haben und die bei bestimmtem Lichteinfall (zum Beispiel gegen Abend) in fantastischen Farbschattierungen leuchten. Diese Gesteinsformationen kommen vor allem im Bereich des Flusses Alento, bei den Ripe Rosse und nahe der Punta Licosa vor.

Traumhafter Sonnenuntergang am Leuchtturm der Punta Licosa (© *Antonello Naddeo*)

01 Oberer Cilento

ENTDECKUNGSTOUR ZU DEN TREZENI

Radweg	0%
Asphaltierte Straße	10%
Betonierte/gepflasterte Straße	0%
Schotterstraße	47%
Saumpfad	0%
Pfad / Weg / Singletrail	43%

★★★★
Schönheit

Cross Country
Stil

Ganzjährig
Beste Jahreszeit

Ausfahrt Agropoli Sud, 27 m
N40° 20.476' E14° 58.683'
Startpunkt

255 m
Höchster Punkt

586 m
Höhenunterschied

13,4 km
Distanz

1,30 Std.
Wegdauer

★★★
Technische Schwierigkeit

★★★
Körperlicher Anspruch

98%
Befahrbarkeit beim Anstieg

95%
Befahrbarkeit bei der Abfahrt

Ja – Nein
e-bike

Kein Empfang in einigen Bereichen des Monte Tresino
Handyempfang

Die Strecke führt durch eines der schönsten und wildesten Fleckchen des Cilento Nationalparks, es liegt zwischen den Gemeinden Agropoli und Castellabate, steil über dem Meer. Hier verlaufen zahlreiche Wanderwege, die nicht nur bei Wanderern, sondern auch bei Mountainbikern sehr beliebt sind. Die „berühmteste" Strecke ist die von der Baia di Trentova von Agropoli nach Tresino. Dabei geht es durch Wälder, vorbei an Häusern im Kolonialstil, Wehrtürmen der Sarazenen und antiken Siedlungen, Orte, an denen die Zeit seit hunderten Jahren stillzustehen scheint. Die Wege sind abwechslungsreich, der Schotterweg ist nie gefährlich, panoramareich und verläuft durch die hier typische Macchienvegetation. Der finale Abschnitt der Tour führt uns über den berühmten „Sentiero del Coniglio", ein Singletrail, bei dem Spaß und tolle Emotionen garantiert sind. Die beste Jahreszeit für diese Tour ist der Frühling, wenn die Natur ihr bestes gibt und in tausend Farben und Gerüchen explodiert. Das milde Klima an der Küste des Cilento ermöglicht es, das ganze Jahr über zu radeln. Wir raten dazu, die heißen Monate zu vermeiden und auch im Winter könnten Regenfälle die Strecke gefährlich werden lassen. Alles andere, ausprobieren!

WISSENSWERTES

Agropoli liegt steil über dem Meer und hat viele Gesichter: das Fischerdorf am Hafen, eine uralte Altstadt mit Burg und eine moderne und lebendige Stadt, die zu den schönsten der Region Salerno gehört. Eine kulturelle Attraktion ist die Burg Castello Angioino Aragonese, die majestätisch auf dem Kap emporragt, sie wurde erst kürzlich saniert und ist heute ein wichtiger Teil des kulturellen Lebens. Besuchen sollte man zudem den Palazzo Civico delle Arti und das Museo archeologico, gratis und das ganze Jahr geöffnet. An der Küste Agropolis gibt es zahlreiche Wehrtürme, die in strategischer Position, meist mit einer Meile Entfernung voneinander angeordnet sind. Stadt und Meer leben in einer ganz besonderen Symbiose. Das kristallklare Wasser der Baia di Trentova und der Küste vor dem Lungomare San Marco machen aus

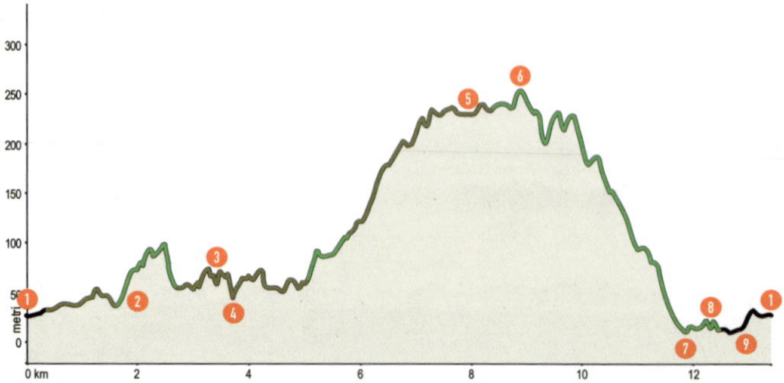

Castello Angioino
AGROPOLI
SS267
Baia di Trentova
Monaci
Baia del Sauco
Punta Tresino
1
2
3
4
5
6
7
8
9
San Biagio
Serra
Muoio
Principe
Fonte Saraceno
Marettima
Piano della Corte
Cavafosse
Alani
Archi
San Pietro
SANTA MARIA
SS267
SS267
SP15
Località Paradiso

Einkehr
Verschiedene im Borgo di Agropoli; Kiosk am Eingang zur Baia di Trentova

Trinkwasser
Verschiedene Möglichkeiten außerhalb der Strecke, si. Anmerkungen

Auf dem Weg
1. Fontana Monaci (27 m)
2. Verlassenes Dorf (erste Ruinen) (48 m)
3. Aussichtspunkt Baia del Sauco (56 m)
4. Torre Saracena di Tresino (Aussichtspunkt) (53 m)
5. Verlassenes Dorf (232 m)
6. Höchster Punkt (254 m)
7. Aussichtspunkt (5 m)
8. Aussichtspunkt (18 m)
9. Baia Trentova und Klippe von San Francesco (15 m)

ihr einen der schönsten Badeorte des Cilento. Das Gebiet Trentova-Tresino ist in Hinblick auf Natur und Landschaft besonders wertvoll.

WEGBESCHREIBUNG

Diese Tour verläuft durch den nördlichen Teil des Nationalparks Cilento, Vallo di Diano und Alburni, ein Gebiet mit Landschaften, deren Schönheit Seinesgleichen sucht. Los geht es in Agropoli **(1)**, einem kleinen Städtchen reich an Geschichte und Panorama. An der Baia di Trentova, genauer gesagt am Kreisverkehr in der Straße „Fontana Monaci", treten wir in die Pedale, biegen auf Höhe der Tennisplätze links ab (den Markierungen des CAI folgend) und rollen in den Park von Trentova. Für 1,5 km folgen wir dem breiten Schotterweg leicht bergauf zwischen Zypressen und den hier typischen Macchiensträuchern.

Schnell wird klar, dass wir uns in einer richtigen Naturoase befinden. Der Untergrund ist am Anfang ein wenig lose, mit Felsaufschlüssen und Geröll, dann wird es besser, der Schotterweg kompakter und die Schwierigkeiten lassen nach. Nach ca. 2 km biegen wir links ab, der Pfad wird schmaler und die ersten Ruinen eines verlassenen Dorfes **(2)** rücken ins Blickfeld und tauchen die Landschaft in eine faszinierende Atmosphäre. Unter der reichhaltigen, mediterranen Vegetation des Parks können wir unter anderem Eichen, Johannisbrotbäume. Seekiefern, Myrte, Erdbeerbäume, Mastixsträucher, Brombeersträucher und Ginster erkennen.

Nach ca. 50 m (km 2) biegen wir rechts ab auf einen Pfad durch Unterholz, der bei andauernden Steigungswechseln ohne große Schwierigkeiten durch die dichte Vegetation führt. Am km 3 erreichen wir eine T-Kreuzung, biegen links ab und folgen der Landstraße des Sauco, dabei können wir das wirklich zauberhafte Panorama auf die Baia del Sauco **(3)** genießen. Nach wenigen Metern sind wir am Aussichtspunkt von Punta Tresino **(4)**, wo der Ausblick auf das blau schimmernde Meer wirklich alle Erwartungen übertrifft. Der Name dieses Ortes hat eine besondere Geschichte: In einer der Höhlen haben einst einige lokale Fischer 30 Möweneier

Die Bucht von Trentova und Punta Tresino (© *Antonello Naddeo*)

gefunden (Trentova - trenta uova - 30 Eier). Jetzt rollen wir für 5 km im Auf und Ab über kompakten, erdigen Untergrund, durchsetzt mit natürlichen Hindernissen und losen Steinen. Bei der Tenuta San Giovanni geht es nach links auf einem schmalen Pfad bergauf durch die dichte Vegetation: 800 enge und anstrengende Meter zwischen Felsblöcken und Rillen, die Fahrtechnik und Gleichgewichtssinn auf die Probe stellen. Wir verlassen die Vegetation, stoßen auf Schotter und treten nach links bergauf. Mehrere Kehren (fünf) führen zum höchsten Punkt (244 m), wo uns ein traumhafter Ausblick auf die „zona lago" des Badeorts Santa Maria di Castellabate erwartet. Der Schotterweg wird ebener und bequem radeln wir bis zu dem verlassenen Weiler Casale di San Giovanni **(5)**, ein Dorf ganz im Stile „far West". Eine kleine Verschnauf- und Fotopause hier ist absolut lohnenswert. Nach dem Ort beginnt der schönste Teil der Tour. Wir erreichen den höchsten Punkt der Tour **(6)**, dann wird der weiße Schotterweg immer schmäler und verengt sich schließlich zu einem tollen Singletrail durch die mediterrane Vegetation (ca. 3 km Abfahrt, 240 m Höhenunterschied). Wir rollen bergab bis auf den berühmten Weg „Sentiero del Coniglio", der mit einigen technischen Schwierigkeiten aufwartet. Bei den natürlichen Hindernissen ist Vorsicht geboten. Der lehmige Untergrund kann dabei zum schwierigsten Element der Abfahrt werden, auch wegen der engen Kurven, bei denen das Vorderrad schnell den Grip verlieren kann. Die beste Passage kommt zum Schluss, wobei es wichtig ist, die Bremsen

Ein Klassiker: Trezeni bei Nacht, organisiert von dem MTB-Club Cilento (© *Antonello Naddeo*)

und vor allem das Gleichgewicht unter Kontrolle zu haben: Eine S-Kurve, die man in einem Atemzug durchfahren muss. Bei Regen ist hier Vorsicht angesagt, mit dem Wasser verwandelt sich der Pfad in eine tückische Rutschbahn. Langsam wird der Weg wieder breiter und wir rollen bergab in Richtung des Panoramawegs der Cala Pastena **(7)**, wo man den tollen Ausblick auf das Meer genießen kann. Es folgt ein weiteres, sehr panoramareiches Wegstück **(8)**, dann fahren wir zurück in Richtung der Baia di Trentova **(9)** und der Klippe von San Francesco.

ANMERKUNGEN

Anfahrt: Auf der Autobahn Autostrada del Sole in Richtung Süden, Ausfahrt Caserta Sud und in Richtung Salerno-Reggio Calabria. Dann Ausfahrt Battipaglia und auf der SS18 in Richtung Capaccio/Paestum, Ausfahrt Agropoli Sud.

Wir empfehlen Reifen mit großen, quadratischen Stollen, vor allem für einen besseren Grip des Vorderreifens. Außerdem ist ein etwas niedrigerer Luftdruck bei der Abfahrt sinnvoll.

Trinkwasser: mehrere Möglichkeiten außerhalb der Strecke. In Agropoli gibt es einen Brunnen unterhalb des verlassenen Dorfes (Vallone: 40°20'11.7" 014°57'07.8 und Brunnen bei Kiosk von Trentova: 40°20'36.5" 014°58'24.2").

Der Sentiero dei Trezeni mit Blick auf die Bucht von Trentova und die Klippen von San Francesco (© *Antonello Naddeo*)

DEN SIRENEN AUF DER SPUR

Radweg		0%
Asphaltierte Straße		75%
Betonierte/gepflasterte Straße		0%
Schotterstraße		9%
Saumpfad		0%
Pfad / Weg / Singletrail		16%

★★★★
Schönheit

Cross Country
Stil

Nicht im Sommer
Beste Jahreszeit

Contrada Pietà ain Ogliastro Marina, 492 m N40° 14.660' E14° 57.594'
Startpunkt

56 m
Höchster Punkt

164 m
Höhenunterschied

14,30 km
Distanz

1,30 Std.
Wegdauer

★
Technische Schwierigkeit

★
Körperlicher Anspruch

100%
Befahrbarkeit beim Anstieg

100%
Befahrbarkeit bei der Abfahrt

Ja – Nein
e-bike

Ausgezeichnet
Handyempfang

Ogliastro Marina, San Marco di Castellabate, Punta Licosa: Unsere Tour durchquert die berühmtesten Ortschaften der Cilento-Küste und typische Fischerdörfchen zwischen unberührter Natur und kristallklarem Meer, wo man fernab von menschlichem Trubel durchatmen kann. Wir fahren bis zur Punta Licosa, wo sich, so schreibt es der Historiker Strabone, Odysseus an den Mast seines Schiffs binden ließ, um nicht dem Gesang der Sirene Leukosia zum Opfer zu fallen. Durch die mediterrane Vegetation des Naturparks rollen wir bis zur Küste mit der kleinen Insel, die den Golf von Salerno nach Süden hin abschließt. Die Insel war bereits in der Antike ein wichtiger Referenzpunkt für die Navigation der Schiffe und man fand im Bereich um den Leuchtturm Überreste aus der griechisch-römischen Epoche. Das Klima der Gegend ist typisch mediterran, im Sommer sehr warm und mild im Winter. Hier kann man das ganze Jahr über Ausflüge mit dem MTB machen, am besten außerhalb der heißen und überfüllten Hauptsaison. Im Frühling, wenn die Natur zu neuem Leben erwacht, ist es hier besonders schön, aber auch der Herbst kann punkten, wenn Rottöne das Ambiente dominieren. Licosa steht seit 2015 auf der Liste der schönsten Strände Italiens, sowohl wegen der Wasserqualität, als auch wegen den Naturpfaden, die hier eingerichtet wurden. Unsere Tour ist angenehm, sicher und für alle geeignet (auch Familien mit Kindern), vor allem der Abschnitt im Licosa Naturpark, der für Autos verboten ist.

WISSENSWERTES

Castellabate gehört zu den „borghi più belli d'Italia" (die schönsten Dörfer Italiens) und ist Weltkulturerbe der UNESCO. Den Kern der Ortschaft bildet die Burg Castello d'Abate aus dem Jahr 1123. Die Festung mit den vier Türmen wurde von dem Abt Costabile erbaut und von dem Abt Simeone fertiggestellt, sie sollte zur Abwehr feindlicher Sarazenen-Angriffe dienen. Das Dorf umgibt die Burg mit schmalen Gassen, Plätzen, Stufen und einem, steil über dem Meer liegenden Aussichtspunkt, an dem man fantastische Sonnenuntergänge genießen kann. Unbedingt besichtigen sollte man die Basilika Santa Maria de

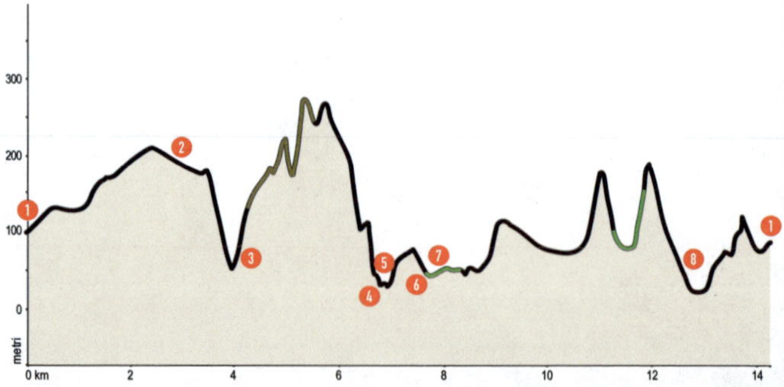

SANTA MARIA
SS267
SP15
Castellabate
San Marco
2
3
4
5
Licosa
Punta Licosa
Isola Licosa
6
7
SS267
Ogliastro
Ogliastro Marina
8
Baia Arena

Kleine Kioske in Ogliastro Marina

Einkehr

Zwei Brunnen in Ogliastro Marina; Brunnen am Hafen von San Marco di Castellabate

Trinkwasser

Auf dem Weg

1. Bezirk Contrada Pietà in Ogliastro Marina (492 m)
2. Torretta di Castellabate (36 m)
3. Hafen von San Marco di Castellabate (13 m)
4. Aussichtspunkt (6 m)
5. Hafenmole Punta Licosa (0 m)
6. Pinienhain Punta Licosa (9 m)
7. Aussichtspunkt mit Blick auf die Insel von Licosa (0 m)
8. Aussichtspunkt mit Blick auf den Turm von „Ogliarola" und den Turm der „Marina di Ogliastro" (9 m)

Gulia, das Museo d'arte sacra, in dem man die Heiligtümer der Pfarreien von Castellabate besichtigen kann, und die ständige Ausstellung im Castello dell'Abate, die antike Fundstücke zeigt, die man aus dem Meer vor der Küste „herausgefischt" hat. Im Ortsteil Santa Maria kann man den Palazzo Belmonte bestaunen, eine adelige Villa aus dem Jahr 1733 im spanischen Stil mit einem großflächig angelegten Garten. Außerdem das alte Anwesen der Villa Matarazzo, wo im Sommer zahlreiche Veranstaltungen stattfinden. Die vielen Strände und ein lebendiges Nachtleben machen aus Santa Maria im Sommer einen sehr beliebten Ferienort.

WEGBESCHREIBUNG

Die Ringtour führt uns an der Küste des Cilento entlang und ist für jedermann geeignet, vor allem für jene, die auf der Suche nach engem Kontakt mit Natur und Ambiente sind. Los geht es, wegen der bequemen Parkmöglichkeiten, in Ogliastro Marina im Bezirk Contrada Pietà **(1)**. Wir folgen der asphaltierten Straße (SR 267) für 3 km in Richtung Nordosten, dabei sollte man vor allem im Sommer wegen dem hohen Verkehrsaufkommen besonders vorsichtig sein. Am Kreisverkehr vor der Brücke biegen wir links ab und rollen leicht bergab in Richtung San Marco di Castellabate. Am Kreisverkehr ragt einer der Wehrtür-

me neben den Mauern des befestigten Anwesens aus dem 17. Jh. hervor **(2)**. Die Straße führt für 1 km bergab und man wird sofort von der fantastischen Atmosphäre eines der schönsten Fischerdörfer der Provinz Salerno eingefangen. Am km 4 nehmen wir die schmale Straße neben einer der Hotelanlagen am Hafen von San Marco **(3)** bergauf (Via Porto) und kurz darauf rollen wir über einen breiten Schotterweg mit festem Untergrund ohne besondere technische Schwierigkeiten. Im Schatten der Aleppo-Kiefern fahren wir im Auf und Ab durch die mediterrane Macchienvegetation, wobei sich immer wieder „Fenster" mit traumhaftem Blick auf das Meer öffnen. Nach 2 km leichtem Anstieg fahren wir bergab in Richtung der Bucht von Punta Licosa, der Blick fällt dabei auf die kleine Insel von Licosa **(4)** mit dem Leuchtturm und dem Wächterhäuschen (besonders schön bei Sonnenuntergang). Noch ein paar Meter und wir sind an der reizenden Hafenmole von Punta Licosa **(5)**. Die Insel von Licosa liegt innerhalb eines marinen Schutzgebietes, das von Punta dell'Ogliastro bis zur Baia del Sambuco und bis an die Grenzen der Gemeinden Castellabate und Agropoli reicht. Im kristallklaren Wasser kann man die Überreste der gleichnamigen griechisch-römischen Stadt erkennen, besonders die Ruinen einer römischen Villa und die eines Zuchtbeckens für Muränen (aus der Zeit zwischen dem 1. Jh. v.Chr. und dem 1 Jh. n.Chr.). Die Legende erzählt, dass sich die Sirene Leukosia genau hier in eine Klippe verwandelte, nachdem sie sich wegen nicht erwiderter Liebe von den Felsen gestürzt hatte. Am km 7 schlagen wir auf der linken Seite den Weg in den Naturpark Punta Licosa ein und nach 400 m geht es nach rechts über die Kette in den Pinienhain **(6)** an der Küste. Wir sind jetzt in einem wahren Irrgarten an Pfaden und Wegen, die zwischen den Aleppo-Kiefern am Meer entlang und zu den einzelnen Buchten **(7)** und Stränden führen. In den Buchten stoßen wir auf charakteristische Felsen und die seltene Gesteinsart Flysch del Cilento mit ihrem typischen Farbschimmer. An der Küste kann man entweder der asphaltierten Straße

Die Küste zwischen Punta Licosa und Ogliastro (© *Antonello Naddeo*)

folgen, oder man nimmt die Pfade, die an der Küste entlang verlaufen (Vorsicht, es gibt ein paar gefährlichere Stellen). Man sollte im Hinterkopf behalten, dass der Untergrund und die Felsen brüchig sind und abbröckeln können. Am km 11 verlassen wir den Park und fahren in Richtung Ogliasto Marina mit den typischen Sandstränden der „Baia Arena" und der „Punta di Ogliastro". Zwischen diesen Stränden erheben sich gut erkennbar der Turm von „Ogliarola" **(8)** und der Turm der „Marina di Ogliastro", auch „Ripe Rosse" genannt, gleich neben dem Strand von Casa del Conte (Bezirk Montecorice). Unsere Tour endet mit der obligatorischen Degustation der weißen Cilento-Feigen, ein leckeres Dessert, dass man sich im Sommer auf keinen Fall entgehen lassen sollte.

VARIANTE

Für geübte Kletterer gibt es eine Variante bergauf in Richtung Castellabate. Einige Kehren führen den Biker auf Entdeckungsreise in ein mittelalterliches

Dorf, das zu den schönsten Dörfern Italiens gehört und das auf einem Hügel über der weitläufigen Bucht zwischen Licosa und Tresino emporragt. Am Aussichtspunkt erwartet uns eine wirklich traumhafte Aussicht aufs Meer und bei einem kleinen Spaziergang durch die engen Gassen können wir charakteristische Burg, die Pfarrkirche mit dem Glockenturm aus der romanischen Epoche, die typischen Häuser aus Stein mit blumenbedeckten Balkonen, und Palazzi aus dem 18. Jh. entdecken.

ANMERKUNGEN

Anreise: Auf der Autobahn A2 Autostrada del Mediterraneo in Richtung Süden, Ausfahrt Battipaglia und dann auf der SS18 in Richtung Capaccio/Paestum; in Agropoli Sud abfahren und weiter in Richtung Santa Maria Di Castellabate.

An der Küste, umgeben vom Duft der Aleppo-Tannen, Myrrhe, Mastix und Johannisbrotbäumen; im Hintergrund die Punta Licosa (© *Antonello Naddeo*)

MONTE LICOSA RUNDTOUR

Radweg	0%
Asphaltierte Straße	66%
Betonierte/gepflasterte Straße	0%
Schotterstraße	16%
Saumpfad	0%
Pfad / Weg / Singletrail	17%

★★★★
Schönheit

Cross Country
Stil

Ganzjährig
Beste Jahreszeit

Alano di Castellabate, 22 m
N40 18.397 E14 57.977
Startpunkt

240 m
Höchster Punkt

604 m
Höhenunterschied

23,8 km
Distanz

2,45 Std.
Wegdauer

★★★
Technische Schwierigkeit

★★
Körperlicher Anspruch

100%
Befahrbarkeit beim Anstieg

97%
Befahrbarkeit bei der Abfahrt

Ja - Nein
e-bike

Gut
Handyempfang

Die Küste des Cilento bietet zahlreiche Möglichkeiten für uns Biker, von ganz einfach bis sehr schwierig ist alles dabei. Diese Tour führt uns durch die Gegend zwischen Santa Maria di Castellabate und Punta Licosa. Es geht durch das alte, direkt am Meer liegende und sehr verwinkelte Städtchen Santa Maria di Castellabate, vorbei an dem typischen Fischerdorf San Marco di Castellabate mit seinem zauberhaften Hafen bis zur Punta Licosa, wo wir das traumhafte 360°-Panorama auf das Farbenspiel von Meer und Küste genießen können. Besonders schön ist die Farbexplosion der Natur gegen Abend, aber auch wer früher startet wird sich ganz bestimmt nicht stattsehen können an der Schönheit dieser Gegend...

WISSENSWERTES

Das kleine Fischerdorf San Marco di Castellabate liegt mitten in der traumhaften Natur des Cilento Nationalparks. Am schönsten ist hier sicherlich der Hafen mit seiner fantastischen Aussicht auf die Küste. Im Bezirk Castellabate kamen bei Ausgrabungen zahlreiche Fundstücke von hohem archäologischem Wert zu Tage, die Stätten sind jedoch nicht für die Öffentlichkeit zugänglich. Unter anderem stieß man auf Gräber aus dem 1-2 Jh. v.Chr., wertvolle Schmuckstücke, Broschen, Tonscherben, Haarnadeln und Objekte, die vor dem bösen Blick schützen sollten. Die Fundstücke werden im Museum von Paestum aufbewahrt. Genau hinter dem heutigen Hafen kann man die Überreste des antiken griechisch-römischen Hafens besichtigen. Außerdem wurden rund um das Dorf Naturlehrpfade angelegt, die durch die Wälder bis zur Punta del Pozzillo führen, einem der berühmtesten Strände dieser Gegend.

WEGBESCHREIBUNG

Wir starten im Bezirk Alano di Castellabate **(1)** und folgen der asphaltierten zwischen den Olivenbäumen. Nach 2,5 km Asphalt erreichen wir die Strandpromenade namens „Bracale" von Santa Maria di Castellabate **(2)**, auf der wir gemütlich in dem reizenden Ambiente des Fischerdorfes dahinrollen. Wir erreichen die Hafenmole „Gatte" **(3)** und

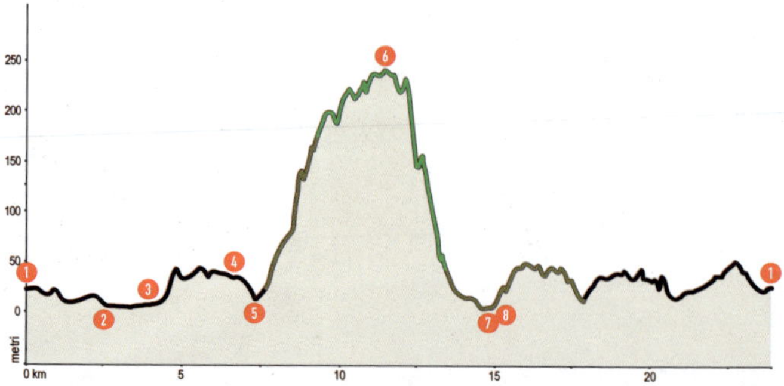

Località Alano
SS267
2
SANTA MARIA
SP15
3
SS267
Castellabate
San Marco
5
4
8
Punta Licosa
Licosa
7
6
sola Licosa
SS267
Ogliastro
Ogliastro Marina
Baia Arena

San Marco di Castellabate, S. Maria di Castellabate und Località Alano
Einkehr

Mehrere Möglichkeiten - si. Anmerkungen
Trinkwasser

Auf dem Weg
1. Località Alano di Castellabate (22 m)
2. Strandpromade "Bracale" von Santa Maria di Castellabate (6 m)
3. Hafenmole - Porticciolo delle "Gatte" (7 m)
4. Turm Toretta di Castellabate (36 m)
5. Hafen von San Marco di Castellabate (13 m)
6. Monte Licosa (219 m)
7. Hafenmole Punta Licosa (0 m)
8. Aussichtspunkt mit Blick auf die Insel von Licosa (6 m)

treten bergauf in Richtung Ortskern bis zu der asphaltierten Straße, die zum Hafen von San Marco führt (4 km Asphalt am Rande eines Pinienhains). Am Kreisverkehr von San Marco **(4)** fahren wir in Richtung Hafen (Porto di San Marco) **(5)** und nach einer schnellen Runde zwischen den Ständen nehmen wir links die Via Alferio Cilento bergauf. Nach ca. 7,5 km sind wir im Bezirk Sant'Angelo, hier beginnt der anstrengendste Teil unserer Tour. Auf Schotter geht es bergauf und auf einer Länge von etwas weniger als 2,5 km müssen wir gut 200 Höhenmeter hinter uns bringen. Der Karrenweg ist im ersten Abschnitt noch sehr breit, jedoch nicht immer gut sichtbar und nicht ganz einfach zu interpretieren. Das Gelände ist stellenweise schlecht voraussehbar und die Schwierigkeiten stellen auch das Können erfahrener Biker auf die Probe. Staubiger Untergrund und lose Steine machen das Ganze noch zusätzlich anstrengend, oft versinken die Reifen im Staub, was vor allem beim bergauf treten hinderlich ist. Am Gipfel **(6)** angekommen, sind die Mühen jedoch schnell vergessen, denn der Ausblick ist wirklich atemberaubend. Am Pinienhain gönnen wir uns eine kleine Pause und können am Brunnen unsere Trinkwasserreserven auffüllen. Weiter geht es dann bergab auf

einem anspruchsvollen Singeltrail, der jede Menge Bikespaß verspricht. Der Untergrund variiert und ist stellenweise unberechenbar. Der Weg ist etwas weniger als einen Meter breit, das Gefälle nimmt zu und wir stoßen oft auf Fels und lose Steine. Im Sommer ist der Untergrund ein wenig rutschig, das liegt an der Sand- und Staubschicht, die sich über die Steine legt. Nach 2,5 km Abfahrt endet die Abfahrt am Park von Punta Licosa, hier fahren wir nach rechts bis zur kleinen Hafenmole von Licosa **(7)**. Eine kleine Pause ist ein absolutes Muss, um die fantastische Landschaft **(8)** mit der hier typischen Gesteinsart Flysch Cilentano, Aleppo-Tannen und den kleinen Buchten am Meer zu genießen. Nach der Pause rollen wir in Richtung Norden auf einem relativ breiten, teilweise asphaltierten Schotterweg ohne besondere technische Schwierigkeiten im Auf und Ab dahin, zurück zum Hafen von San Marco di Castellabate. Hier geht es wieder bergauf in Richtung „Zona Lago" und bald sind wir zurück am Ausgangspunkt der Tour.

ANMERKUNGEN

Anreise: Auf der Autobahn A2 Autostrada del Mediterraneo in Richtung Süden, Ausfahrt Battipaglia und dann auf der SS18 in Richtung Capaccio/Paestum; in Agropoli Sud abfahren und weiter in Richtung Santa Maria Di Castellabate.
Wir empfehlen Reifen mit großen, quadratischen Stollen, vor allem für das Vorderrad. Ein etwas niedrigerer Reifendruck könnte vor allem bei der Abfahrt zur besseren Kontrolle des Bikes nützlich sein. Aber nicht übertreiben und aufpassen, dass man ohne Loch im Luftschlauch unten ankommt, dass man ohne Durchschlag unten ankommt.
Trinkwasser: Brunnen in Alano, am Gipfel des Monte Licosa und am Hafen von San Marco.

Typisches Panorama: Meer und Aleppo-Tannen (© *Antonello Naddeo*)

MONTE DI PIETRA

Radweg		0%
Asphaltierte Straße		69%
Betonierte/gepflasterte Straße		0%
Schotterstraße		4%
Saumpfad		0%
Pfad / Weg / Singletrail		27%

★★★
Schönheit

Free Ride
Stil

Frühjahr und Herbst
Beste Jahreszeit

Tempel von Paestum, 12 m
N40 25.521 E15 00.351
Startpunkt

694 m
Höchster Punkt

870 m
Höhenunterschied

35,18 km
Distanz

2,30 Std.
Wegdauer

★★★
Technische Schwierigkeit

★★★
Körperlicher Anspruch

95%
Befahrbarkeit beim Anstieg

95%
Befahrbarkeit bei der Abfahrt

Ja - Nein
e-bike

Stellenweise kein Empfang
Handyempfang

Der Monte di Pietra ist unter Bikern besonders beliebt, zum einen wegen der tollen Aussicht, zum anderen wegen dem Anspruch der Strecken, genau richtig, um ein paar Stunden auf dem Bike zwischen Schotterwegen und historischen Sehenswürdigkeiten zu verbringen. Wir starten am Tempel von Paestum, Wiege der griechischen Zivilisation und eine der schönsten Kulturstätten Süditaliens mit einer traumhaften Aussicht auf die weiter unten gelegene Ebene. Später kommen wir an der uralten Basilika Madonna del Granato vorbei, sie ragt auf einem Ausläufer des Monte Calpazio über dem Tal des Flusses Sele empor. Die Kirche wurde in der zweiten Hälfte des 10. Jh. von den Einwohnern von Paestum erbaut, nachdem ihre Stadt von den Sarazenen zerstört worden war (8. Jh.). Bei dieser Tour sind Hin- und Rückweg identisch, es lohnt sich jedoch, denn der Anstieg ist anstrengend und panoramareich und die Abfahrt fantastisch. Am Ende der Tour ist ein Stopp nahe der Tempel von Paestum ein absolutes Muss, um den hier typischen und weltweit berühmten Büffelmozzarella zu probieren.

WISSENSWERTES

Paestum ist eine der wichtigsten archäologischen Fundstätten Italiens. Die Stadt wurde mit dem Namen Poseidonia von den Griechen im 6. Jh. v.Chr. gegründet. Ausgrabungen brachten zahlreiche Überreste der antiken Stadt zu Tage, öffentliche und religiöse Gebäude, Straßen und Befestigungsmauern. Die in außergewöhnlich gutem Zustand erhaltenen Tempel sind von einer fast 5 km langen Mauer umgeben, der älteste Tempel ist die Basilika, er ist der am besten erhaltene griechische Tempel weltweit. Der Tempel der Ceres bildet den höchsten Punkt der Stadt und ist der Kriegsgöttin geweiht. Der Neptuntempel ist der größte und gilt als klassisches Beispiel für die griechische Tempelarchitektur. Etwa zur gleichen Zeit wurde in Griechenland der große Zeustempel von Olympia gebaut. Im Museo Archeologico nazionale di Pestum (Eintritt gebührenpflichtig) kann man die Geschichte der griechischen Tempel von Paestum genauer nachvollziehen. Zu den wertvollsten Fundstücken im Museum gehört die sogenannte Tomba del Tuffatore, das einzige Beispiel für großflächige Malerei aus der

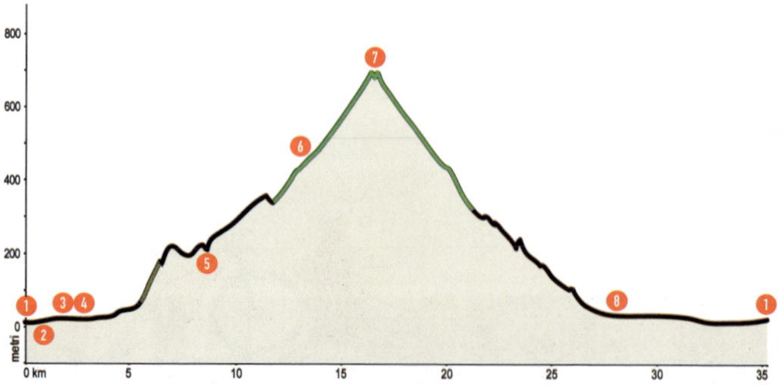

Sabatella
CAPACCIO SCALO
Capaccio Roccadaspide
Capodifiume
Madonna del Granato
Seude Grattacao
Crispi
SP276
SS18
Fiume Trabe
Getsemani
Paestum
Tempio di Athena
Anfiteatro
Foro
Tempio di Nettuno
Paestum
CAPACCIO
SP318
Licinella - Torre di Paestum
SS18
Mattine

Keine
Einkehr

Sorgente Capaccio Vecchio
N40 26.861 E15 04.716
Trinkwasser

Auf dem Weg
1. Tempel von Paestum (12 m)
2. Tempel der Athena oder der Ceres (18 m)
3. Amphitheater von Paestum (18 m)
4. Heratempel (18 m)
5. Santuario Mariano della Madonna del Granato (212 m)
6. Aussichtspunkt (451 m)
7. Aussichtspunkt (679 m)
8. Brunnen Capodifiume (33 m)

Epoche der griechischen Antike. Einzigartig ist auch der Bildinhalt: ein nackter junger Mann beim Sprung ins Meer, der metaphorisch für den Übergang vom Leben ins Reich der Toten steht.

WEGBESCHREIBUNG

Als Startpunkt empfiehlt sich Paestum **(1)**, nahe den gleichnamigen Tempeln. Hier rollen wir los in Richtung Süden auf der asphaltierten Straße am Rand der antiken Tempelmauern, vorbei am Athenetempel **(2)**, dem Amphitheater von Paestum **(3)** und dem Heratempel **(4)**. Nach den ersten 800 m macht die Straße eine kleine Kehre nach links und nach ein paar ebenen Kilometern geht es auf dem Schotterweg in Richtung Madonna del Granato (gute Wegmarkierung) bergauf. Wir biegen links ab auf die antike Straße Via Cilentana und am km 5,5 nehmen wir den kleinen Schotterweg auf der rechten Seite. Der Untergrund ist sehr kompakt und bei Steigungen zwischen 15 und 20 % müssen wir aufpassen, um nicht den Grip zu verlieren. Nach ca. 2 km stoßen wir auf der asphaltierten und panoramareichen Straße, die zum Santuario **(5)** führt. Am Ende der Straße folgen wir der Provinzstraße 13a nach links bis zur Wallfahrtskirche Santuario della Madonna del Granato. An der Kirche biegen wir rechts ab (km 7,3) und rollen weiter bis zu einer Tränke, die zu einer kleinen Pause einlädt. Am Brunnen fahren wir dann ein Stück zurück und schlagen den Weg bergauf in Richtung Monte di Pietra ein (Wegbeginn rechts am km 11). Ein Tor und eine Infotafel weisen auf den Wegbeginn hin. Wir starten mit dem langen und ausdauernden Anstieg (konstante Steigung bei 11 %) über 11 Kehren, deren loser Schotter große Aufmerksamkeit erfordert. Der panoramareiche Anstieg **(6)** wird durch kleine Abflusskanäle noch zusätzlich erschwert. Einen Ausgleich

Auf den Kehren des Monte di Pietra (© *Antonello Naddeo*)

zu den Anstrengungen bildet jedoch das frische Ambiente in einem schattigen und duftenden Pinienhain. An der elften Kehre angekommen, erwarten uns 50 steile (20%) Meter auf losem Untergrund, die auch trainierte Bikerbeine auf die Probe stellen (andernfalls ist Absteigen und Schieben angesagt). Der Monte di Pietra ist jetzt in greifbarer Nähe, der Weg wird stets schöner und wir rollen durch eine blühende und duftende Natur. Am Grat angekommen, fällt der Blick auf die Ebene und die Punta Tresino von Agropoli **(7)** und nach einer kurzen Verschnaufpause geht es weiter, bergab auf dem Weg vom Anstieg. Dort, wo wir eben noch geschwitzt haben, erwartet uns jetzt eine fantastische Abfahrt mit 20 % Gefälle im ersten Abschnitt. Der lose Untergrund der 11 Kehren macht die Abfahrt ziemlich anspruchsvoll und besonders im zentralen Abschnitt sollte man auf die vielen Wurzeln aufpassen, die man auf keinem Fall im falschen Winkel anfahren sollte. Auch ist es wichtig, stets darauf zu achten, den Schwerpunkt hinter dem Sattel zu halten, um zu verhindern, dass sich der Vorderreifen in einem der Abflusskanäle oder in größeren Steinen verkeilt. Die Sicht ist gut und ein vorrausschauendes Fahren lohnt sich. Zurück an der Wallfahrtskirche, folgen wir der Provinzstraße 13a und biegen am km 24 rechts ab. Wir rollen bergab bis wir die Staatsstraße 166 kreuzen, hier nach links und nach 400 m auf der Straße nach rechts bis zu den ewigen Quellen von Capodifiume **(8)**. Die Quellen liegen direkt unterhalb des Pfeilers des Monte Capaccio, hier kann man im antike Strukturen und Säulen bewundern, die aus dem Quellwasser hervorragen. Dann geht es weiter in Richtung Süden auf der Provinzstraße 318, am km 30 biegen wir rechts ab und folgen der Straße vom Hinweg zurück bis zum Ausgangspunkt der Tour.

ANMERKUNGEN

Der erste Singletrail ist in sehr gutem Zustand und die Kurven und Buckel garantieren jede Menge Bikespaß. Es gibt keine natürlichen Hindernisse. Der zweite Singletrail ist wegen der dichten Vegetation etwas weniger gut zugänglich.

Anreise: Wer über die A3 del Mediterraneo anreist, nimmt die Ausfahrt Battipaglia und fährt auf der Staatsstraße SS18 weiter. Wer von Süden kommt, nimmt die Ausfahrt Eboli und dann die SS18. Die SS18 bei Capaccio Sole verlassen und auf die Via Laura di Paestum (23 km nach der Mautstelle von Battipaglia und 20 km nach der Mautstelle von Eboli). Mit dem Zug: Salerno und Battipaglia sind die wichtigsten Haltestellen der Strecke Neapel-Reggio Calabria. Hier halten zahlreiche Regionallinien, mit denen man Capaccio und Paestum erreichen kann.

Blick auf Paestum; rechts die Burg Capaccio Vecchio (© *Antonello Naddeo*)

DIE OASE DES ALENTO

Radweg		0%
Asphaltierte Straße		78%
Betonierte/gepflasterte Straße		0%
Schotterstraße		0%
Saumpfad		0%
Pfad / Weg / Singletrail		22%

★★★
Schönheit

Cross Country
Stil

Immer, außer August
Beste Jahreszeit

Agropoli, 5 m
N40° 21.082' E14° 59.819'
Startpunkt

639 m
Höchster Punkt

1063 m
Höhenunterschied

53,8 km
Distanz

1,30 Std.
Wegdauer

★★★
Technische Schwierigkeit

★★★
Körperlicher Anspruch

100%
Befahrbarkeit beim Anstieg

100%
Befahrbarkeit bei der Abfahrt

Ja - Nein
e-bike

Ausreichend
Handyempfang

Etwa 12 km südlich von Agropoli liegt die Oase des Flusses Alento. Man erreicht sie über eine Variante der Staatsstraße SS18 in Richtung Vallo della Lucania. Kurz nach der Abzweigung nach Prignano Cilento nehmen wir die Ausfahrt „Diga Alento" und sind schon bald in der Oase, die sich über ca. 3000 ha entlang der Ufer des Alento erstreckt. Es gibt einen See, die typisch mediterrane Macchienvegetation, Laubwälder, Feuchtgebiete, landwirtschaftlich genutzte Flächen, Weinberge, Olivenhaine und Obstgärten. Hier leben vom Aussterben bedrohte Tierarten wie der Fischotter, der Triel, die Blauracke und die europäische Sumpfschildkröte. Man kann auch den Staudamm besichtigen (März bis Oktober) und über die Gänge im Inneren der Staumauer bis unter den Stand des Flusses hinabsteigen. Dabei werden die hydraulischen Systeme und die Überwachungsanlage erklärt. Hier kann man das Biker natürlich nicht mitnehmen, das Innere des Damms müsst ihr zu Fuß erkunden!

WISSENSWERTES

DIE KICHERERBSEN VON CICERALE

Kichererbsen gehören zu den ältesten, weltweit bekannten Hülsenfrüchten. Ihre Erfolgsgeschichte beginnt im alten Asien vor mehr als 7400 Jahren und führt bis nach Cicerale, „terra quae cicera alit", Erde, die die Kichererbsen ernährt. Sogar auf dem Wappen der Ortschaft kann man eine Kichererbsenpflanze erkennen, verschlungen mit einer Süßgraspflanze. Die Hülsenfrüchte werden im Juli geerntet und getrocknet, so werden sie für das ganze Jahr haltbar gemacht. Für gewöhnlich werden sie hier mit den „lagane", etwas breiteren Bandnudeln, zubereitet.

WEGBESCHREIBUNG

Wir starten im Zentrum von Agropoli **(1)** und fahren auf der asphaltierten Straße nach Osten in Richtung Mattine. Am Kreisverkehr (nach 10 km) biegen wir rechts ab und nach ca. 100 m nach links auf die Via San Francesco. Wir rollen weiter gen Osten (Via Serri) und nach 9 km

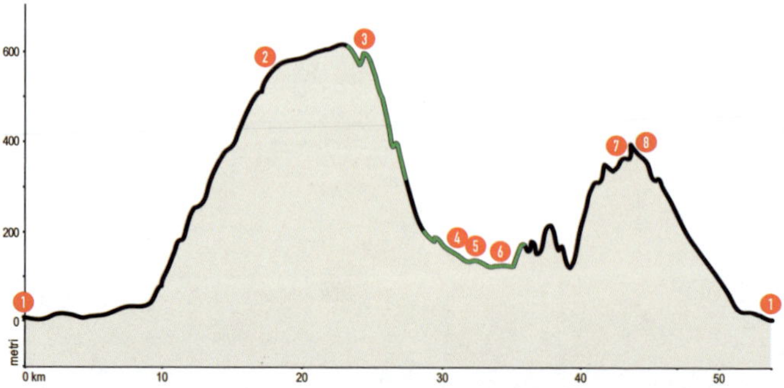

CAPACCIO SCALO
Capaccio Roccadaspide
Paestum
Paestum
Licinella - Torre di Paestum
CAPACCIO
Cannito
Trentinara
Giungano
Fiume Solofrone
Mattine
Sp278
SS18
Chiusa Vecchia
Castello Angioino
SS18var
Agropoli Castellabate
AGROPOLI
Campanina
Ogliastro Cilento
Postiglione
Monte Cirerale
Cirerale
Prignano Cilento
Torchiara
Copersito
SS18var
SS267
Invaso di Piano della Rocca
Oasi Fiume Alento
SS18
Rutino
Laureana Cilento
SS18
Omignano Scalo
Omignano

In der Oase

Einkehr

Brunnen in Trentinara

Trinkwasser

Auf dem Weg

1. Zentrum Agropoli (0 m)
2. Trentinara (563 m)
3. Monte Farneta (604 m)
4. Fluss Alento (156 m)
5. Gebiet südlich von Cicerale (140 m)
6. Staubecken des Alento (131 m)
7. Prignano Cilento (372 m)
8. Kirche San Nicola di Bari (373 m)

Anstieg auf Asphalt und ca. 500 m Höhenunterschied erreichen wir Trentinara **(2)**, das bekannt für sein fantastisches Panorama auf den Cilento ist. Nach einem kurzen ebenen Stück nehmen wir den Schotterweg und rollen bergab in Richtung Südwesten. Es geht am Gipfel des Monte Farneta **(3)** vorbei und weiter bergab, insgesamt ca. 410 m negativer Höhenunterschied. Wir befinden uns jetzt im Süden von Cicerale **(5)**, einer Gegend, die berühmt für ihre Kichererbsen ist. Ab dem km 29 geht es wieder übers Flachland und auf Schotter am Fluss Alento **(4)** entlang. An mehreren Stellen müssen wir durch den Fluss, am Ende sind wir dann endgültig auf der Nordseite des Stausees des Alento **(6)**. Am km 40 geht es wieder bergauf und nach 5 km sind wir in Prignano Cilento **(7)**. Nahe der Kirche San Nicole di Bari **(8)** nehmen wir die Strada Tirrenia Inferiore und nach 500 m biegen wir nach rechts auf die SP45 ab. Die finale Abfahrt auf der SP45 (Richtung Osten, dann Nordosten) bringt uns schließlich zurück zum Ausgangspunkt. Ein absolutes Muss zum Abschluss dieser tollen Tour ist die Verkostung der „Lagane e Ceci" in Begleitung eines ausgezeichneten, lokalen Weins.

VARIANTE JENSEITS DES ALENTO-STAUDAMMS

Alternativ zur vorgeschlagenen Strecke kann man sich auch für einen Ausflug jenseits des Staudamms entscheiden (im Park kann man ganz einfach, ohne bestimmte Strecke, drauflos radeln). Nichts „außerge-

Birdwatching mit Blick auf den Alento-Staudamm (© *Antonello Naddeo*)

wöhnliches" also, aber bestens geeignet für einen kurzen und einfachen Familienausflug. Am Eingang zahlt man einen symbolischen Preis, der zum Erhalt der Gegend ober- und unterhalb des Alento-Staudamms dient. Hinter dem Staudamm, 43 m hoch uns mehr als 400 m breit, liegt ein zauberhafter See mit einer Länge von ca. 4 km und wechselnden Tiefen zwischen 25 m und 45 m. Unsere Empfehlung ist es, erst den unteren Teil abzufahren und dann am See entlang bergauf. Die Strecke ist angenehm, birgt keine besonderen Schwierigkeiten und ist für jedermann geeignet. Der Untergrund ist kompakt und ein bisschen steinig, die Wegränder sind grasig und gut befahrbar. Hier kann man einfach der Nase nach in fantastische Naturlandschaften eintauchen. Insgesammt sieben kleine Seen (in Abfolge Fiumicello, Cifari, Selva, Isca della Chianca, Vallone Ponte Rosso, Isca Landi und Tortorella) bilden ein weitläufiges Feuchtgebiet, in dem sich zahlreiche Wasservögel tummeln und in dem man zu jeder Jahreszeit tolle Entdeckungen machen kann. An den Seen und Tümpeln gibt es Unterstände fürs birdwatching und mit ein bisschen Glück kann man Reihern, Enten und anderen Vögeln bei der Futtersuche zusehen. Schön sind auch die Bänke an den Ufern, hier kann man bei toller Aussicht und einer frischen Brise eine Pause machen. Unser Abstecher in dieses Naturparadies führt uns weiter nach Norden, am Ufer des Hauptsees entlang, wo Wasser, Natur und Himmel ein traumhaftes Farbenspiel bilden und vor allem im Frühling erlebt man hier die reinste Farbexplosion. Um den See führt ein Weg, der ca. 12 km lang ist und im Schatten von zahlreichen, Ahorn- und Kastanienbäumen, Linden, Ulmen und Eschen verläuft. Der Ausflug in die Oase ist ideal, um Kinder sanft und mit viel Spaß an das Mountainbiken heranzuführen.

ANMERKUNGEN

Anreise: A2 del Mediterraneo, Richtung Süden Salerno-Reggio Calabria, Ausfahrt Battipaglia oder Eboli und auf der SS18 in Richtung Agropoli, dann weiter in Richtung Vallo della Lucania. Im Moment gibt es eine kurze Umleitung, die von der Schnellstraße abzweigt. Am km 115+00 Ausfahrt Diga Alento.

Einer der zahlreichen künstlichen Seen dieser Gegend (© *Antonello Naddeo*)

06 Oberer Cilento

GOLE DEI TREMONTI - SOLOFRONE WASSERFALL

Radweg	0%
Asphaltierte Straße	88%
Betonierte/gepflasterte Straße	0%
Schotterstraße	0%
Saumpfad	0%
Pfad / Weg / Singletrail	12%

★★★
Schönheit

Cross Country
Stil

Winter/Frühjahr
Beste Jahreszeit

Agropoli Zentrum, 22 m
N40 23.054 E15 01.148
Startpunkt

373 m
Höchster Punkt

836 m
Höhenunterschied

39,60 km
Distanz

3 Std.
Wegdauer

★★★
Technische Schwierigkeit

★★
Körperlicher Anspruch

95%
Befahrbarkeit beim Anstieg

95%
Befahrbarkeit bei der Abfahrt

Ja - Nein
e-bike

Mittelmäßig
Handyempfang

Traumhafte Schluchten, ganz in der Nähe von Agropoli, Paestum, Trentinara und Giungano. Der erste Teil der Tour ist sehr einfach, wir folgen der Straße am Rande blühender Weideflächen und es geht angenehm schnell dahin. Beim Blick gen Norden wird man schnell von den Felsformationen der Tremonti und dem Dorf Trentinara verzaubert, das auf der Anhöhe Cantenna auf einer Höhe von 606 m emporragt. Der wildere und anspruchsvollere Teil der Tour führt uns durch die Schluchten und entlang dem Felsmassiv, durch das sich der Fluss Solofrone seinen Weg gegraben hat. Ein kleines Eckchen Paradies am Rande des Cilento Nationalparks, das vor allem im Herbst und Frühling mit seiner wilden Schönheit besticht.

WISSENSWERTES

Trentinara ist eine der schönsten Terrassen mit Blick auf die Region Cilento. Der Name kommt von den „3 denari" („3 Münzen"), mit denen die römischen Soldaten bezahlt wurden, die bei dem Aquädukt Wache hielten, das auch heute noch am Monte Vesole zu sehen ist. Das Dorf ist auch für den „Sentiero degli amanti" („Weg der Liebenden") bekannt, ein Weg mit dekorierten Majoliken, auf denen das Dorf dargestellt wird, begleitet von Zitaten berühmter Schriftsteller und Dichter (z.B. Leopardi, Quasimodo, Neruda, Baudelaire) zum Thema Liebe. Der Weg führt zur sogenannten „preta 'ncatenata", zwei Felsen, die der Legende nach das Symbol einer tragischen Liebe sind. Die Felsen scheinen ineinander verflochten und liegen steil über dem Tal, an dem Ort, an dem sich zwei junge Liebende in den Tod stürzten, nachdem die adelige Familie des Mädchens die Verbindung nicht akzeptiert hatte. Außerdem ist Trentinara berühmt für seine Köstlichkeiten, wie beispielsweise den ciacioricotta (Ricotta), Honig, weiße Feigen (fico bianco del Cilento) und Olivenöl.

WEGBESCHREIBUNG

Wir starten im Zentrum von Agropoli **(1)**, fahren an der Strandpromenade Lungomare San Marco **(2)** vorbei und folgen der asphaltierten Straße, die für 10 km vom Bezirk Mattine bis zu den Schluchten Gole dei Tremonti und zum Solofrone-Wasserfall führt. Am km 5 biegen wir am

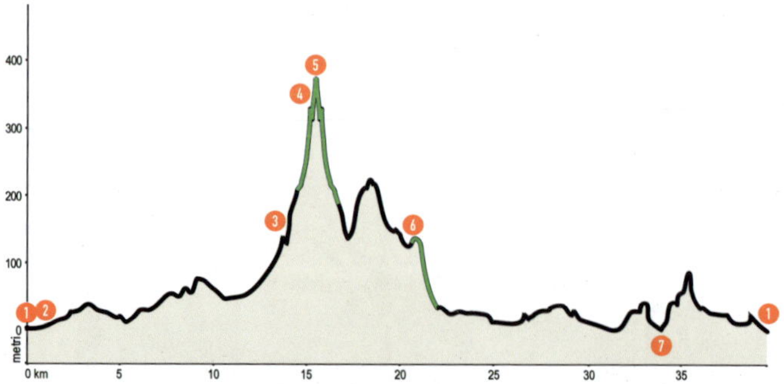

CAPACCIO SCALO
Capaccio Roccadaspide
Paestum
Paestum
Licinella - Torre di Paestum
CAPACCIO
Trentinara
Giungano
Fiume Solofrone
Sp278
Mattine
SS18
SS18var
Castello Angioino
Agropoli Castellabate
AGROPOLI
Campanina
Ogliastro Cilento
Prignano Cilento
SS267
Torchiara
Copersito
2
3
4
5
6
7

Keine

Einkehr

Brunnen in Agropoli
N40 21.032 E14 59.485

Trinkwasser

Auf dem Weg

1. Agropoli Zentrum (22 m)
2. Lungomare San Marco (8 m)
3. Steinbruch (177 m)
4. Brücke über den Fluss unterhalb des Wasserfalls (255 m)
5. Erster Wasserfall (300 m)
6. Panoramastraße (141 m)
7. Hafenpromenade Agropoli (0 m)

Kreisverkehr rechts ab und gleich danach nach links in die Via Malagenia. Jetzt weiter bis zum Ortsteil San Felice, wo wir rechts in Richtung San Giuseppe abbiegen. Dort angekommen, wird die Straße dann ein wenig steiler. Trotz Asphalt ist die Fahrt angenehm und das Panorama beeindruckend. Am km 12 biegen wir rechts ab und fahren auf der Provinzstraße 137 weiter. Am km 14 sind wir fast in Giungano und auf der linken Seite ist die Straße sichtbar, die zu den Gole dei Tremonti führt. Wir kommen an einem alten Steinbruch **(3)** (außer Betrieb) vorbei und rollen in die Talmulde Vallone di Tremonti (der Name „Tremonti" kommt vom Zusammentreffen dreier Berge: Catenna, Sottano und Soprano). Der Weg führt uns an dem Massiv entlang, durch das sich der Fluss Solofrone seinen Lauf gegraben hat und ca. 100 m nach dem Steinbruch kann man bereits den mehrere Dutzend Meter hohen Wasserfall erkennen, der vor allem im Herbst und Frühling besonders beeindruckend ist. Unsere Tour wird

jetzt anstrengender, es erwarten uns jedoch einzigartige Emotionen und Eindrücke. Der Schotterweg wird technischer und der steinige Untergrund stellt unseren Gleichgewichtssinn auf die Probe. Am besten versucht man so gut es geht, zu „schwimmen" und einen gleichmäßigen Rhythmus beizubehalten, um nicht einzusinken. Etwas weiter stoßen wir auf eine Abzweigung und rollen nach rechts bergab. Hier bilden quer zum Schotterweg verlaufende Kanäle weitere Hindernisse, auf die man gut aufpassen sollte. Die Abfahrt führt uns zu einer Holzbrücke **(4)**, die den Eingang zu den Schluchten markiert. Wir folgen dem Flusslauf und fahren vorbei an den Resten alter Mühlen, Brücken und Trockenmauern. Der Weg verläuft über zahlreiche Felsaufschlüsse zwischen Wacholdersträuchern, von weitem hört man bereits das Rauschen des Wasserfalls und das Spritzen des Wassers kündigt ein wahres Naturspektakel an. Der Wasserfall zeigt sich dann auch sofort in all seiner Pracht mit einer Höhe von mehreren Dutzend Metern. Mehrere Wasserläufe stürzen hier geräuschvoll ins Tal und das Farbenspiel der glattgeschliffenen Kalksteinfelsen variiert von weiß über grau bis rot. Ein traumhaft schöner Steineichenwald spendet Schatten, außerdem wachsen auf den 30 Hektar um die grünen Ufer des Solofrone (entspringt am Monte Sottano) zahlreiche, typische Macchiengewächse, darunter auch die nur noch selten vorkommenden

Letzte Stufe der Solofrone-Wasserfälle (© *Antonello Naddeo*)

Erdbeerbäume. Am ersten Wasserfall angekommen, kann man entweder zum zweiten Wasserfall (auf einer Höhe von ca. 284 m), oder man geht weiter rauf bis zur Quelle, wo man dann einen fantastischen Überblick über das Naturspektakel hat. Der Abschnitt ist sehr unwegsam, es gibt Stufen, sehr steile Stellen und ausgesetzte Abschnitte, bei denen man sehr gut aufpassen muss. Wir fahren an den Felsen entlang bis an den Fuß des ersten großen Wasserfalls **(5)** und wer will, kann weiter unten, jenseits der Pfade ein paar Höhlen besichtigen, die bekannteste davon trägt den Namen „San Michele". Nachdem wir uns an den Wasserfällen sattgesehen haben, fahren wir auf dem gleichen Weg zurück zur Straße und zum alten Steinbruch; dabei ist bei den engen Kurven größte Vorsicht angebracht, da die hohe Feuchtigkeit in dieser Gegend für einen rutschigen Untergrund sorgen kann. Zurück auf der asphaltierten Straße fahren wir nach rechts (Bezirk Galdo) und folgen den Hinweisen in Richtung Panoramastraße **(6)** (strada panoramica), wobei wir

gut 80 Höhenmeter bergauf treten müssen. Am km 19 biegen wir lins ab und nach zwei kleinen Kehren biegen wir am km 20 nochmal links ab in Richtung Süden. Hier beginnt ein anstrengender Abschnitt über einen steinigen Schotterweg, der schließlich in die Provinzstraße 318 (Richtung Süden) mündet. Die letzten ebenen Kilometer führen uns an der Küste und der traumhaften Hafenpromenade von Agropoli **(7)** vorbei und zum Abschluss der Tour darf ein kleiner Abstecher ins Zentrum von Agropoli auf keinen Fall fehlen.

ANMERKUNGEN

Anreise: Mit dem Zug: Am Hauptbahnhof von Neapel (Piazza Garibaldi) mit dem Zug weiter in Richtung Paola oder Sarpi, Haltestelle Agropoli. Die Züge fahren ca. jede Stunde; Entfernung ca. 98 km. Wer mit dem Auto kommt, verlässt die Autobahn A2 Autostrada del Mediterraneo in Battipaglia und fährt auf der SS 18 bis Agropoli Nord.

Alter Steinbruch am Eingang zum Vallone di Tremonti (© *Antonello Naddeo*)

SENTIERO DI SAN FRANCESCO

Radweg	0%
Asphaltierte Straße	63%
Betonierte/gepflasterte Straße	0%
Schotterstraße	7%
Saumpfad	0%
Pfad / Weg / Singletrail	30%

★★★
Schönheit

Tour für alle
Stil

Ganzjährig
Beste Jahreszeit

Agropoli, 4 m
N40 21.101 E14 59.801
Startpunkt

292 m
Höchster Punkt

463 m
Höhenunterschied

13,9 km
Distanz

2,10 Std.
Wegdauer

★★
Technische Schwierigkeit

★★
Körperlicher Anspruch

95%
Befahrbarkeit beim Anstieg

100%
Befahrbarkeit bei der Abfahrt

Ja - Nein
e-bike

Gut
Handyempfang

Der Weg „Sentiero di San Francesco" verläuft durch die traumhafte Hügellandschaft rund um Agropoli und bietet wirklich fantastische Ausblicke auf die Cilento-Küste. Die Tour ist für alle geeignet, auch für absolute Offroad-Frischlinge. Der Untergrund des Schotterweges ist kompakt, stabil und frei von natürlichen Hindernissen. Die Steigung ist nie extrem, mit Ausnahme des ersten Abschnittes, bei dem man das Bike aber auch ganz bequem schieben kann. Auch bei der finalen Abfahrt geht es auf stabilem Untergrund ohne besondere Schwierigkeiten bergab, Bikespaß gibt es hier für jeden. Da wir in der Hügellandschaft Agropolis unterwegs sind, halten sich die zu bewältigenden Höhenunterschiede in Grenzen, ideal für alle, die Lust auf einen einfachen Ausflug oder nicht viel Zeit zu Verfügung haben.

WISSENSWERTES

Agropoli hat ein besonderes Verhältnis zum Meer. Die Strandpromenade der Stadt, Lungomare San Marco, gehört zu den schönsten der Provinz Salerno, mit Strandbädern und Lokalen, die jedes Jahr im Sommer zahlreiche Touristen anziehen. Sehr sehenswert ist auch der touristische Hafen, der wegen den vielen Anlegestellen für private Boote zu den größten Kampaniens gehört. In der Altstadt verliert man sich leicht in den vielen schmalen Gassen, zwischen in die Felsen gebauten Häusern, Freitreppen, Kirchen und Monumenten, und das alles im „Schutz" der majestätischen Burg Castello Aragonese, mit dreieckigem Grundriss und drei runden Türmen. In der Burg stößt man auf einen zentralen Platz, heute mit Freilufttheater, und auf einige Säle, in denen Ausstellungen und Events veranstaltet werden.

WEGBESCHREIBUNG

Wir starten im Zentrum von Agropoli **(1)**, nahe der Strandpromenade San Marco **(2)**. Auf der asphaltierten Straße geht es eben dahin nach Norden in Richtung Mattine. Perfekt zum Aufwärmen, denn nach ein paar Kilometern erwartet uns ein harter Anstieg, erst auf Asphalt, dann auf Schotter. Nach dem Kreisverkehr (km 2) fahren wir immer noch

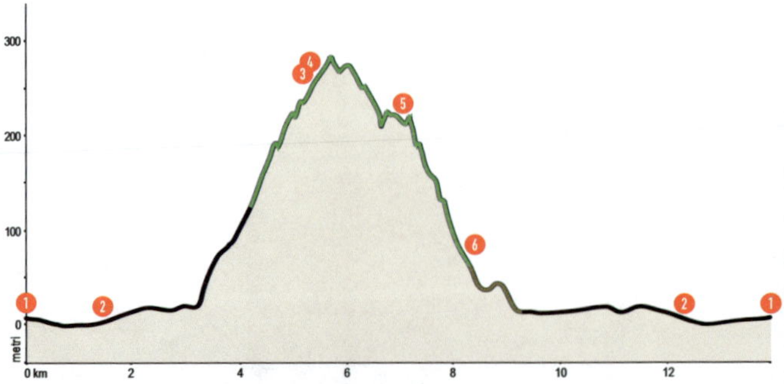

Licinella - Torre di Paestum
SS18var
SP278
Mattine
Streppina
SS18
6
3
5
4
2
SS18var
Castello Angioino
Agropoli Castellabate
AGROPOLI
Ss267
Santa Caterina
Campanina

Take away im Zentrum von Agropoli

Einkehr

Agropoli Zentrum

Trinkwasser

Auf dem Weg
1. Agropoli (4 m)
2. Aussichtspunkt Via San Marco (4 m)
3. Aussichtspunkt (243 m)
4. Aussichtspunkt San Francesco (292 m)
5. Aussichtspunkt "La Quercia" (219 m)
6. Aussichtspunkt (84 m)

gen Norden und nach 700 m, kurz vor dem Bahnhof von Ogliastro (km 2,7), biegen wir rechts ab auf die schmale Straße (Asphalt), die unter der Staatsstraße SS18 passiert (Via Alento Agropoli). Ab dem km 3 geht es dann bergauf (man sollte es langsam angehen lassen, sonst ist man ganz schnell aus der Puste) bis zur Kreuzung mit dem Schotterweg, dem wir nach rechts folgen (km 3,8). Dieser erste Anstieg erreicht Steigungen um 20-25% und man sollte sich die Energie gut einteilen und darauf achten, in der richtigen Position zu fahren, damit die Reifen nicht zu rutschen beginnen. Wer genug Luft hat sich umzusehen, dessen Blick wird auf uralte Olivenbäume und den mit Zypressen gesäumten, panoramareichen Saumpfad fallen, der durch den Wald von San Francesco bis auf eine Höhe von 240 m führt. Am km 5 geht es wieder runter und wir erreichen einen der schönsten Aussichtspunkte der Tour **(3)**, hoch über Agropoli, der Bucht Baia di Trentova und dem Vallone. Wir biegen

links ab (km 4,8) und machen uns an den letzten Anstieg hinauf zur Statue von San Francesco **(4)** (292 m). Die Statue ist im Moment nicht zugänglich, wird aber in Kürze restauriert und für Touristen geöffnet. Wir fahren jetzt in Richtung Südosten und stürzen uns nach 100 m links (km 5,5) in die Abfahrt „discesa del Cipresso" (dt.: Zypressenabfahrt), die durch den Pinienhain ins Tal führt. Die Abfahrt ist sanft und wir rollen über kompakten Untergrund ohne größere Hindernisse. Nach den 500 m Abfahrt biegen wir rechts ab (Ost) und folgen dem Schotterweg bis zu einer uralten Eiche **(5)** und einem verlassenen Gehöft (km 7). Hier geht es weiter bergab zwischen Oliven- und Feigenbäumen **(6)**, am km 9 biegen wir auf die Via Vincenzo Gregori rechts ab und sind schon bald zurück am Strand von San Marco **(2)**.

ANMERKUNGEN

Eine einfache Tour. Der erste Singletrail ist in sehr gutem Zustand und dank der Abfolge von Kurven und kleineren Sprüngen ist jede Menge Bike-Spaß garantiert. Keine natürlichen Hindernisse vorhanden. Beim zweiten Singletrail könnte die dichte Vegetation stellenweise etwas störend sein.

Anreise: A2 del Mediterraneo in Richtung Süden, Salerno-Reggio Calabria, Ausfahrt Battipaglia. Weiter auf der SS18 bis Agropoli Nord und in Richtung Lungomare Agropoli.

Blick auf Agropoli (© *Antonello Naddeo*)

FIUMARELLA UND VALLE DEI MULINI

Radweg	0%
Asphaltierte Straße	69%
Betonierte/gepflasterte Straße	0%
Schotterstraße	3%
Saumpfad	0%
Pfad / Weg / Singletrail	28%

★★★
Schönheit

Cross Country
Stil

Ganzjährig
Beste Jahreszeit

Torchiara, 332 m
N40 19.395 E15 03.751
Startpunkt

630 m
Höchster Punkt

1151 m
Höhenunterschied

25,30 km
Distanz

3,30 Std.
Wegdauer

★★★
Technische Schwierigkeit

★★★★
Körperlicher Anspruch

95%
Befahrbarkeit beim Anstieg

95%
Befahrbarkeit bei der Abfahrt

Ja – Nein
e-bike

Stellenweise kein Empfang
Handyempfang

Bei der Abfahrt stoßen wir auf kleinere Hindernisse und lose Steine, die den Schwierigkeitsgrad anheben. Erosionsbedingte Kanäle erfordern an manchen Stellen maximale Aufmerksamkeit, die Kenntnis der grundlegenden Fahrtechniken ist obligatorisch und man sollte stets konzentriert fahren und das Gleichgewicht halten. Die schwierigeren Passagen verlangen eine ausgewogene Nutzung der Bremsen und die Fähigkeit, die Fahrt mit dem Verlagern des Körpergewichts nach hinten zu beeinflussen.

WISSENSWERTES

Das Tal Valle dei Mulini wird von dem Fluss Sorrentino durchzogen, dessen Wasser aus den großen Reserven (entstanden durch die besondere Formation der Felsschichten) der Nordseite des Monte Stella stammt. Auf einer Länge von gerade mal 2 km (und auf 400 m Höhe) stößt man auf gut 25 Wassermühlen, die von der engen Verbindung von bäuerlichem Leben und Fluss in der Vergangenheit erzählen. Die Natur war hier besonders spendabel und hat ein noch unberührtes und kaum bekanntes, kleines Paradies geschaffen, reich an Erlen, Weiden und verschiedenen Farnarten. In den, von den Felsschichten gebildeten Tümpeln kann man noch den Italienischen Frosch entdecken und in den Rissen der glattgeschliffenen Felsen verstecken sich Flusskrebse. Neben den zahlreichen Wassermühlen gibt es in dieser Gegend auch viele herrschaftliche Villen und traumhaft schöne Kirchen, wie beispielsweise die Chiesa Madre von San Nicole und die Kirche Santa Maria delle Valletelle.

WEGBESCHREIBUNG

Wir starten im Zentrum von Torchiara **(1)** und folgen der asphaltierten, kaum befahrenen Straße in Richtung San Martino. Die letzten 3,5 km geht es leicht bergauf, dann biegen wir links ab in die Via Dalmazia, die an einigen kleineren Häusern vorbei bis zu dem sehr sehenswerten Konvent von San Francesco **(2)** (km 4) führt. Hier empfiehlt es sich, eine kleine Pause zu machen, das traumhafte Panorama auf Agropoli

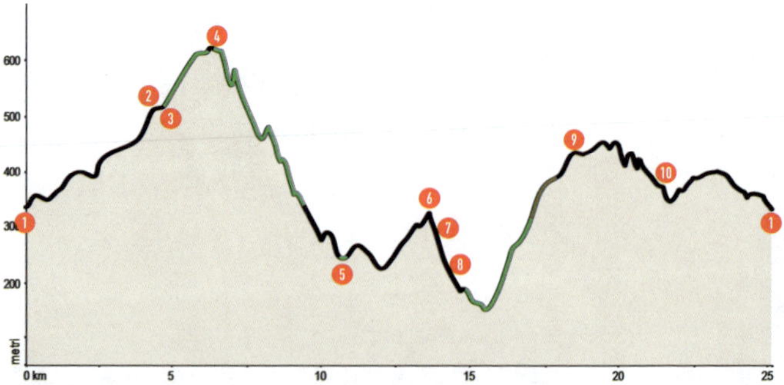

SS18
SS18var
Prignano
Cilento
Invaso di Piano della Rocca
Torchiara
SS18var
Copersito
Oasi Fiume Alento
Laureana
Cilento
Rocca
Cilento
Rutino
SS18
Castello di
Rocca Cilento
Lustra
Rione Stazione
SP46b
Mercato
Cilento
SP15b
SP116b
SP116a
San Mango
Sessa
Cilento

Keine
Einkehr

Brunnen beim Konvent San Francesco und im Bezirk Godisole
Trinkwasser

Auf dem Weg
1. Torchiara Zentrum (332 m)
2. Konvent San Francesco (514 m)
3. Kastanienhain (514 m)
4. Ausblick auf Rocca Cilento (628 m)
5. Fiumarella (242 m)
6. Frazione Godisole (327 m)
7. Kirche Santa Maria di Valletelle mit ihrem schönen Glockenturm (274 m)
8. Valle dei Mulini (197 m)
9. Lustra (432 m)
10. Rutino (375 m)

und die umliegenden Hügel, die langsam in Richtung Meer abfallen, zu genießen und dem reizenden Kloster einen Besuch abzustatten. Weiter geht es auf der Provinzstraße 221 in Richtung Südosten und nach einem kleinen Stück Asphalt biegen wir in der S-Kurve auf den Schotterweg ab, der uns durch einen Kastanienhain **(3)** führt. Der Schotterweg führt diagonal über den Berghang, im Wald geht es auf und ab und man sollte gut auf die stacheligen Kastanienschalen aufpassen, die unseren Reifen zum Verhängnis werden könnten. Einige sehr steile Rampen stellen auch die trainierteren Biker auf die Probe, wobei die Schwierigkeiten bei Regen noch zunehmen, da der Untergrund in Kombination mit den Kastanienblättern (vor allem im Herbst) zur reinsten Rutschbahn wird. Am Ende des Anstiegs haben wir den höchsten Punkt der Tour erreicht (630 m) und fahren nach rechts weiter. Wenn man in die entgegengesetzte Richtung fährt, stößt man auf den Schotterweg, der ins Tal Valle della Fiumarella (Richtung Süden) führt.
Bei der Abfahrt können wir die wirklich traumhafte Aussicht auf den Ort Rocca Cilento **(4)** genießen, der mit seiner majestätischen Burg auf einer Höhe von 635 m die Hügellandschaft dominiert. Wir rollen weiter über den steinigen Untergrund bergab, das Gefälle macht sich immer mehr bemerkbar und die Steine und Furchen erfordern einiges

Die Kirche Santa Maria di Valletelle und der steinerne Glockenturm aus dem 14. Jh. (© *Antonello Naddeo*)

an Konzentration. Hier kann es leicht passieren, dass man sich überschlägt, wir empfehlen daher, darauf zu achten, stets das Gewicht über dem Hinterreifen (hinter dem Sattel) zu halten, um alle Hindernisse ohne Risiko überwinden zu können. Wir rauschen durch das tolle Ambiente bergab bis zum km 10, wo erneut ein Schotterweg zur Fiumarella abzweigt, ein paradiesisches Tal, des vom Wasser des Flusses Sorrentino **(5)** geschaffen wurde. Zurück auf unserem Weg geht es bergauf bis nach Godisole **(6)** (km 13), ein kleines charakteristisches Dorf, dessen alte Villen von einer prunkvollen Vergangenheit erzählen. Weiter geht es in Richtung Valle Cilento/Bezirk Sessa Cilento, wo ein Schild auf das Tal Valle dei Mulini **(8)** hinweist. Hier stoßen wir auch auf die Kirche Santa Maria di Valletelle mit ihrem wunderschönen Glockenturm aus dem 14. Jh. **(7)**. Wir fahren am Fluss entlang und stoßen auch gleich auf die erste der 25 Mühlen, sie ist die größte und wichtigste Mühle im „Tal der Mühlen" (Valle dei Mulini). Auf unserem Weg müssen wir oftmals Viehgatter passieren und es ist wichtig, geschlossene Gatter stets wieder zu schließen, um zu verhindern, dass Weidetiere ausbüxen können. Der Schotterweg führt uns weiter bergauf, stellenweise bei starker Steigung und der ein oder andere wird hier absteigen und schieben müssen. Im Zickzack geht es bergauf, vorbei am Agriturismo Occhianelle bis zur asphaltierten Straße, die in den Ortskern von Lustra **(9)** führt. Ab hier rollen wir bergab bis nach Rutino **(10)** und schnell weiter bis ins Zentrum von Torchiara. Die Tour ist kurz, aber wegen dem konstanten Auf und Ab auf keinen Fall zu unterschätzen.

ANMERKUNGEN

Anreise: Mit dem Auto auf der Autostrada A2 del Mediterraneo, Ausfahrt Battipaglia und weiter auf der SS 18 in Richtung Vallo della Lucania, Ausfahrt Prignano Cilento. Entfernung Torchiara-Neapel: 73 km. Mit dem Zug: Haltestelle Agropoli-Castellabate.

Typisches altes Gehöft des Cilento (© *Antonello Naddeo*)

09 Oberer Cilento

VATOLLA – ZWISCHEN GESCHICHTE UND NATUR

Radweg		0%
Asphaltierte Straße		66%
Betonierte/gepflasterte Straße		0%
Schotterstraße		24%
Saumpfad		0%
Pfad / Weg / Singletrail		10%

★★★
Schönheit

Cross Country
Stil

Ganzjährig
Beste Jahreszeit

Parkplatz Agropoli Sud, 38 m
N40° 20.338' E15° 00.584'
Startpunkt

459 m
Höchster Punkt

554 m
Höhenunterschied

22,3 km
Distanz

2 Std.
Wegdauer

★★★
Technische Schwierigkeit

★★★
Körperlicher Anspruch

95%
Befahrbarkeit beim Anstieg

99%
Befahrbarkeit bei der Abfahrt

Ja – Nein
e-bike

Gut
Handyempfang

Unsere Tour verläuft durch die Hügellandschaft südlich von Agropoli und besticht mit traumhaften Ausblicken. Im ersten Teil der Tour erwartet uns ein technisch anspruchsvoller Anstieg, wo trotz kompaktem Untergrund Kies und lose Steine die Interpretation erschweren. Zudem geht es stellenweise stark bergauf (Steigungen jenseits der 20%). Im zweiten Teil der Tour rollen wir bergab, wobei der kiesige Untergrund auch erfahrenere Biker zur Konzentration zwingen wird. Die Strecke ist vor allem im Frühling sehr schön, wenn die Natur in all ihren Farben, Formen und Düften zu neuem Leben erwacht.

WEGBESCHREIBUNG

Wir parken nahe der Ausfahrt Agropoli Sud (gute Parkmöglichkeiten) **(1)** und folgen der Provinzstraße SP 45, deren angenehm leichte Steigung ein gutes Aufwärmprogramm für unseren Anstieg darstellt. Nach 500 m biegen wir rechts ab in die Via Cannetiello und am km 2 geht es nach links bis zur Landstraße 267 (der Abschnitt ist im Frühjahr/Sommer stark befahren und erfordert erhöhte Aufmerksamkeit). Am km 5,3 biegen wir links ab und folgen der SP 172 in Richtung Contrada San Giovanni (Gebiet der Steinbrüche). An der Abzweigung am km 7 fahren wir nach links und beginnen mit dem Schotterweg nach Vatolla. Der Untergrund ist kompakt, lose Steine und Kies machen den Anstieg jedoch zu einem nicht ganz einfachen Balanceakt. Der weiße Schotterweg wird rechts und links von einer wild sprießenden Natur eingerahmt und wir kommen an uralten Olivenbäumen und isoliert liegenden Bauernhäusern vorbei. In 2,5 km müssen wir gut 230 m Höhenunterschied hinter uns bringen, ein paar Stellen jenseits der 20% Steigung inklusive. Am km 8 biegen wir an der Abzweigung rechts ab und ein paar Kilometer weiter stoßen wir erneut auf die asphaltierte Straße, die zur ersten Häusergruppe des Dorfes Valtolla (Bezirk von Perdifumo) führt. Hier können wir das fantastische Panorama auf die Küste zwischen Agropoli und Castellabate und die Amalfiküste im Hintergrund genießen. Nach den Mühen des Anstiegs empfehlen wir eine Pause auf dem Platz vor dem Kloster Convento Santa Maria della Pietà **(2)** (385 m). Hier kann man im

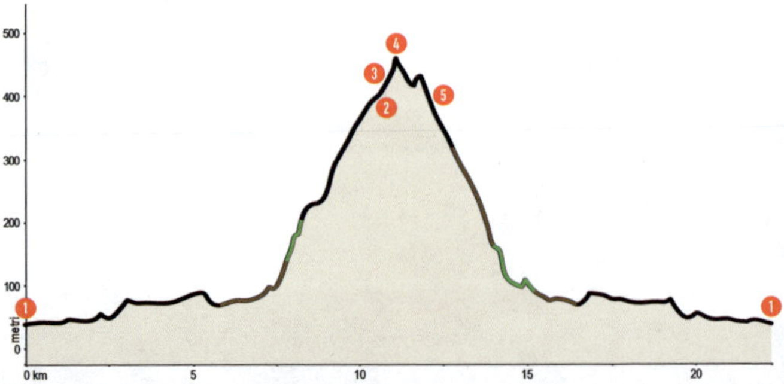

Castello Angioino
AGROPOLI
Agropoli Castellabate
Agropoli Sud
SS267
SS267
Vetrali
SP172
Spinelli
Laureana Cilento
SP46b
5
2
3
4
Convento Santa Maria della Pietà
Vatolla
SP15
Mercato Cilento
Perdifumo

Zahlreiche Möglichkeiten entlang der Strecke
Einkehr

Brunnen beim Konvent Santa Maria della Pietà
Trinkwasser

Auf dem Weg
1. Parkplatz Agropoli Sud (38 m)
2. Kloster Santa Maria della Pietà (385)
3. Aussichtspunkt (412 m)
4. Castello De Vargas (450 m)
5. Aussichtspunkt (376 m)

Schatten der Olivenbäume genau dort durchatmen, wo der Philosoph Vico einst zu lesen pflegte und die „perfekte Luft" genoss **(3)**. Nur ein paar Meter weiter liegt der sehr sehenswerte „Palazzo De Vargas" **(4)** (450 m, si. Box). Wieder auf dem Bike, fahren wir nach links in die Via Paciotti und verlassen das Dorf. Am km 13 nehmen wir die Straße, die auf der linken Seite bergab führt. Der breite Karrenweg mit erhöhtem Gefälle und scharfkantigem Untergrund bringt uns nach zehn kleinen Kehren zurück auf den Weg vom Anstieg, der sich jedoch beim bergab

Fahren in einem ganz anderen Licht zeigt **(5)**. Am km 15 biegen wir an der Abzweigung rechts ab und fahren auf dem gleichen Weg zurück nach Agropoli. Was bei dieser Tour auf keinen Fall fehlen darf ist die berühmte „Cipolla di Vatolla", die Vatolla-Zwiebel, süß und gut verdaulich, besonders lecker ist sie auf Focaccia oder Pizza (si. Box).

ANMERKUNGEN

Anreise: Mit dem Zug in Richtung Paola oder Sapri, Haltestelle Agropoli; die Züge fahren ca. einmal pro Stunde. Mit dem Auto: Autostrada A2 del Mediterraneo, Ausfahrt Battipaglia Nord, weiter in Richtung Paestum, Ausfahrt Agropoli Sud.

Herbstlicher Streifzug durch die Wälder von Vatolla (© *Antonello Naddeo*)

Borgo di Vatolla - Palazzo De Vargas (Vatolla)

Vatolla ist ein kleiner Bezirk der Gemeinde Perdifumo, Sitz des dem Philosophen Gianbattista Vico gewidmeten Museums. Die charakteristischen Häuser der Ortschaft liegen dicht aneinander am Hang des Hügels, umgeben von einem Wirrwarr an Stufen. Unbedingt besichtigen sollte man die Burg Castello Vargas-Machucha aus dem 16. Jh. mit ihrem gepflasterten Innenhof und dem charakteristischen Brunnen mit Maske.
Genau hier lebte zwischen 1689 und 1695 der Philosoph, Historiker und Jurist Gianbattista Vico aus Neapel, der in Vatolla die Texte der nahen Bibliothek des Konvents Santa Maria della Pietà studierte. Heute beherbergt das Castello Vargas die „Fondazione Gianbattista Vico Istituto di Alta Cultura" mit einer Bibliothek mit ca. 20.000 Titeln. Sehr sehenswert ist außerdem die Kirche Santa Maria della Pietà aus dem Jahr 1619 im alten Ortskern von Vatolla.

Die Vatolla-Zwiebel

Der Namengeber dieser berühmten Zwiebel ist der Ort Vatolla, ein Bezirk der Gemeinde Perdifumo (SA). Die Zwiebel wird im Gebiet um Perdifumo und in den anliegenden Gemeinden angebaut. Die kreisel- oder spindelförmige Zwiebel ist außen strohgelb oder rosa und innen weißlich und/oder rosa. Das Gewicht liegt zwischen 400/500 g und 1000 g. Die Zwiebel ist besonders süß, nur wenig scharf und hat einen sanften, unaufdringlichen Duft. Die besondere Süße mache diese Zwiebelart zu etwas „Einzigartigem". Sie ist besonders gut verträglich und brennt nicht in den Augen bei der Zubereitung.

Singletrail durch die mediterrane Macchienvegetation (© *Antonello Naddeo*) →

Technische Passagen beim Anstieg (© *Antonello Naddeo*) ↓

castelli
FOX

10 Oberer Cilento

FÜNF DÖRFER

Radweg	0%
Asphaltierte Straße	78%
Betonierte/gepflasterte Straße	0%
Schotterstraße	6%
Saumpfad	0%
Pfad / Weg / Singletrail	16%

★★★
Schönheit

Cross Country
Stil

Ganzjährig
Beste Jahreszeit

Agropoli, beim Stadium, 15 m
N40 20.495 E14 59.861
Startpunkt

503 m
Höchster Punkt

980 m
Höhenunterschied

30,2 km
Distanz

2,45 Std.
Wegdauer

★★
Technische Schwierigkeit

★★★
Körperlicher Anspruch

98%
Befahrbarkeit beim Anstieg

100%
Befahrbarkeit bei der Abfahrt

Ja – Nein
e-bike

Mittelmäßig
Handyempfang

Unsere Tour führt uns durch die fünf charakteristischsten Dörfer des Cilento: Torchiara, Rocca Cilento, Laureana Cilento, Spinelli und Copersito. Sie gehört zu dem am meisten „asphaltierten" Strecken in diesem Buch, es handelt sich dabei aber um kaum befahrene Straßen durch traumhafte Landschaften. Die ersten 4 km bereiten keinerlei Schwierigkeiten, im zweiten Teil der Tour erwartet uns ein Abschnitt, der auch „Madonna dell'Acqua Santa" genannt wird und der von einem Hauch faszinierender Vergangenheit umgeben ist. Die einsamen Straßen führen uns in eine Gegend, in der die Zeit stehen geblieben zu sein scheint. Der Anstieg auf der Landstraße verläuft zwischen typischen Olivenhainen, Weinbergen und Feigenbäumen, vorbei an alten Villen, Türmen, Kirchen und gut erhaltenen Gebäuden aus dem Mittelalter. Nach der Zeitreise durch die fünf kleinen Dörfer und einer spaßigen Abfahrt endet unsere Tour dann erneut in Agropoli. Eine einfache Tour ohne große technische Schwierigkeiten, die jedoch in Hinblick auf Natur und Kultur besonders interessant ist.

WISSENSWERTES

Torchiara ist ein kleines Dorf und ein architektonisches Juwel mit einem ausgezeichnet erhaltenen Ortskern mit eleganten Gebäuden adeliger Vorfahren und charakteristischen Steinhäusern. Das Dorf war und ist in zwei Teile geteilt, einen oberen (Soprana) und einen unteren (Sottana). Die verschiedenen Ortsbezeichnungen beziehen sich auf die Namen der Besitzer (Li Pavoni, Li Gaifieri, Li Ciota, Li Galvani, Li Vacchiani) oder auf die Eigenschaften der jeweiligen Orte (la Croce, le Case bianche, il Serrone). Im Ortskern von Torchiara und in dem des Bezirks Copersito kann man die typische ländliche Architektur der Gegend bewundern, bemerkenswert sind dabei der Palazzo Pavone, der Palazzo Riccio (heute ein B&B) und der Palazzo Torre, der auch als Symbol der Ortschaft fungiert. Für einen Besuch von Torchiara und seinen verschiedenen Bezirken empfehle ich die „via verde" (Greenway), sie führt über kleinere Landstraßen, beginnend im ältesten Teil des Dorfes (Soprana), vorbei an der Villa Comunale, durch den historischen Ortskern, vorbei an der Kirche San Salvatore bis zum Bezirk Sottana, wo sich der Turm Torre Mangone und die Kirche Chiesa della Madonna delle Grazie und San Bernardino das ein oder andere Foto Erinnerungsfoto verdient haben.

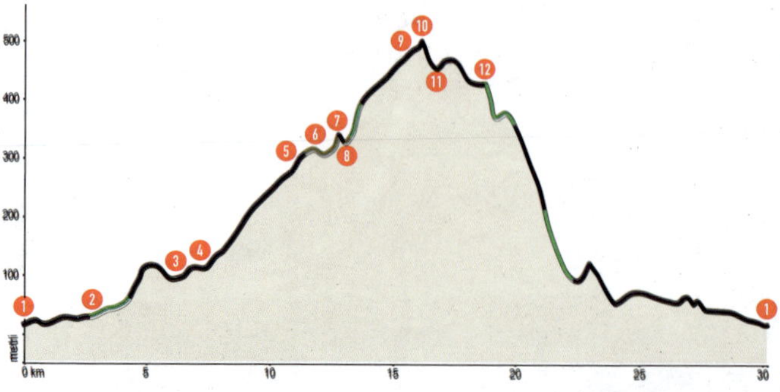

Castello Angioino
AGROPOLI
Agropoli Castellabate
SS18var
SS18
SS267
Piaggese
Ogliastro Cilento
Cannetiello
Muoio
Principe
Mutalipassi
Marettima
Prignano Cilento
Torchiara
Copersito
Laureana Cilento
Rocca Cilento
Lustra
SP46
SP46b
Valtolla
SP15
Mercato Cilento
1
2
3
4
5
6
7
8
9
10
11
12

Ein paar Bars

Einkehr

Möglichkeiten in den Dörfern

Trinkwasser

Auf dem Weg

1. Agropoli, Stadium (15 m)
2. Weg „Sentiero delle more" (32 m)
3. Kirche Santa Maria Dell'Acqua Santa (96 m)
4. Greenway (114 m)
5. Borgo di Torchiara (310 m)
6. Palazzo baronale De Conciliis (313 m)
7. Borgo di Copersito (332 m)
8. Kapelle Madonna delle Grazie (333 m)
9. Località San Martino (453 m)
10. Panorama Rocca Cilento (599 m)
11. Laureana Cilento (447 m)
12. Borgo di Spinelli (402 m)

WEGBESCHREIBUNG

Los geht es in Agropoli **(1)**, vor dem Stadium, wo man ganz bequem parken kann. Wir folgen der asphaltierten Straße leicht bergauf in Richtung Torchiara (ausgeschildert). Nach 4 km, im Bezirk Contrada Case Bianche, biegen wir rechts ab und beginnen den sogenannten „Sentiero delle more" **(2)** (dt.: Brombeerweg), ein Schotterweg, der mit einigen steileren Rampen auf uns wartet. Nach 1,5 km stoßen wir auf die asphaltierte Straße, die auch „Strada dell'Acquasanta" genannt wird und die nach 4,2 km zu der kleinen, schönen und den Cilentanern heiligen Kirche namens „la Madonna dell'Acquasanta" **(3)** führt. Das Wegstück mit dem Namen „Greenway" **(4)** führt durch eine traumhafte Naturlandschaft und bei den vier Kehren bergauf begleitet uns stets ein atemberaubender Ausblick auf das Meer. Nach den ersten Häusern der Ortschaft Torchiara **(5)** folgen wir der Allee zwischen den Zypressen, die uns zu dem beeindruckenden Palazzo baronale De Conciliis **(6)** (km 19) führt. Die authentische Festung diente einst zum Schutz des Gebietes zwischen Torchiara und Copersito **(7)**. Wir fahren links an dem Gebäude vorbei

(gepflasterte Straße) und gleich nach der Kapelle Cappella della Madonna delle Grazie **(8)** (markiert am km 11) schlagen wir den kurzen und panoramareichen Schotterweg in Richtung Tal ein. Der Weg führt uns mit markantem Gefälle und einigen engen Kurven in Richtung der Bundesstraße nach San Martino **(9)**. Am Straßenrand fällt der Blick auf das Dorf Rocca Cilento **(10)**, eine kleine Besichtigungsrunde ist ein absolutes Muss, vor allem in den frühen Morgenstunden ist es hier besonders schön. Am Aussichtspunkt hat man Ausblick auf den Staudamm von Alento, das Alburni Gebirge und den Gipfel des Cervati. Es geht weiter bergab in Richtung Laureana Cilento **(11)**, ein kleines mittelalterliches Dorf, reich an Geschichte, Kunst und Natur, dessen Häuser dicht gedrängt an den Hängen des Monte Stella liegen. Wir rollen immer noch bergab und als nächstes erwarten uns die Häuser von Spinelli **(12)** wo auch der schönste Schotterweg unserer Tour beginnt: 5 km durch die Natur mit nicht zu unterschätzendem Höhenunterschied und als i-Tüpfelchen gibt es gleich im Anschluss noch einen adrenalinlastigen Singletrail durch die Hügellandschaft von Agropoli. Am km 23 sind wir wieder auf der Landstraße 267/A und erreichen auch schon bald den Ausgangspunkt unserer Tour in Agropoli.

ANMERKUNGEN

Anreise: Autobahn A2 del Mediterraneo in Richtung Salerno-Reggio Calabria, Ausfahrt Battaglia und weiter auf der SS18 bis Agropoli sud und in Richtung Stadium. Der Parkplatz ist nicht weit von der Ausfahrt entfernt und gut ausgeschildert.

Tolle Aussicht auf Rocca Cilento und die Burg, umgeben von hohen Bergketten (© *Antonello Naddeo*)

TRANSMONTEMARE

Radweg	0%
Asphaltierte Straße	71%
Betonierte/gepflasterte Straße	0%
Schotterstraße	22%
Saumpfad	0%
Pfad / Weg / Singletrail	7%

★★★★
Schönheit

Cross Country
Stil

Herbst und Frühjahr
Beste Jahreszeit

Stadium Agropoli Sud, 24 m
N40 20.471 E14 59.922
Startpunkt

443 m
Höchster Punkt

1607 m
Höhenunterschied

54,9 km
Distanz

5,30 Std.
Wegdauer

★★★
Technische Schwierigkeit

★★★★
Körperlicher Anspruch

100%
Befahrbarkeit beim Anstieg

100%
Befahrbarkeit bei der Abfahrt

Ja - Nein
e-bike

Gut
Handyempfang

Diese Ringtour vereint die ganze Schönheit des Cilento in einer Tour, Meer, Berge und eine emotionsgeladene Strecke. Die Tour ist relativ lang und die vielen Aussichtspunkte „zwingen" den Biker dazu, immer wieder sehr angenehme Pausen einzulegen. Die „Transmontemare" empfiehlt sich vor allem im Frühjahr, wenn die Natur mit einer wirklich einzigartigen Farbexplosion aufwartet. Die Tour beginnt sofort mit einem beachtlichen Höhenunterschied von 235 m und wir fahren abwechselnd über einsame Schotterwege und durch typische Dörfer. Bei der Abfahrt ist Aufmerksamkeit gefragt, da der Untergrund oftmals sehr lose ist und lose Steine und Furchen die Kontinuität des Weges stören. Das Wegstück zwischen Casa del Conte und Punta Licosa ist stark befahren und kann vor allem in der Sommersaison gefährlich werden. Auch der finale Singletrail der Punta Tresino verlangt ein wenig Vorsicht: es geht schnell bergab mit zahlreichen Steigungswechseln. Außerdem gibt es jede Menge Wurzeln, Steine und die ein oder andere natürliche Stufe, die das Ganze ein wenig aufpeppen und bei denen man sein Bike gut unter Kontrolle haben sollte.

WEGBESCHREIBUNG

Wir starten am Guariglia-Stadium in Agropoli (gute Parkmöglichkeiten) **(1)** und folgen der asphaltierten Straße in Richtung Baia di Trentova. An der ersten Kreuzung biegen wir links ab auf die Via del Piaggese. Nach 700 m biegen wir rechts ab und fahren auf der Via Gennaro Serra weiter. Am km 5 beginnt unser erster Schotterweg, der bei traumhaftem Panorama über Agropoli **(2)** für ca. 1 km bergauf führt. Eine kaum befahrene asphaltierte Straße führt zuerst leicht bergab, dann geht es wieder bergauf und bei Perdifumo erreichen wir schließlich den höchsten Punkt unserer Tour (440 m). Perdifumo ist ein Dorf im Herzen des Cilento Antico, mit einem sehr alten Ortskern, wo man noch die typischen Waschtröge aus Stein **(3)** bewundern kann, an denen einst von den Dorffrauen die Wäsche gewaschen wurde. Nach der Ortschaft, am km 21, schlagen wir den breiten Schotterweg mit kompaktem Untergrund ein, der uns ins Gebiet von Montecorice bringt. Hier beginnt auch

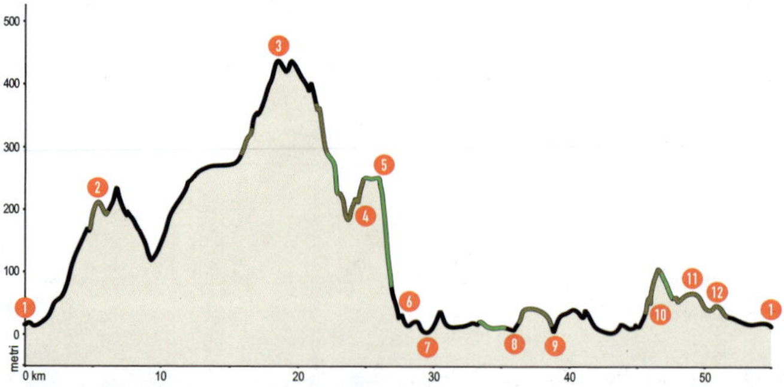

Castello Angioino
AGROPOLI
Baia di Trentova
Baia del Sauco
Punta Tresino
Monaci
Piaggese
Agropoli Sud
SS267
San Biagio
Serra
Muoio
Principe
Marettima
Cavafosse
Piano della Corte
Archi
Contrada Alano
San Pietro
Località Paradiso
SANTA MARIA
SP15
Noce
Maisi
Castellabate
Difesa
Caprarizzo
San Marco
Perdifumo
Salvatore
Giungatelle
Punta Licosa
Licosa
San Giovanni Alto
Zoppi
San Giovanni
Roviscelli
Pietà
Fornelli
Capograssi
Cosentini
Ogliastro
Ogliastro Marina
Baia Arena
Montecorice
Ortodonico Cilento
San Teodoro
Ponte San Nicola

Kiosk an der Bucht Baia di Trenova, keine Möglichkeiten entlang der Strecke
Einkehr

Verschiedenen Möglichkeiten, si. Anmerkungen
Trinkwasser

Auf dem Weg
1 Stadium Agropoli Sud (24 m)
2 Aussichtspunkt (220 m)
3 Waschtröge aus Stein aus dem 16. Jh. in Perdifumo (444 m)
4 Alte Windmühle in Montecorice (217 m)
5 Ripe Rosse (249 m)
6 Casa del Conte (36 m)
7 Lungomare delle tartarughe (5 m)
8 Hafen von Licosa (5 m)
9 Hafen von San Marco di Castellabate (8 m)
10 Collina di Punta Tresino (52 m)
11 Punta Tresino (48 m)
12 Aussichtspunkt (49 m)

die Straße zu den „Ripe Rosse". Auf einer Höhe von 226 m, im Ort Colle della Madonna delle Grazie, kann man eine alte, sich noch in sehr gutem Zustand befindende Windmühle **(4)** bewundern, deren Flügel von dem hier stets sehr stark wehenden Südwestwind angetrieben werden. Danach wartet der traumhaft schöne, steil über dem Meer liegende Kiefernhain der sogenannten „Ripe Rosse" auf uns **(5)**, wo Aleppo-Kiefern (im lokalen Dialekt „Zappini" genannt) auf einem Vorsprung, ca. 80 m über dem Meer, emporragen. Dieser Ort wird auch „Scuoglio" (vom ital. „scoglio" - Klippe) genannt und gehört wegen seiner geologischen Besonderheiten seit 2013 zum Netz der Europäischen Geoparks. Die Abfahrt nach Casa del Conte **(6)** erwartet uns mit fantastischen Ausblicken auf die Bucht von Licosa und an klaren Tagen kann man sogar die Insel Capri erkennen. In Ogliastro Cilento biegen wir links ab und folgen der sogenannten „Strada dei Pini". Es geht an der Bucht und am „Lungomare delle Tartarughe" **(7)** (dt: Strandpromenade der Schildkröten") entlang, wo bis vor einigen Jahren noch Schildkröten ihre Eier legten. Wir erreichen schließlich den Eingang zum Naturpark der Punta Licosa,

wo wir entweder auf Asphalt, oder über die Pfade am Meer entlang mit Blick auf die vielen kleinen Buchten weiterradeln können (Achtung auf die Schwierigkeit der Wege). Am Hafen von Licosa **(8)** nehmen wir die Schotterstraße nach San Marco di Castellabate, die im angenehmen Auf und Ab bis zur Hafenmole von San Marco **(9)** führt. Hier geht es bergauf ins Gebiet Zona Lago, wo dann der Schotterweg bergauf zur Punta Tresino beginnt. Der Hügel Punta Tresino **(10)** ist anspruchsvoll, wegen der starken Steigung beim Anstieg und den Schwierigkeiten bei der Abfahrt. Am km 47 zweigt auf der linken Seite ein Singletrail ab, der uns durch die typische Macchienvegetation führt. Der Pfad ist schnell und gut befahrbar, jedoch eng mit dem ein oder anderen natürlichen Hindernis. Atemberaubend ist die Fahrt zur Bucht Cala Blu **(11)** und zum Schluss können wir dann nach den ganzen Mühen die traumhaft schöne Landschaft der Bucht Baia di Trentova in vollen Zügen genießen **(12)**.

ANMERKUNGEN

Anreise: Mit dem Zug ab dem Hauptbahnhof von Neapel (Piazza Garibaldi) in Richtung Paola oder Sarpi, Haltestelle Agropoli (Züge fahren stündlich, Entfernung 98 km). Mit dem Auto: wer von Norden kommt, nimmt auf der A2 die Ausfahrt Battipaglia und fährt auf der SS18 bis Agropoli Sud; dann den Hinweisen zum Stadium und zum Parkplatz folgen.
Trinkwasser: Brunnen in Località Fontana Monaci, Perdifumo, Casa del Conte, am Parkeingang von Punta Licosa und in San Marco.

Sturzflug von den Ripe Rosse ins Meer von Casa del Conte (© *Antonello Naddeo*)

Die Ripe Rosse

Die Ripe Rosse sind ein Ort von besonderem landschaftlichen Wert nahe der Staatsstraße SS267. Hier wachsen hoch über dem Meer die sogenannten Aleppo-Kiefern, hinter denen sich ein wirklich fantastisches Panorama auf das blau glitzernde Meer öffnet. Die Ripe Rosse gehören zur Gemeinde von Montecorice, ein kleines Dorf, das jedoch zu den Rekordhaltern gehört

Panorama hoch über der Cilento-Küste (© *Antonello Naddeo*)

was Naturschönheiten angeht: Die Bucht der Punta Licosa, der Felsvorsprung der Ripe Rosse mit dem Kiefernwald, die ruhige Bucht der Punta Capitello und das Fischerdorf Agnone. Die Schönheit dieser Orte wird dabei noch zusätzlich verstärkt von dem Zusammenspiel der hohen Steilküste, den Traumstränden und dem Hügel, der über seine Dörfer „wacht", die im Winter schläfrig sind und im Sommer umso lebendiger.

RINGTOUR PIANO VETRALE UND MONTE SERRA

Radweg	0%
Asphaltierte Straße	69%
Betonierte/gepflasterte Straße	0%
Schotterstraße	11%
Saumpfad	0%
Pfad / Weg / Singletrail	20%

***
Schönheit

Cross Country
Stil

Ganzjährig
Beste Jahreszeit

Piano Vetrale, fraz. Comune Orria, 567 m
N40 18.204 E15 11.944
Startpunkt

916 m
Höchster Punkt

1109 m
Höhenunterschied

24 km
Distanz

3 Std.
Wegdauer

**
Technische Schwierigkeit

**
Körperlicher Anspruch

98%
Befahrbarkeit beim Anstieg

100%
Befahrbarkeit bei der Abfahrt

Ja – Nein
e-bike

Gut
Handyempfang

Diese Tour ist reich an Geschichte, Kunst und Naturschönheiten. Sie beginnt in Piano Vetrale, einem Bezirk von Orria. Die ersten Kilometer führen uns leicht bergauf, die Steigung wechselt dabei mehrmals und wir legen einen Höhenunterschied von 380 m zurück. Zuerst radeln wir durch den Wald bis auf den Monte Serra, danach rollen wir auf einem spaßigen Singletrail zurück, wobei es abwechselnd über Schotter und Asphalt geht. Nach der Ortschaft Gioi Cilento rollen wir auf der Landstraße SP47 bergab, zurück zum Ausgangspunkt in Piano Vetrale. Die Strecke ist nicht besonders schwierig, die Anstiege sind anstrengend, aber stets machbar und die Abfahrten machen Spaß und sind ungefährlich.

WISSENSWERTES

Piano Vetrale ist ein winziges Dorf, das mit mehr als 70 Muralis über und über bemalt ist. Die Wandmalereien auf den öffentlichen und privaten Gebäuden haben aus dem Ortskern ein Museum unter freiem Himmel geschaffen. Künstler aus Italien und aller Welt haben sich hier mit den verschiedensten Themen verewigt, es gibt zum Beispiel Malereien mit Fabelwesen, aber auch Darstellungen des ländlichen Lebens dieser Gegend. Hier leben nur wenige hundert Menschen und wir empfehlen eine längere Pause, um die alten Gassen und Plätze zu erkunden und die Spezialität des Ortes, die Pizza Cilentana, zu probieren. Die alten Hausfrauen nennen diese Pizza auch „ammaccata" oder „ammacatedda" (dt.: eingedrückt), was sich auf die besondere Art des Teigausrollens bezieht; der Teig wird nicht, wie sonst üblich, flach gezogen, sondern eher gedrückt, so dass er etwas dicker als bei der normalen Pizza ist. Unbedingt probieren!

WEGBESCHREIBUNG

Enge Gassen zwischen Steinbögen **(1)** führen uns aus dem Dorf uns auf die Landstraße SP56. Für 3 km geht es auf der asphaltierten Straße bergauf bis wir auf die SP47 stoßen, auf der wir weiter leicht bergauf treten. Am km 3 biegen wir links ab und gleich danach nach rechts in

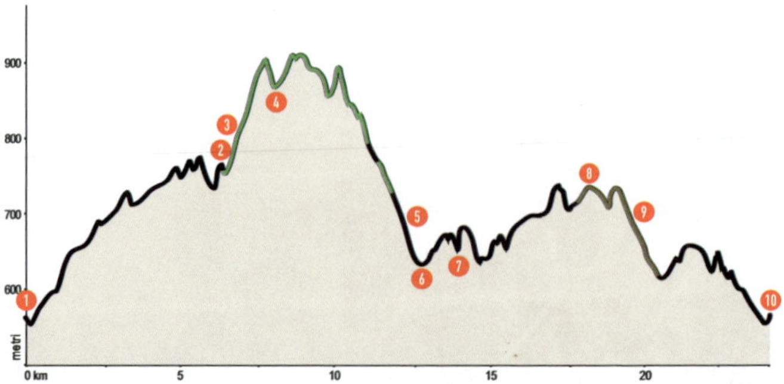

Contrada Palazzo Soccorso
Magliano Nuovo
Gorga
Stio
Orria
SP56b
SP56a
Piano Vetrale
San Paolo
Gioi
SR488
SP264
SP80
Maroccia
Salento
Torrente Fiumicello
SP430
Vallo Della Lucania-castelnuovo
Vallo Scalo
VALLO DELLA LUCANIA

Kioske in den Gärten von Gioi Cilento

Einkehr

Brunnen "Ru' Ciuccio"

Trinkwasser

Auf dem Weg

1. Piano Vetrale (0 m)
2. Brunnen "Ru' Ciuccio" (746 m)
3. Wald von Piano Vetrale (774 m)
4. Hochebene von Monte Serra (873 m)
5. Lavinia See (685 m)
6. Mittelalterliche Brücke von Gioi Cilento (631 m)
7. Gärten von Piazza Castello und Aussichtspunkt (652 m)
8. Großes Holzkreuz (737 m)
9. Tempa dell'Arenola (703 m)
10. Muralis (556 m)

Richtung Nordosten. Am km 6, an der Abzweigung der SR488/d, liegt der Brunnen namens "fontana Ru' Ciuccio" (Fontana dell'Asino) **(2)**, an dem wir unsere Trinkwasserreserven auffüllen können. Die ersten 8 km führen meist bergauf, die Steigungen sind dabei recht unterschiedlich und insgesamt bringen wir ca. 380 Höhenmeter hinter uns. Dann geht es leicht zurück und wir folgen für einen Kilometer der asphaltierten SR488/d, bis auf der rechten Seite ein Schotterweg bergauf abzweigt. Der Schotterweg ist von Beginn an anstrengend und kurvenreich. Die Kurven führen uns durch einen Wald **(3)**, in dem vor allem Kastanien, Steinbuchen und verschiedene Farnarten wachsen. Nach 2 km im Unterholz und wir erreichen die panoramareiche Hochebene **(4)** des Monte Serra auf einer Höhe von 921 m. Auf der rechten Seite der Ebne, etwas weiter unten, öffnet sich ein fantastisches

Im Wald von „Tempa dell'Arenola" in Piano Vetrale (© *Antonello Naddeo*)

Zwischen den Gassen liegt das Haus des Künstlers Paolo De Matteis (© *Antonello Naddeo*)

Panorama auf die Häuser des Dorfes Gioi Cilento, die sich auf dem Gipfel eines Hügels (685 m) zusammendrängen. Weiter geht es im Auf und Ab über die Hochebene, auf der im Sommer sehr viel Ginster wächst. Wir bleiben eine Weile auf einer Höhe von ca. 900 m, dann schlagen wir den Singletrail ein, der vom Gipfel bis auf die weiter untenliegende asphaltierte Straße führt (Richtung Südosten). Am km 12, nach einem kurzen Stück auf Asphalt, rollen wir durch einen Pinienhain bis zu einem kleinen See **(5)** (laghetto Lavinia) in wunderschönem Ambiente. Weiter geht es in Richtung Gioi Cilento, wir überqueren die restaurierte mittelalterliche Brücke **(6)** und fahren dann durch den alten Ortskern mit den charakteristischen Stadtmauern und Stadttoren (Portanova, die besichtigt werden kann, und Porta Janni). Von der alten Burg sind nur ein paar Ruinen übriggeblieben, das Kloster Monastero di San Giacomo dagegen ist noch in sehr gut intakt. Zwischen den Ruinen der Burg liegt heute ein öffentlicher Park **(7)**, der auch der höchste Punkt des Dorfes ist. Hier kann man den fantastischen Ausblick auf das Tal und den Weg namens „Fiumara dei Santi" genießen. Wir verlassen den Ortskern und folgen der Landstraße SP47 im leichten Anstieg bis zum höchsten Punkt unserer Tour (ca. 750 m). Hier be-

Alte Steintreppe hinauf zum See Lavinia (© *Antonello Naddeo*)

ginnt unsere Abfahrt auf einem breiten Schotterweg, der dank des kompakten Untergrunds und der Abwesenheit größerer Hindernisse jede Menge Bikespaß garantiert. Auf dem Weg kommen wir auch an einem großen Holzkreuz vorbei **(8)**, das 1999 am Fuße einer Erle geweiht wurde, dem Ort, so heißt es, an dem 1952 das Bild der Madonna erschienen ist. Wir fahren schließlich durch einen schönen Pinienhain im Bezirk „Tempa dell'Arenola" **(9)**, der auf dem Hügel oberhalb von Piano Vetrale liegt; eine wahre Oase der Ruhe und des Friedens. Der saubere und schnelle Weg bringt uns auf die asphaltierte Straße, die bergab bis nach Piano Vetrale führt. Der kleine Ort hat eine Besichtigungsrunde verdient, besonders, um die fantastischen Kunstwerke an den Mauern zu bewundern **(10)**.

ANMERKUNGEN

Anreise: Orria ist ganz leicht zu erreichen. Mit dem Zug: die nächstgelegenen Bahnhöfe sind in Omignano Scalo und Vallo-Castelnuovo, ca. 11 und 14 km von Orria entfernt. Mit dem Auto: die A2 bei Battipaglia verlassen, weiter auf der Variante der Staatsstraße SS18 und abfahren in Omignano Scalo.

Beim „Surfen" über die Farnfelder des Monte Serra (© *Antonello Naddeo*)

SENTIERO DEL PANE CILENTANO

Radweg		0%
Asphaltierte Straße		89%
Betonierte/gepflasterte Straße		0%
Schotterstraße		2%
Saumpfad		0%
Pfad / Weg / Singletrail		9%

****
Schönheit

Cross Country
Stil

Ganzjährig
Beste Jahreszeit

Strandpromenade Agropoli, 22 m
N40 21.117 E14 59.777
Startpunkt

639 m
Höchster Punkt

887 m
Höhenunterschied

50 km
Distanz

3,30–4 Std.
Wegdauer

****
Technische Schwierigkeit

****
Körperlicher Anspruch

97%
Befahrbarkeit beim Anstieg

100%
Befahrbarkeit bei der Abfahrt

Ja – Nein
e-bike

Gut
Handyempfang

Diese schöne und panoramareiche Tour verläuft zwischen Giungano, Trentinara und Capaccio. Der erste Teil der Tour ist ideal zum Aufwärmen, überwiegend geht es eben dahin oder nur leicht bergauf. Nach 12 km müssen wir uns dann mehr anstrengen, mit Steigungen bis zu 25% und einem Höhenunterschied von mehr als 500 m. Der sogenannte „Weg des Brotes" („Sentiero del Pane") führt uns durch traumhafte Naturlandschaften mit viel Wasser, alten Mühlen und Brunnen am Fuße des Monte Calpazio, ganz nah an der Naturoase von Capodifiume mit ihren zahlreichen Wasserquellen. Als kleines Plus haben wir außerdem am Ende der Tour einen kleinen Abstecher zu den archäologischen Fundstätten von Paestum eingebaut.

WISSENSWERTES

Trentinara ist ein kleines, mittelalterliches Dorf am Gipfel der Anhöhe Rupe Cantenna auf 606 m. Sie wird auch „Terrasse des Cilento" genannt, weil man hier einen fantastischen Ausblick auf die Amalfiküste bis nach Capri und von der Punta Licosa bis zum Monte Sacro hat. Das Dorf ist ein wirres Durcheinander an Gassen und Winkeln, wo man auch heute noch, oft in einer fast schon irrealen Stille, die uralten Steinhäuser und Tore bewundern kann. Hier wird jedes Jahr im August das „Brotfest" (Festa del pane) gefeiert. Das Bort wird noch in den alten Holzöfen gebacken und ist Symbol für die hier noch sehr stark verwurzelten bäuerlichen Traditionen. Sehenswert sind die kleinen, panoramareichen Plätze, die „preta ncatenata" (zwei ineinander verkeilte Felsblöcke), die Kirche Madonna di Loreto und die Kirche San Nicola im romanischen Stil aus dem 11. Jh. Auf keinen Fall auslassen sollte man einen Ausflug zum Wasserfall des Flusses Solofrone, ein traumhafter Canyon mitten in unberührter Natur.

WEGBESCHREIBUNG

Wir starten an der Strandpromenade von Agropoli **(1)** und folgen der asphaltierten Straße in Richtung Norden bis zum Bezirk Mattine. Wir kommen zügig voran und nach ein paar Kilometern biegen wir auf die

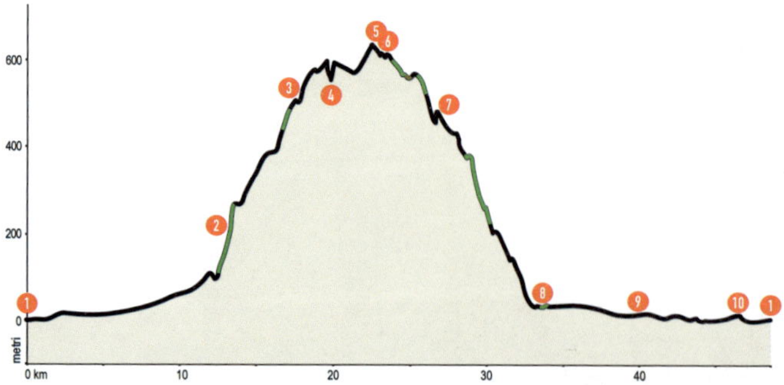

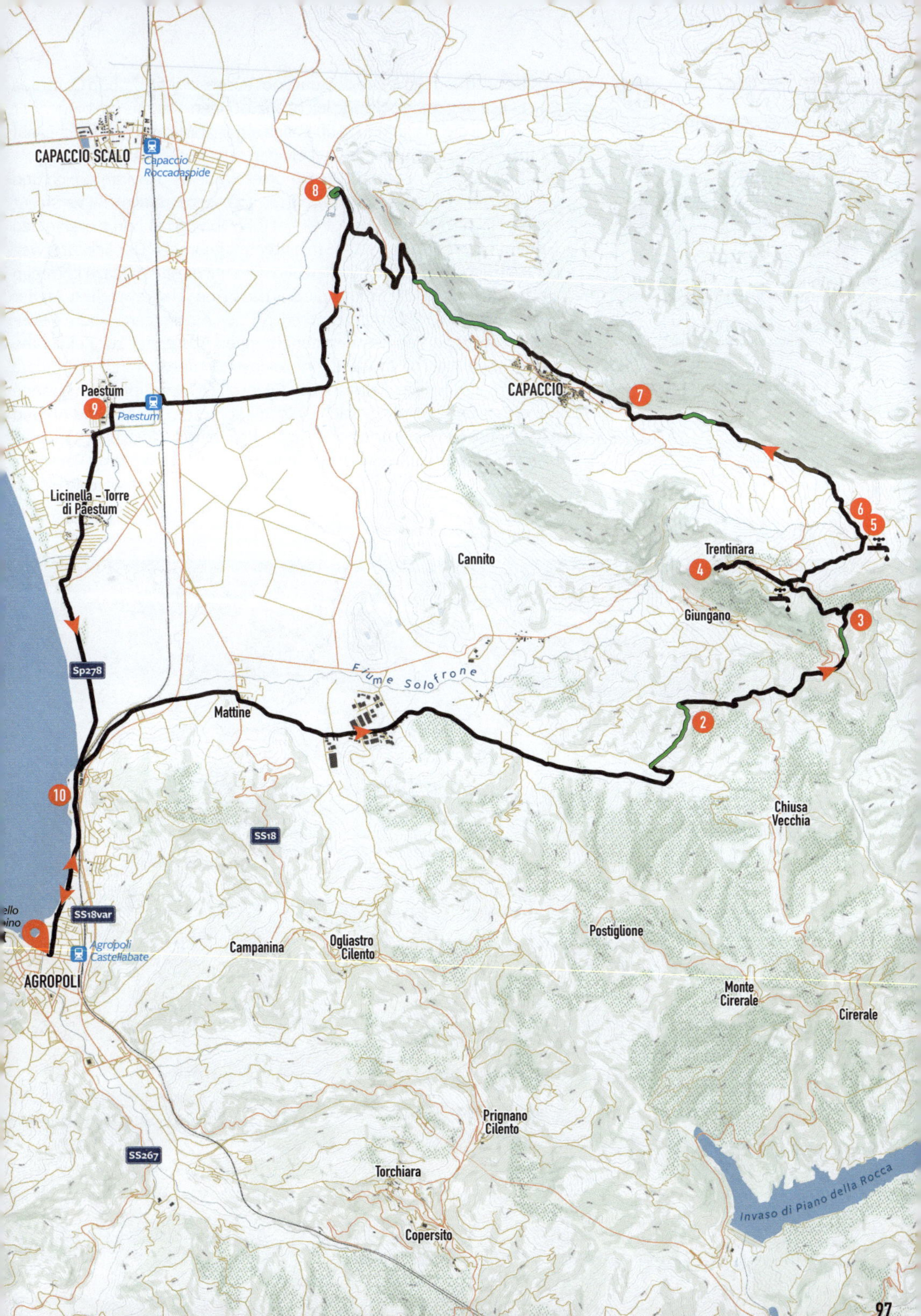

CAPACCIO SCALO
Capaccio Roccadaspide
8
Paestum
9
Paestum
CAPACCIO
7
6
5
Licinella - Torre di Paestum
Trentinara
4
Cannito
Giungano
3
Sp278
Fiume Solofrone
Mattine
2
10
SS18
Chiusa Vecchia
SS18var
Agropoli Castellabate
AGROPOLI
Campanina
Ogliastro Cilento
Postiglione
Monte Cirerale
Cirerale
Prignano Cilento
SS267
Torchiara
Copersito
Invaso di Piano della Rocca

Take away in/um Agropoli

Einkehr

Brunnen bei Trentinara und in Elicicchio

Trinkwasser

Auf dem Weg

1. Lungomare Agropoli (22 m)
2. Holz-Chalet (233 m)
3. Feldkirche Madonna di Loreto (506 m)
4. Terrasse von Trentinara sul Cilento (558 m)
5. Brunnen in Elicicchio (633 m)
6. Weg „Sentiero del Pane" (632 m)
7. Le Calcare (460 m)
8. Capodifiume (31 m)
9. Archäologische Stätten von Paestum (17 m)
10. Lungomare Agropoli (15 m)

Straße nach San Giuseppe di Giungano (ausgeschildert) ab. In Contrada San Felice beginnt die Straße leicht anzusteigen. Nach 12 km biegen wir links ab auf die Via Sambuca und nach ein paar Metern nach rechts auf eine schmale Straße, die uns mit einigen sehr steilen Rampen (Steigungen um die 25%) erwartet. Die Schotterstraße ist panoramareich und wir kommen an mehreren Holzhütten **(2)** vorbei, die im Tal verstreut liegen. Nach 8 km sind wir auf einer Höhe von 610 m und haben einen Höhenunterschied von ca. 516 m hinter uns gebracht. Der Schotterweg verengt sich an manchen Stellen und wird unwegsamer, dazu kommen noch jede Menge lose Steine, die uns das Biken schwermachen. An der asphaltierten Straße angekommen, an der Abzweigung nach Trentinara, sollte man sich Zeit nehmen für einen Abstecher zur Feldkirche Madonna di Loreto **(3)** und eine kleine Rundfahrt durch Trentinara mit der traumhaften „Terrasse des Cilento" **(4)** am Gipfel der Anhöhe Rupe Cantenna (610 m). Nach einigen Kilometern im Auf und Ab und nach einem kurzen Anstieg sind wir am Brunnen in Elicicchio **(5)**, ideale Erfrischungsmöglichkeit vor der langen Abfahrt in Richtung Paestum. Der „Sentiero del Pane" **(6)** führt uns durch ein sehr wasserreiches

Zwischen den majestätischen Tempeln von Paestum (© *Antonello Naddeo*)

Gebiet mit zahlreichen Quellen und Brunnen und verschiedenen Einkehrmöglichkeiten für Wanderer. Zahlreich sind auch die Aussichtspunkte, an denen man Blick auf Trentinara, die dichte Vegetation rund um das Dorf und die alten Wassermühlen am Fluss Solofrone hat. Auf der rechten Seite der Quelle (km 23), beginnt der längste Schotterweg unserer Tour, er führt an den Fuß der Berge Tadduni und Soprano. Der Weg ist breit, das Gefälle niemals zu anspruchsvoll und auf gutem Untergrund rollen wir durch die typische Macchienvegetation bis diese langsam lichter wird und den Blick auf das Tal in Richtung Capaccio freigibt. Auf dem Weg kommen wir an verschiedenen Überbleibseln aus vergangenen Zeiten vorbei, dazu gehören ein römisches Aquädukt und die sogenannten „Calcare“ **(7)**, Steinkonstruktionen, die einst zur Herstellung von Kalk dienten. Wir fahren auf der Straße am Friedhof entlang und danach auf dem Schotterweg, der zuerst zur Madonna del Granato und dann nach Capodifiume **(8)** (ausgeschildert) führt. Nachdem wir uns mit dem klaren Wasser der Tenuta erfrischt haben, radeln wir auf der alten Straße Vecchia Cilentana weiter bis nach Paestum. Hier ist eine schnelle Rundfahrt durch das archäologische Areal **(9)** ein absolutes Muss, erst dann können wir uns aufmachen und zurück zum Ausgangspunkt am Meer von Agropoli **(10)** radeln.

ANMERKUNGEN

Anreise: Mit dem Zug in Richtung Paola oder Sapri, Haltestelle Agropoli. Mit dem Auto auf der A3 Salerno-Reggio Calabria, Ausfahrt Battipaglia Nord, dann Agropoli Nord und weiter bis zur Strandpromenade. Achtung auf die blauen Striche! Hier ist das parken gebührenpflichtig.

Charakteristische Heuballen entlang der Via del Pane Cilentano (© *Antonello Naddeo*)

S(T)ELLA RONDA CILENTANO

Radweg		0%
Asphaltierte Straße		65%
Betonierte/gepflasterte Straße		0%
Schotterstraße		11%
Saumpfad		0%
Pfad / Weg / Singletrail		24%

****
Schönheit

Cross Country
Stil

Frühjahr-Herbst
Beste Jahreszeit

Agropoli Zentrum, 6 m
N40 21.072 E14 59.896
Startpunkt

1108 m
Höchster Punkt

1787 m
Höhenunterschied

48,7 km
Distanz

5 Std.
Wegdauer

***
Technische Schwierigkeit

****
Körperlicher Anspruch

100%
Befahrbarkeit beim Anstieg

93%
Befahrbarkeit bei der Abfahrt

Ja - Nein
e-bike

Spärlich
Handyempfang

Die Strecke des Monte Stella ist, was die Art der Tour betrifft, vergleichbar mit der berühmten Sella Ronda der Dolomiten, natürlich mit ganz anderen Höhenlagen und -unterschieden. Los geht es in Agropoli, bergauf in Richtung Laureana Cilento und im Ort Case Bianche weiter bergauf auf Schotterwegen. Am Anfang fahren wir auf Asphalt, danach geht es auf kompaktem Schotter weiter und im zweiten Teil der Tour wechseln sich felsige Abschnitte mittlerer Schwierigkeit mit losem Untergrund und zahlreichen natürlichen Hindernissen ab. Der letzte Abschnitt ist kiesig und nicht besonders steil, aufmerksam sollte man trotzdem ein. Die Abfahrt ist technisch und komplex, es gibt viele natürliche Stufen und Felsaufschlüsse, die natürliche Rampen bilden, bei denen die geübteren Biker den ein oder anderen Sprung hinlegen können.

WISSENSWERTES

Der Name des Parks, in dem wir unterwegs sind, geht auf den Berg namens Monte della Stella zurück. Auf seinem Gipfel liegt eine, der Madonna geweihte Kapelle, die in einem ländlichen, einfachen Stil erbaut wurde, aber dennoch sehr faszinierend ist. Sie gehört zu den sieben Wallfahrtskirchen des Cilento („Sette Sorelle" - „sieben Schwestern"), die alle der Mutter Gottes geweiht sind. Auf dem Monte Stelle befindet sich außerdem ein großer Megalith (auf 1030 m Höhe), der auch „Preta ru Mulaccio" genannt wird. Diese dialektale Bezeichnung bedeutet so viel wie „Stein des unehelichen Sohns". Die „Preta" besteht aus zwei, sieben Meter hohen Felsblöcken, die durch die Kraft der Natur aus einem einzigen Block entstanden sind. Sie bilden zwei Tunnel, die im Lauf der Zeit vom Menschen ausgebaut wurden. Die Besonderheit des Tunnels ist, dass er sehr genau das Datum der Wintersonnenwende anzeigt. Die Sonne durchquert die beiden Blöcke des Megaliths ganz genau am Tag der Sonnenwende. Das Ganze deutet wahrscheinlich auf eine uralte Sternwarte auf dem Monte Stella hin und beweist, dass die Steine nicht zufällig so

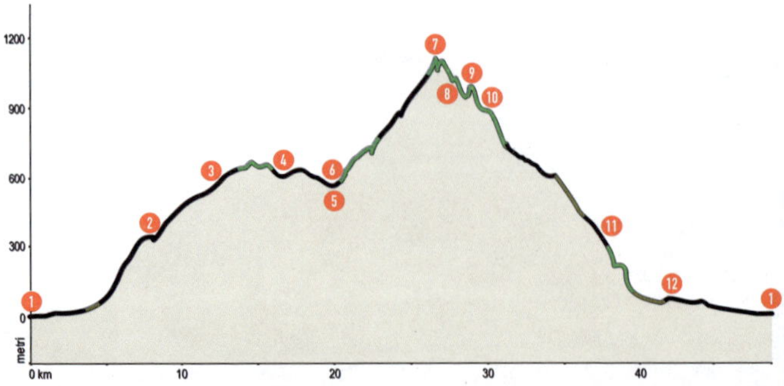

AGROPOLI
Castello Angioino
Baia di Trentova
Punta ...resino
Monaci
Piaggese
Agropoli Sud
Campanina
Ogliastro Cilento
Prignano Cilento
Torchiara
Copersito
Muoio
Piano della Corte
Archi
Alani
San Pietro
SS267
SP15
SANTA MARIA
Matonti-vetrali
Spinelli
Laureana Cilento
Rocca Cilento
Noce
Maisi
Castellabate
Difesa
Casigliano
Mercato Cilento
Caprarizzo
Perdifumo
Valle
San Mango
Castagneta
Sessa Cilento
Salvatore
Ucl (Sp 329)
Zoppi
Serramezzana
Roviscelli
Fornelli
Pietà
Cosentini
Capograssi
Chiesa della Madonna del Monte Stella
Ogliastro
Baia Arena
Montecorice
San Teodoro
Ortodonico Cilento
Ponte San Nicola
San Mauro Cilento
1
2
3
4
5
6
7
8
9
10
11
12

Bars in San Mango Cilento und Mercato Cilento
Einkehr

Brunnen in San Mango Cilento
Trinkwasser

Auf dem Weg
1 Agropoli Zentrum (6 m)
2 Kloster San Francesco (516 m)
3 Aussichtspunkt (581 m)
4 Castello di Rocca Cilento (610 m)
5 Mercato Cilento (623 m)
6 San Mango Cilento (558 m)
7 Wassermühle (586 m)
8 In Richtung Santuario Madonna della Stella (1101 m)
9 Località "Preta Ru' Mulacchio" (1022 m)
10 Il Castelluccio (993 m)
11 Monte Corvara (884 m)
12 Vatolla (396 m)

angeordnet sind, sondern nach einem bestimmten Muster, das zu Messung der Zeit dienen sollte.

WEGBESCHREIBUNG

Wir starten im Zentrum von Agropoli **(1)** und fahren in Richtung Laureana Cilento. Die Straße ist kaum befahren und wir kämpfen uns über einige Kehren bergauf bis zum Bezirk San Martino, wo auch das alte Kloster Convento di San Francesco **(2)** liegt (gegründet von San Bernardino von Siena). Nach mehr oder weniger 11 km erreichen wir Rocca Cilento **(3)** mit den charakteristischen Häusern und der tollen mittelalterlichen Burg **(4)**. Ein fast ebener Abschnitt führt uns nach Mercato Cilento **(5)** und am km 19 sind wir in San Mango Cilento **(6)** angekommen. Im Bezirk Mulinello sollte man unbedingt eine kleine Pause einplanen, um die erst kürzlich restaurierte Wassermühle **(7)** zu besichtigen. Ein paar Meter weiter nehmen wir die Schotterstraße nach rechts, die uns nach 7 km auf den Gipfel des Monte Stella (1131 m) führt. Der Schotterweg ist kompakt und wird von Farnkraut gesäumt. Nur wenige Kilometer und die Landschaft verändert sich, jetzt prägen

Eine Pause, um die Stille des Castelluccio zu genießen (© *Antonello Naddeo*)

Zeitlose Gassen im alten Ortskern von Rocca Cilento (© *Antonello Naddeo*)

imposante Kastanienbäume die Umgebung und die konstante Steigung macht sich so langsam in unseren Beinen bemerkbar. Am Gipfel stoßen wir auf die alte Wallfahrtskirche, die der Madonna della Stelle geweiht ist **(8)**. Es ist eine der sieben Santuari Mariani del Cilento, die durch die sogenannte Legende der sieben Schwestern oder Madonnen verbunden sind. Ein langer Holzsteg führt hier zu einem Aussichtspunkt, an dem man das Panorama von Capo Palinuro auf der einen und bis nach Capri auf der anderen Seite genießen kann. Auf der Hochebene befindet sich zudem ein überdimensionaler weißer Golfball, die Radarbasis Loran der italienischen Flugkontrolle ENAV. Nach einer kleinen Pause zum T-Shirt wechseln schlagen wir den mit einem Schild markierten Pfad in Richtung des imposanten Monolithen „Preta Ru' Mulacchio“ **(9)** ein (links, ein paar Meter nach dem Holzsteg). Der Pfad bergab ist technisch und wir müssen einige natürliche Stufen, Felsaufschlüsse und Rampen bewältigen, wobei die erfahreneren Biker ihr Können bei dem ein oder anderen Sprung unter Beweis stellen können. Das

Gefälle ist ideal. Den weniger geübten Bikern raten wir aufzupassen, damit nicht das Kettenblatt mit den Felsen in Berührung kommt. Nach einem kurzen Anstieg sind wir an der Spitze des „Castelluccio“ **(10)** (ca. 1000 m Höhe) und kurz darauf erreichen wir den Monte Corvara **(11)** (900 m). Der Weg wird schmaler und wir stürzen uns in den zweiten Singletrail, der sich durch wechselhaften und schlecht voraussehbaren Untergrund auszeichnet. Wieder auf der Straße, rollen wir bis nach Mercato Cilento, wo der dritte Singletrail beginnt, der uns nach Vatolla **(12)** führt. Ein letzter Trail durch die hügelige Landschaft bringt uns schließlich nach Perdifumo, die finale Flussdurchfahrt macht dabei besonders Spaß! Die Strecke kann in allen Jahreszeiten gefahren werden und wird wirklich niemals langweilig.

ANMERKUNGEN

Anreise: Autobahn A2 Autostrada del Mediterraneo, Ausfahrt Battipaglia und auf der Staatsstraße SS18 für 32 km bis Agropoli.

Blick vom Castelluccio auf die Küste des Cilento (© *Antonello Naddeo*)

ZENTRALER CILENTO

Der zentrale Teil des Cilento (Cilento Centrale) bezeichnet das Gebiet zwischen dem Massiv des Monte Gelbison und dem Küstenstreifen, der von der Punta Licosa und dem Kap Capo Palinuro begrenzt wird. Das Gebiet umfasst die Gemeinden von Comuni di Ascea, Cannalonga, Casal Velino, Castelnuovo Cilento, Ceraso, Gioi Cilento, Moio della Civitella, Novi Velia, Omignano, Orria, Perito, Pollica, Salento, San Mauro Cilento, Stella Cilento und Vallo della Lucania. Dieser weitläufige Landstrich birgt traumhafte und einzigartige Naturlandschaften, beginnend im Norden von Ascea an der sandigen Küste, wo auf einem Gebirgsausläufer der Turm Torre del Telegrafo über die Umgebung wacht. Hinter dem Ausläufer verstecken sich zahlreiche kleinere Strände und Buchten mit kristallklarem Wasser. Unsere Touren führen nicht nur durch traumhafte Naturlandschaften, sie sind auch eine Reise durch eine Geschichte, die bis in die Antike zurückreicht. Da ist zum Beispiel die antike Stadt Elea, in der sich im 5. Jahrhundert v. Chr. die Philosophen Parmenides und Zenone mit der Gründung der eleatischen Schule einen Namen machten. Hier wurde auch die berühmte Porta Rosa entdeckt, der einzige erhaltene Rundbogen im Herrschaftsgebiet der alten Griechen. Charakteristisch für den Cilento Centrale ist mit Sicherheit der Monte Sacro. Der Gipfel liegt im Gemeindegebiet von Novi Velia, außerdem reicht das Massiv bis in die Gebiete der Gemeinden von Cannalonga, Ceraso, Cuccaro Vetere, Futani, Laurito, Montano Antilia,

Die tausend Farben von Klippen und Meer an der Punta del Telegrafo (Ascea) (© *Antonello Naddeo*)

Rofrano und Vallo della Lucania. Am Gipfel steht die höchstgelegene Wallfahrtskirche Italiens, die auch heute noch Anziehungspunkt für viele Gläubige ist. Die Pilger kamen und kommen nicht nur aus dem Cilento und in vergangenen Zeiten konnte die Reise zu Fuß zur Pilgerstätte auch mehrere Wochen dauern. Auf der Wallfahrtskirche Madonna del Monte Sacro (1705 m) ragt ein großes Metallkreuz empor, das man, wenn es beleuchtet ist, in verschiedensten Orten der Region Cilento erkennen kann. Hier kann man wirklich ein atemberaubendes Panorama genießen: der Ausblick reicht von Kalabrien, Sizilien und den Äolischen Inseln im Süden bis hin zu Amalfiküste und Vesuv im Norden. An sehr klaren Tagen kann man sogar das Ionische Meer und den Golf von Taranto erkennen. Nach Seinesgleichen sucht auch die Gemeinde Orria, die in einer fantastischen Lage auf einem Felsvorsprung zwischen zwei tiefen Talsenken (Orria und Cerreto) liegt. Hier reicht der Blick von den fruchtbaren Ebenen des antiken Gioi über die Gegenden von Salento und Piano bis hin zu den Tälern von Castelvelino und Velia. In Perito dagegen wurde einst das berühmte Schwarzpulver des Cilento hergestellt, daran erinnern auch heute noch die riesigen Mörser. Nicht weit entfernt von der Küste, im Gebiet von Ceraso, liegt die Ortschaft Massascusa, deren kleiner mittelalterlicher Ortskern besonders interessant und sehenswert ist.

Ein bisschen Trial auf den Klippen von Pisciotta (© *Antonello Naddeo*)

15 Zentraler Cilento

AUF DEM GIPFEL DES GELBISON

Radweg		0%
Asphaltierte Straße		65%
Betonierte/gepflasterte Straße		0%
Schotterstraße		19%
Saumpfad		0%
Pfad / Weg / Singletrail		16%

★★★★
Schönheit

Cross Country
Stil

Frühjahr bis Herbst
Beste Jahreszeit

Vallo della Lucania, 375 m
N40 13.736 E15 15.802
Startpunkt

1667 m
Höchster Punkt

1892 m
Höhenunterschied

34,2 km
Distanz

5,30 Std.
Wegdauer

★★★★
Technische Schwierigkeit

★★★★
Körperlicher Anspruch

98%
Befahrbarkeit beim Anstieg

95%
Befahrbarkeit bei der Abfahrt

Ja – Nein
e-bike

Gut
Handyempfang

Der Weg auf den Gelbison - der vierthöchste Gipfel Kampaniens - ist komplex. Für den Anstieg muss man gut trainiert sein und man braucht eine gute Fahrtechnik für die Abfahrt. In nur wenigen Kilometern müssen wir einen bemerkenswerten Höhenunterschied überwinden. Los geht es auf einer Höhe von 375 m, oben angekommen befinden wir uns dann auf 1700 m. Dabei können wir zwischen der asphaltierten Straße oder dem Sentiero dei Pellegrini (Pilgerweg), der jedoch sehr schwierig ist, entscheiden. Die Steigungen der Tour haben es in sich, die Abfahrt macht dafür umso mehr Spaß und die Mühen werden durch die traumhaften Naturlandschaften um uns gebührend belohnt. Wir kommen an mehreren Aussichtspunkten vorbei, wo wir den Blick auf die Fundstätte der antiken Stadt Elea-Velia und Capo Palinuro genießen können. Es empfiehlt sich, die Tour im Frühjahr oder Sommer zu starten, in den anderen Jahreszeiten ist das Risiko sehr hoch, auf Schnee zu stoßen. Es ist kein Zufall, dass der Wallfahrtsort nur von Mai bis Oktober für Pilger geöffnet ist.

WISSENSWERTES

Die Wallfahrtskirche „Madonna di Novi Velia“ liegt am Gipfel des Monte Gelbison auf einer Höhe von 1705 m und ist die höchstgelegene Wallfahrtsstätte Italiens. Jedes Jahr kommen tausende Pilger, um der „Madonna dei Monti“ („Madonna der Berge“), so wird die Holzstatue (inzwischen restauriert) von den Cilentanern genannt, zu huldigen. Zum Beweis ihrer Frömmigkeit tragen die Pilger die sogenannten „cente“, reichlich mit Bändern und Blumen geschmückte Wachsfiguren, und „torcioni“, große bemalte Kerzen, auf den „Heiligen Berg“. Einige Pilger machen zum Ausdruck ihrer Hingabe sieben Runden um die Mauern der Kirche bevor sie eintreten. Andere machen den Weg vom Eingang bis zum Altar auf den Knien, wobei sie die heilige Jungfrau anflehen. Einst gingen viele zu Fuß hinauf zur Kirche und brachten oft tagelange Märsche hinter sich. Am Gipfel des Gelbison steht außerdem ein riesiges Eisenkreuz, das, wenn es beleuchtet ist, in der ganzen Region des Cilento sichtbar ist. Am Gipfel hat man einen traumhaften Ausblick auf den Cilento, vom Profil der Amalfiküste bis hin zu den Inseln Capri und Ischia.

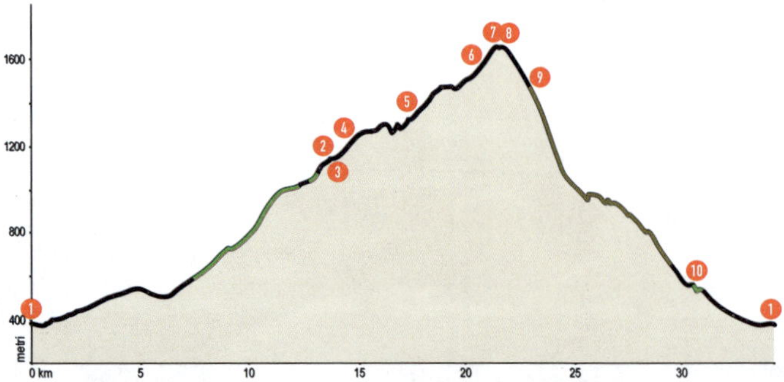

SR488
Lago Carmine
Moio della Civitella
Cannalonga
Angellara
Saucina
VALLO DELLA LUCANIA
Novi Velia
Variante A
Massa
San Biase
Massascusa
SP430
SS18

Keine

Einkehr

Verschiedene, si. Anmerkungen

Trinkwasser

Auf dem Weg

1. Bewohntes Zentrum von Vallo della Lucania (375 m)
2. Quelle Fiumefreddo (1.043 m)
3. Ausblick in Richtung Santuario del Gelbison (1.043 m)
4. Tempa della Pantanella (1.243 m)
5. Passo della Beta (1.345 m)
6. Eingang Santuario del Gelbison (1.577 m)
7. Santuario Della Madonna Di Novi Velia (1.659 m)
8. Aussichtspunkt (1.620 m)
9. Wegbeginn Sentiero dei Pellegrini (1.499 m)
10. Zone der alten Mühlen (534 m)

WEGBESCHREIBUNG

Wir starten im bewohnten Zentrum von Vallo della Lucania auf einer Höhe von 375 m **(1)** und folgen der Straße Strada Tirrenia Inferiore (Asphalt) für ca. 7,5 km in Richtung San Biase di Ceraso. Auf einer Höhe von ca. 580 m nehmen wir den Schotterweg (gut sichtbare Infotafel), der uns mit beachtlicher Steigung jenseits der 1000 Höhenmeter bringt. Auf sieben, dicht aufeinander folgenden Kehren gewinnen wir schnell an Höhe, die traumhafte Umgebung erleichtert uns jedoch die Fahrt zwischen den uralten Kastanienbäumen bis zum Brunnen von Fiumefreddo **(2)** (auch bekannt als „Acquafredda", 1043 m), mit Tränke für Weidevieh. Eine kleine Panoramapause ist obligatorisch, dann geht es weiter in Richtung Santuario del Gelbison **(3)**, das sich bereits klar vor uns abzeichnet. Am km 13 können wir entweder auf der asphaltierten Straße weiter zum Gipfel (empfohlene Option im Winter, bei Schnee und schlechtem Untergrund) oder wir folgen dem Pilgerweg, ein gepflasterter Weg, der steil bergauf bis zur Kirche führt (im Herbst kann der Weg wegen dem vielen Laub und anderen natürlichen Hin-

Pfade zwischen uralten Bäumen (© *Antonello Naddeo*) →

Die Wallfahrtskirche Madonna di Novi Velia (© *Antonello Naddeo*) ↓

dernissen wirklich sehr schwierig werden). Auf einer Höhe von 1100 m wird der Pfad richtig hart, es geht an der Tempa della Pantanella (1243) **(4)** vorbei und am km 17 erreichen wir den Beta Pass (1345 m) **(5)**. In weniger als 4 km Länge machen wir dann einen gewaltigen Sprung von 1330 m Seehöhe bis auf 1700 m Seehöhe. Ein Schild und eine Schranke markieren hier den Eingang zum Santuario (1577 m) **(6)** und ein paar Meter weiter stoßen wir auf einen Steinhaufen, entstanden durch die Steine, die die Pilger jedes Jahr hinauftragen und am Fuß des Eisenkreuzes ablegen. An diesem Punkt beginnt der Kreuzweg mit Majoliken aus dem 18. Jahrhundert, er führt bis zum Eingang der Wallfahrtskirche Madonna Di Novi Velia **(7)**. An der Kirche ist das Panorama wirklich atemberaubend und man hat Blick auf ganz Süditalien. An klaren Tagen kann man sogar die Äolischen Inseln und die Adria **(8)** erkennen. Nach 22 km anstrengendem Anstieg kommt jetzt endlich die Belohnung für alle Mühen: eine tolle Abfahrt und Adrenalin pur. Nach einer kleinen Stärkung nehmen wir am km 23 den Pilgerpfad, der nach rechts bergab abzweigt **(9)**. Der 2 km lange Abschnitt führt über die alten Pflastersteine, einige, nicht besonders

hohe (20/30 cm) Stufen und kurze Stellen mit kompaktem Schotter. Die vielen engen Kurven, einige davon sind ziemlich ausgesetzt, erfordern eine gute Fahrtechnik und einen ausgezeichneten Gleichgewichtssinn. Im zweiten Abschnitt der Abfahrt ist der Untergrund sehr locker mit Felsaufschlüssen und losen Steinen - Bikespaß ist garantiert. Der finale Schotterweg führt uns schließlich im Auf und ab an der Zone mit den alten Mühlen **(10)** vorbei, bis nach Angellara mit seinen schmalen Gassen und zurück zum Aussichtspunkt.

ANMERKUNGEN

Anreise: A2 Autostrada del Mediterraneo, Ausfahrt Battipaglia und auf der Strada Statale Tirrenico Inferiore bis Vallo della Lucania. Mit dem Zug: Linie Napoli-Reggio Calabria, Haltestelle Vallo-Castelnuovo.

Trinkwasser: Brunnen beim Anstieg in Richtung Fiumefreddo, nahe dem Gipfel (1639 m), Ortskern Vallo della Lucania und Brunnen bei San Biase.

Der steinerne Pilgerweg, über den seit Jahrhunderten die Gläubigen bei ihrer Prozession hinaufkommen (© *Antonello Naddeo*)

DIE SCHÖNSTE KÜSTE DES CILENTO: LA TANGETA

Radweg		0%
Asphaltierte Straße		60%
Betonierte/gepflasterte Straße		0%
Schotterstraße		28%
Saumpfad		0%
Pfad / Weg / Singletrail		12%

★★★★
Schönheit

Cross Country
Stil

Ganzjährig
Beste Jahreszeit

Hafen von Casalvelino Marina, 4 m
N40 10.587 E15 07.330
Startpunkt

462 m
Höchster Punkt

875 m
Höhenunterschied

34,2 km
Distanz

2,45 Std.
Wegdauer

★★★
Technische Schwierigkeit

★★★
Körperlicher Anspruch

95%
Befahrbarkeit beim Anstieg

98%
Befahrbarkeit bei der Abfahrt

Ja – Nein
e-bike

Gut
Handyempfang

Unsere Tour folgt dem alten Karrenweg namens „Tangeta", ganz in der Nähe der archäologischen Fundstäte von Elea Velia. Der Saumpfad war einst der Verbindungsweg zu den Dörfern Pollica und Celso und diente hauptsächlich dem Viehtransport. Die Ringtour führt uns zuerst über erdiges und kiesiges Gelände und ist ziemlich anstrengend. Die hier typische Gesteinsart „Flysch Cilentano" kommt in Form von Felsaufschlüssen immer wieder an die Oberfläche und stellt auch die erfahrenen Biker auf eine harte Probe. Eine ganze Weile lang begleitet uns das traumhafte Panorama, das uns hier die Küste bietet und im letzten Abschnitt der Tour nach Acciaroli erwartet uns eine steile und anspruchsvolle Abfahrt auf brüchigem Untergrund. Und auch die typischen kleinen Dörfer dieser Gegend und ihre sympathischen und gastfreundlichen Anwohner kommen nicht zu kurz bei dieser Tour.

WISSENSWERTES

Wir sind in Pioppi, einem Fischerdorf der Gemeinde Pollica, der „Hauptstadt" der mediterranen Diät, die von dem amerikanischen Biologen Ancel Keys auserkoren wurde, um die Bewohner zu „studieren" und die Vorteile der Ernährung und des Lebensstils der Cilentaner für deren Gesundheit zu erkunden. Sehenswert ist vor allem das Castello Vinciprova, ein Palazzo aus dem 18. Jahrhundert, der das Museo Vivo del Mare beherbergt. Im unteren Stockwerk des Gebäudes kann man einen interaktiven Wasserzyklus besichtigen, bei dem das typische Habitat des Meeres vor der Cilento-Küste nachempfunden wird. Besonders interessant sind der multimediale Teil, der den Meeresschildkröten gewidmet ist, das Becken mit den nicht-heimischen Arten und der Abschnitt, der sich mit dem Müllproblem beschäftigt. Im oberen Stockwerk widmet sich die Ausstellung sehr ausführlich mit der mediterranen Diät, man kann nach draußen und es gibt Lehrpfade, Gärten und Workshops, die über die Verbindung von Ernährung und Territorium aufklären.

WEGBESCHREIBUNG

Los geht es am Hafen von Casavelino Marina **(1)** in Richtung Pioppi **(2)**, einem kleinen Fischerdorf und Hauptstadt der mediterranen Diät. Nach

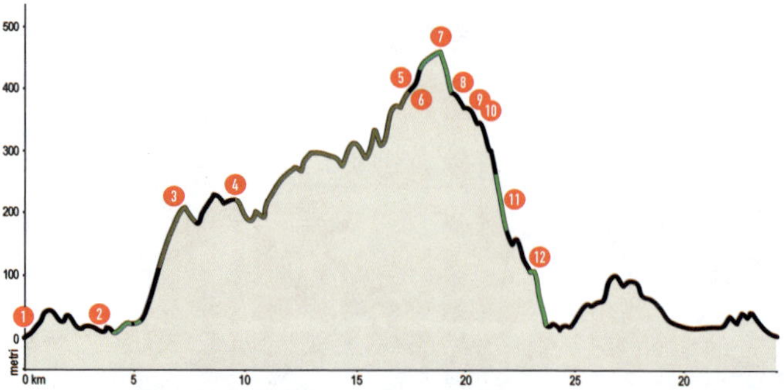

SP133
Guarrazzano
Stella Cilento
Caselle
Drodo-cavallo Mauro
San Giovanni
San Mauro Cilento
Carullo
SP15c
SP77
Casalsottano
Galdo
Acquavella
Starza
Celso
Casalvelino
Cannicchio
Pollica
SS267
SP48
Acciaroli
SP15d
Pioppi
Marina di Casal Velino

Take away und Bars in Casalvelino Marina
Einkehr

Brunnen am Anfang der Tour und in Celso
Trinkwasser

Auf dem Weg
1. Hafen Casalvelino Marina (4 m)
2. Pioppi, kleines Fischerdorf (18 m)
3. Aussichtspunkt (20 m)
4. Tangeta (223 m)
5. Kapelle San Giovanni (398 m)
6. Celso (402 m)
7. Höchster Punkt der Tour (462 m)
8. Abtei Santa Maria delle Grazie (390 m)
9. Pollica (370 m)
10. Le Petenghe (373 m)
11. Cannicchio (225 m)
12. Ausblick auf Acciaroli (115 m) Acciaroli (8 m)

4,5 km rollen wir „durch" den Fluss Mortella und treten bergauf zur asphaltierten Straße in „Contrada Lesche". Nach einer S-Kurve (km 6,3) beginnt der Anstieg auf dem Schotterweg mit erdig-kiesigem Untergrund, Felsaufschlüssen und losen Steinen. Der Abschnitt ist besonders technisch und schwierig zu interpretieren, sowohl wegen der Form der Felsaufschlüsse als auch wegen der Rinnen entlang der Strecke. Um die Balance halten zu können, braucht man hier eine gute Fahrtechnik. Ein zusätzlicher Ablenkungsfaktor ist neben dem Untergrund auch das konstant traumhafte Panorama auf das Meer und Capo Palinuro **(3)**. Der Schotterweg endet in „Località Piani", wo nach ein paar Metern auf der linken Seite die Straße abzweigt, die uns zur „Tangeta" **(4)** führt. Der Schotterweg steigt sanft an und birgt keine besonderen technischen Schwierigkeiten. Der Untergrund ist kompakt, stellenweise gepflastert und begleitet uns bis nach Celso **(6)** am km 17. Obligatorischer Stopp ist dabei die alte Kapelle von San Giovanni **(5)**, die inzwischen komplett restauriert ist. An der letzten Häusergruppe folgen wir dem Weg auf der linken Seite bergauf und machen uns an den x-ten Singletrail im Anstieg. Am höchsten Punkt der Tour (468 m) **(7)** angekommen, können wir uns endlich in die Abfahrt stürzen und rollen schnell bergab über nicht besonders schwieriges Gelände (ein paar Felsaufschlüsse) bis zur Abtei

Sonnenuntergang hinter Capo Palinuro (© *Antonello Naddeo*)

Santa Maria delle Grazie **(8)** am Orteingang von Pollica. Im Zentrum von Pollica **(9)** führen auf der rechten Seite einige Stufen zwischen schmalen Gassen und alten Portalen ins Herz der Ortschaft. Spaß ist hier garantiert! Auf der SP 15d verlassen wir schließlich das Dorf und fahren auf Asphalt bergab bis nach Cannicchio **(11)**, einem weiteren reizenden Dörfchen an den Hängen des Monte Stella. Die Hauptstraße durch das Dorf besteht aus Stufen, die auch „Petenghe" **(10)** genannt werden, mit Treppchen, Türmen, Gärten, alten Bogengängen und versteckten Eckchen. Die Abfahrt über die Stufen des Dorfs macht richtig Spaß, man muss nur auf Personen aufpassen, die eventuell plötzlich aus den Häusern kommen könnten! Über verschiedenste Wege und Pfade rollen wir in Richtung Küste und gegen Ende erwartet uns ein toller Singletrail, der bei fantastischem Ausblick auf Acciaroli **(12)** über brüchigen Untergrund steil bergab führt. Bei der Abfahrt sollte man sehr aufmerksam sein, denn eine besonders tückische und schmale Kurve und eine Reihe an vorstehenden Felsen und Wurzeln machen das Ganze ziemlich technisch. Wir verlassen schließlich die Ortschaft und fahren die letzten 11 km unserer Tour auf Asphalt an dem schönten Küstenabschnitt Italiens entlang.

Ein absolutes Muss bei einem Ausflug in diese Gegend sind die typischen Sardellen „alici di Menaica", sie werden frisch, roh, gekocht oder gesalzen gegessen. Die zwei besten Rezepte: „inchiappate" (Sardellen mit Ziegenkäse, Ei, Knoblauch und Petersilie, in Mehl gewendet, frittiert und in Tomatensoße gekocht) und „ammollicate" (zerstückelte Sardellen, mit Semmelbröseln, Knoblauch, Öl und Petersilie gewürzt).

ANMERKUNGEN

Anreise: A2 Autostrada del Mediterraneo, Ausfahrt Battipaglia, weiter auf der SS18, Ausfahrt Omignano und weiter in Richtung Casalvelino Marina. Mit dem Zug: Linie Napoli-Reggio Calabria, Haltestelle Ascesa.

Auf den Klippen von Pisciotta (© *Antonello Naddeo*)

AUF DEN SPUREN DES PARMENIDES

Radweg	0%
Asphaltierte Straße	25%
Betonierte/gepflasterte Straße	0%
Schotterstraße	26%
Saumpfad	0%
Pfad / Weg / Singletrail	49%

★★★
Schönheit

Cross Country
Stil

Ganzjährig
Beste Jahreszeit

Sandstrand von Ascea Marina, 2 m
N40 08.494 E15 10.011
Startpunkt

682 m
Höchster Punkt

1249 m
Höhenunterschied

28,3 km
Distanz

3,30 Std.
Wegdauer

★★★★
Technische Schwierigkeit

★★★★
Körperlicher Anspruch

95%
Befahrbarkeit beim Anstieg

95%
Befahrbarkeit bei der Abfahrt

Ja – Nein
e-bike

Ausreichend
Handyempfang

Diese Tour ist eine der härtesten und schönsten in diesem Buch. Wir folgen den Wegen, auf denen einst der griechische Philosoph Parmenides aus dem antiken Elea (heute bekannt als Velia) im Herzen des Nationalparks spazieren ging. Hier verläuft auch eine Etappe des Giro della Campania off Road, ein Wettkampf, der von dem Verein ASD Cilento Mtb organisiert wird; sie haben auch dabei geholfen, diese Ringtour zu entwerfen. Die ersten Kilometer führen uns über die schmalen Straßen von Ascea Marina, danach folgen harte Anstiege und schwierige Abfahrten, die an vielen Stellen unseren Geleichgewichtssinn auf die Probe stellen. Auch die andauernden Steigungswechsel machen unseren Beinen schwer zu schaffen. Die letzten 9 km sind dann Adrenalin pur auf einer breiten Schotterpiste, die uns quasi direkt ins Meer von Ascea hinab katapultiert.

WISSENSWERTES

Ascea beherbergt die antike griechisch-römische Stadt Elea, deren Ruhm eng mit den Philosophen Permenides und Zenon, den Gründern der Eleatischen Schule, verbunden ist. Die antike Stadt liegt inmitten einer riesigen Fläche, auf der Olivenbäume und die typischen Macchiensträucher wachsen. Auch heute noch gut erkennbar sind die Befestigungsmauer (5 km lang), die Nekropolis und Überreste von Wohnhäusern. Auf der Akropolis sind ein Theater, ein Tempel und ein weiteres religiöses Gebäude teilweise erhalten geblieben. Dazu kommen einige Bauten aus dem Mittelalter, wie der Turm, Mauerreste und zwei Kirchen. Von der Akropolis ausgehend, kann man einem schönen Pfad über den Kamm des Hügels folgen, er führt an den Heiligtümern aus hellenistischer Zeit vorbei und stellenweise an den Resten der Befestigungsmauer entlang. Die archäologische Fundstätte von Velia liegt im Gebiet der Gemeinde Ascea und grenzt an das Gebiet der Gemeinde Casal Velino. Man erreicht sie über die Via di Porta Rosa, an der Kreuzung mit der SP161 in Richtung Marina di Ascea.

WEGBESCHREIBUNG

Wir starten am Sandstrand von Ascea Marina **(1)**, der im Süden von den Klippen begrenzt wird, auf denen der Turm Torre del Telegrafo

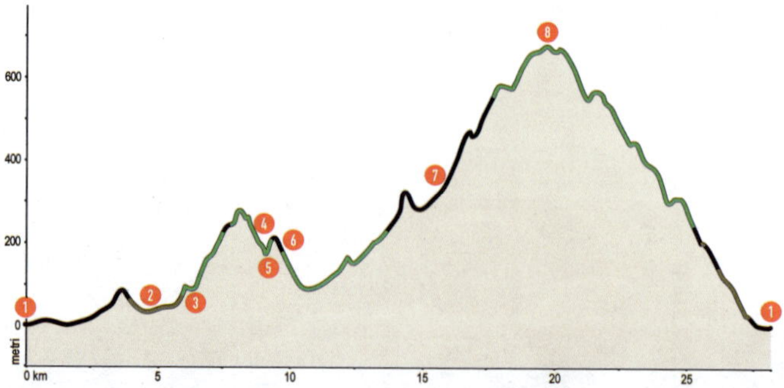

Velina
Petrosa
Ceraso
Salice
Lago Petrosa
Santa Barbara
Vreccia
Santa Maria
Piolo
Terradura
Mandia
MARINA DI ASCEA
Pennino
Catona
ASCEA
Ascea
Rodio
Sr447
Marina di Campagna
Pisciotta
Marina di Pisciotta
Marina Lido
2
3
4
5
6
7
8

Keine
Einkehr

Brunnen in Terradura, Catona und zwei in Ascea
Trinkwasser

Auf dem Weg
1. Sandstrand von Ascea Marina (2 m)
2. La Fiumarella (39 m)
3. Ausblick auf Ascea (90 m)
4. Alte Mühlen und mittelalterliche Brücke (196 m)
5. Bewohntes Zentrum von Terradura (14 m)
6. Madonna del Ponte (194 m)
7. Vallone di Mandia (300 m)
8. Santuario del Carmine (682 m)

emporragt. Die ersten 4 km verlaufen durch die Ortschaft bis zum Beginn der Schotterstraße auf der linken Seite. Nach einer kurzen Abfahrt nehmen wir dann den Pfad, der an dem kleinen Wasserlauf namens „Fiumarella" **(2)** entlang und über die Felder mit Oliven- und Feigenbäumen führt. An der ersten Rampe (rechts) angekommen, öffnet sich vor uns ein weitläufiges Panorama **(3)** mit Blick auf die antiken Überreste von Velia und den mittelalterlichen Turm, der heute das Symbol des Gebiets ist. Der Abschnitt des Anstiegs zeichnet sich durch viel Geröll aus und wir kommen nicht gerade flüssig voran. Danach geht es bergab durch die dichte mediterrane Vegetation und der Schotterweg verengt sich langsam zu einem Singletrail. Der Trail ist technisch, macht Spaß und man sollte sein Bike gut unter Kontrolle haben (es ist auch die ein oder andere Trial-Passage dabei). Eine sehr enge S-Kurve stellt unseren Gleichgewichtssinn auf die Probe und auch auf dem Rest des Trails sollte man stets vorsichtig sein, er könnte stellenweise ein wenig rutschig sein. Am Ende des Trails stoßen wir auf die Provinzstraße SP269, überqueren sie und folgen dem nächsten Singletrail, der uns in das Gebiet der alten Mühlen und der mittelalterlichen Brücke **(4)** führt. Es geht wieder bergauf und wir erreichen die erste Häusergruppe von Terradura **(5)**, dem kleinsten Bezirk der Gemeinde Ascea mit knapp 60 Bewohnern. Wir rollen erneut bergab bis zur Kirche „Ma-

Singletrail zwischen den uralten Olivenbäumen von Ascea (© *Antonello Naddeo*)

donna del Ponte" **(6)** und am km 10 treten wir wieder bergauf, wobei die ständigen Steigungswechsel auch den trainierteren Bikern zu schaffen machen. Ein kurzes Stück auf Asphalt führt uns nach S. Barbara, dann geht es nach rechts auf Schotter weiter. Erneut begleiten uns zahlreiche Steigungswechsel und am Ende des Tals erreichen wir unseren Pflichtstopp, die Steinkapelle „Vergine del Principio" aus der zweiten Hälfte des 17. Jahrhunderts. Nach der kurzen Kulturpause fahren wir bergauf und nach ein paar anstrengenden Rampen geht es mit viel Spaß im Auf und Ab durch den Wald bis nach Mandia (Gemeinde Ascea). Wir überqueren die kleine Brücke, biegen an der Kreuzung rechts ab und beginnen den längsten Anstieg unserer Tour, bei dem wir den sogenannten „Vallone di Mandia" **(7)** bewältigen: 300 m Höhenunterschied auf einer Länge von 2,5 km zwischen Oliven- und Kastanienbäumen. Nach 17 km (562 m) erreichen wir Catona und „erobern" die Wallfahrtskirche Santuario del Carmine **(8)**, die auch als „Madonna del Principato" bekannt ist, eine der „sieben Schwestern" (sieben Wallfahrtskirchen), die von der Bevölkerung des Cilento verehrt werden. Sie liegt auf einer Höhe von 706 m und bietet einen traumhaften Ausblick auf die Umgebung. Hier sollte man sich gut ausruhen, denn jetzt erwartet uns eine wirklich fantastische Abfahrt. 9 km und 25 Minuten Adrenalin pur in Richtung Meer. Der Schotterweg ist breit und das Gefälle nie extrem. Die Abfahrt wird immer wieder von kurzen Anstiegen unterbrochen, die jedoch nicht besonders anstrengend sind. Der finale Abschnitt führt uns dann zurück zum Meer von Ascea.

ANMERKUNGEN

Anreise: Autobahn A2 del Mediterraneo, Ausfahrt Battipaglia und weiter auf der SS18 bis Vallo Scalo, dann den Hinweisen nach Ascea folgen. Mit dem Zug: Linie Napoli-Reggio Calabria, Haltestelle Ascea.

Die mittlealterliche Brücke und die alten Mühlen aus Stein (© *Antonello Naddeo*)

Am frühen Morgen am Strand von Ascea Marina (© *Antonello Naddeo*)

AM HOF VON CASTELNUOVO CILENTO

Radweg	0%
Asphaltierte Straße	64%
Betonierte/gepflasterte Straße	0%
Schotterstraße	0%
Saumpfad	0%
Pfad / Weg / Singletrail	36%

*** Schönheit

Cross Country Stil

Frühjahr-Herbst Beste Jahreszeit

Castelnuovo Cilento, 17 m
N40 12.776 E15 09.675
Startpunkt

287 m Höchster Punkt

484 m Höhenunterschied

19 km Distanz

2,30 Std. Wegdauer

** Technische Schwierigkeit

** Körperlicher Anspruch

97% Befahrbarkeit beim Anstieg

100% Befahrbarkeit bei der Abfahrt

Ja - Nein e-bike

Gut Handyempfang

Diese Ringtour ist für alle geeignet und birgt keine besonderen technischen Schwierigkeiten. Sie beginnt mit dem Anstieg nach Castelnuovo Cilento, der nicht schwierig, aber dafür sehr anstrengend ist. Wir empfehlen, sich vor dem Start gut aufzuwärmen. Der erste Singletrail ist sauber und die schöne Abfolge von Kurven und kleineren Sprüngen garantiert jede Menge Spaß; natürliche Hindernisse gibt es keine. Der zweite Singletrail ist wegen der dichten Vegetation etwas weniger gut zugänglich. Hier wird der Untergrund nach Regenperioden ziemlich schlammig und man muss aufpassen, dass man nicht im Lehm stecken bleibt. Ganz zum Schluss das i-Tüpfelchen: eine Flussdurchfahrt, die richtig viel Spaß macht. Wir empfehlen, die Tour im Frühjahr zu starten, hier zeigt sich die Natur in ihren schönsten Farben, vor allem aber wegen dem finalen Abschnitt am Fluss, der unserer Meinung nach der beste Teil der ganzen Tour ist.

WISSENSWERTES

Unsere Tour führt uns in das reizende Castelnuovo Cilento, wo im Herzen der Ortschaft zwischen den schmalen Gassen der mit Zinnen dekorierte Turm der Burg Talamo-Atenolfi emporragt. Sie gehört zu den schönsten und auch zu den am besten erhaltenen Burgen der Region. Auf dem Platz vor der Burg kann man den traumhaften Ausblick auf das gesamte Alento-Tal bis hin zur Küste genießen. Auf dem Weg durch den alten Ortskern kann man einige, sehr besondere Mosaik-Skulpturen von Guerino Galzerano bewundern. Der Künstler und Bauer lebte zwischen 1922 und 2008 und war für seinen waghalsigen Lebensstil bekannt, seine Landsleute sahen in ihm jedoch einen Exzentriker und er wurde für lange Zeit in ein Irrenhaus für Kriminelle gesperrt. Berühmt wurde er mit seinen Skulpturen, die er in der ganzen Ortschaft, beginnend an seinem Haus in der Via Roma, realisierte. Die Skulpturen bestehen aus vielen kleinen Flusssteinen, die in ihrem Zusammenspiel eine faszinierende monochromatische Ausstrahlung haben.

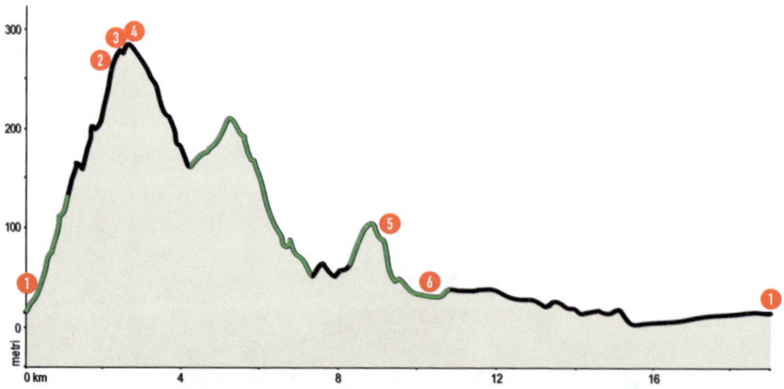

Verduzio
SP274
SP430
SS18
Vallo della Lucania - Castelnuovo
Vallo Scalo
SP430
Castelnuovo Cilento
SS18
4
3
2
SP274
Fiume Alento
SR447
SP433
5
6
vella
Bivio Acquavella
Velina
Petrosa
SP87
Salice
Lago Petrosa
SR447
Marina di Casal Velino
SP161
Vreccia
Santa Maria
Piolo
Terradura
MARINA DI ASCEA
Pennino
Ascea
ASCEA

Keine

Einkehr

In Castelnuovo Cilento

Trinkwasser

Auf dem Weg

1. Castelnuovo Cilento. (17 m)
2. Historischer Ortskern Castelnuovo Cilento (265 m)
3. Burg von Castelnuovo Cilento (285 m)
4. Aussichtspunkt Castelnuovo (279 m)
5. Aussichtspunkt Castelnuovo (93 m)
6. Flussdurchfahrt Zufluss Alento (34 m)

WEGBESCHREIBUNG

Wegen der bequemen Parkmöglichkeiten starten wir an der Regionalstraße 267/f **(1)**, beim Einkaufszentrum am Ortseingang von Castelnuovo Cilento. Es geht sofort bergauf auf den Hügel, auf dem die Burg emporragt und es lohnt sich, im Vorfeld ein wenig die „Motoren" warmlaufen zu lassen. Möglichkeit zum Durchatmen gibt es beim ersten Anstieg nicht, die Mühen werden jedoch von dem fantastischen Ausblick auf das Tal gebührend belohnt. Der Weg verläuft zwischen uralten Olivenbäumen der lokalen Art „Pisciottana", die auch an heißeren Tagen für angenehme Frische sorgen. Nach einem Höhenunterschied von 250 m und gut 2,5 km haben wir den historischen Ortskern von Castelnuovo Cilento **(2)** erreicht, wo wir noch die Ruinen der mittelalterlichen Behausungen und der Zellen der Benediktinermönche besichtigen können. Die Burg **(3)** aus dem Jahr 1269 und der Turm mit zylindrischem Grundriss sind auf jeden Fall einen Besuch wert. Nach einer kurzen Foto-Pause an einem der schönsten Aussichtspunkte von Castelnuovo **(4)** fahren wir auf der Provinzstraße SP120 weiter und rollen auf der asphaltierten Straße für ein paar Kilometer bergab bis zur Abzweigung des Singletrails auf der rechten Seite. Der Schotterweg ist breit und mit den hier typischen, vielschichtigen Felsaufschlüssen durchsetzt (Achtung beim Aufsetzen der Reifen). Die Vegetation wird langsam dichter und wir rollen durch ein Dickicht aus dornigen Sträuchern und Büschen. An der nächsten Kurve (km 5,8) biegen wir rechts ab und folgen einem breiten und sauberen Trail mit sanftem Gefälle und kleinen Hügeln für ca. 2 km. Der Weg birgt keine natürlichen Hindernisse und ermöglicht eine Abfahrt mit viel flow und ohne große Anstrengungen. Wir stoßen schließlich auf die SP433 und biegen links ab in einem Gebiet, das an die Gemeinde von Vallo di Lucania grenzt. Nach einem Kilometer auf Asphalt biegen wir rechts ab und folgen dem Schotterweg, der mit ausgeprägter Steigung auf eine Hochebene mit fantastischem Panorama auf Castelnuovo Cilento **(5)** führt. Der nächste spaßige Singletrail ist auch nicht weit, er verläuft mitten durch die Vegetation (ein bisschen versteckt von der Vegetation), wobei man hin und wieder auf geschlossene Viehgatter stoßen könnte. An manchen Stellen nehmen die Büsche überhand und der Weg verengt sich zu einem schmalen Pfad. Im Tal angekommen, rollen wir durch ein Waldgebiet mit einem klaren und erfrischenden Fluss **(6)** (km 11,4). Nach einer kurzen Erfrischung geht es dann auf der asphaltierten und für den Verkehr gesperrten Provinzstraße übers Land zurück zu unserem Ausgangspunkt.

ANMERKUNGEN

Anreise: Autobahn A2 Autostrada del Mediterraneo, Ausfahrt Battipaglia und weiter auf der SS18. In Vallo Scalo von der Staatsstraße abfahren und den Hinweisen nach Ascea Marina folgen. Mit dem Zug: Linie Napoli-Reggio Calabria, Haltestelle Ascea.

Im Sturzflug über die Stufen von Castelnuovo Cilento (© *Antonello Naddeo*)

CIVITELLA RINGTOUR

Radweg		0%
Asphaltierte Straße		72%
Betonierte/gepflasterte Straße		0%
Schotterstraße		10%
Saumpfad		0%
Pfad / Weg / Singletrail		18%

★★★
Schönheit

Freeride
Stil

März-November
Beste Jahreszeit

Vallo della Lucania, 386 m
N40 13.746 E15 15.819
Startpunkt

761 m
Höchster Punkt

774 m
Höhenunterschied

21 km
Distanz

3 Std.
Wegdauer

★★★
Technische Schwierigkeit

★★
Körperlicher Anspruch

97%
Befahrbarkeit beim Anstieg

95%
Befahrbarkeit bei der Abfahrt

Ja - Nein
e-bike

Mittelmäßig am Monte della Civitella
Handyempfang

Diese Tour verläuft am Fuß des Monte Sacro (1705 m, auch Monte Civitella) durch ein wunderschönes Gebiet, das reich an Natur, Geschichte und Architektur ist. Bei der Ringtour fahren wir abwechselnd auf Asphalt und Schotter, zu Beginn geht es auf Asphalt bergauf und dann durch einen traumhaften Wald bis zum Gipfel des Berges. Oben angekommen, erwartet uns eine technische und anstrengende Abfahrt, für die man sein Bike gut unter Kontrolle haben sollte. Die zweite Abfahrt führt über wechselnden Untergrund mit kompakten und steinigeren Stellen und Regenrinnen, die ziemlich lästig sein können. Bikespaß ist garantiert!

WEGBESCHREIBUNG

Wir starten im Zentrum von Vallo di Lucania **(1)** und folgen der ebenen, asphaltierten Straße für ca. 1,5 km. Auf der Regionalstraße 488 geht es dann in Richtung Moio della Civitella und über eine Reihe an Kehren bergauf. Kurz nach dem historischen Ortskern von Moio della Civitella **(2)** (km 6) stoßen wir auf den Brunnen von „Acquaviva" **(3)** auf der linken Seite. Hier können wir unsere Trinkwasserreserven auffüllen (km 8), bevor wir etwas weiter den Schotterweg auf der rechten Seite einschlagen. Der schmale Weg führt uns zur archäologischen Fundstätte von Civitella am Hang des gleichnamigen Berges (818 m). Auf kompaktem Untergrund fahren wir durch den Kastanienwald des Monte Civitella und der Anstieg wird jetzt anstrengender, sowohl wegen der Steigung als auch wegen dem rutschigen Gelände. Beim letzten Abschnitt erreicht die Steigung an die 25-27% und wird sind gezwungen, das Bike für ca. 30 m zu schieben. Oben angekommen, können wir dann endlich Durchatmen und einen Augenblick das fantastische 360-Grad-Panorama genießen und die kleinen mittelalterlichen Kirche, die der Madonna dell'Annunziata geweiht ist **(4)**, besichtigen. Jedes Jahr am 25. März pilgern zahlreiche Gläubige hierher, um Kreuze aus Kastanientrieben segnen zu lassen, die später Freunden und Verwandten geschenkt werden. Es geht weiter in Richtung Süden und wir beginnen die technische und anstrengende Abfahrt hinab zur archäologischen Fundstätte von Civitella **(5)**. Nach engen S-Kurven und einigen Steinstufen sind wir an

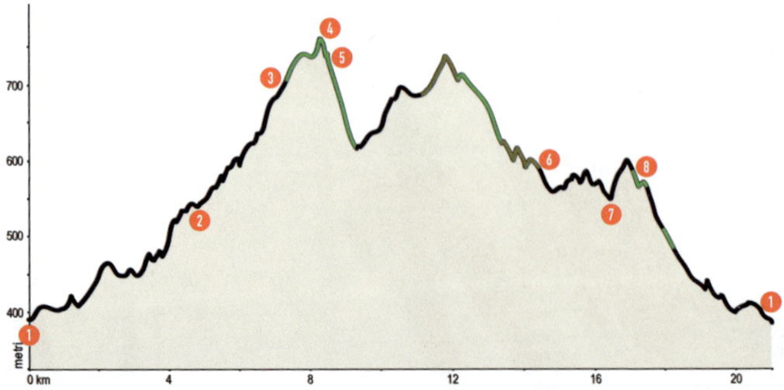

SP80
Cardile
SR488
Lago Carmine
Moio della Civitella
Cannalonga
Angellara
VALLO DELLA LUCANIA
Saucina
Novi Velia
Massa
SS18
SP430
1
2
3
4
5
6
7
8

Keine

Einkehr

Brunnen Acquaviva am km 8, Piazza del Popolo in Cannalonga am km 17

Trinkwasser

Auf dem Weg

1. Zentrum Vallo Della Lucania (386 m)
2. Historischer Ortskern von Moio della Civitella (539 m)
3. Fontana di Acquaviva (694 m)
4. Mittelalterliche Kirche Madonna dell'Annunziata (752 m)
5. Archäologische Fundstätte Civitella (780 m)
6. Wald von Cannalonga (583 m)
7. Platz Piazza del Popolo in Cannalonga (555 m)
8. Alte Mühle (571 m)

der Fundstätte angekommen und können die Reste einer befestigten Siedlung aus dem 4. Jh. v. Chr. bewundern. Dann rollen wir weiter bergab bis zu einer Terrasse mit tollem Ausblick auf das Tal und die Küste von Ascea. Der folgende Abschnitt ist technisch und es geht bei ausgeprägtem Gefälle über kleinere und größere Steinstufen und Holzstümpfe; der reinste Sturzflug durch die dichte Vegetation des Kastanienwaldes (Achtung auf die stacheligen Kastanienschalen im Herbst!). Wir stoßen schließlich auf die Regionalstraße 488/d und fahren in Richtung Nord-Nordost am Fuß den Monte Civitella entlang, bis wir die zweite, spaßige Abfahrt unserer Tour erreicht haben. Der Schotterweg führt durch den Wald von Cannalonga **(6)** mit seiner charakteristischen wilden und dichten Vegetation. Der Untergrund wechselt zwischen kompakt und steinig mit Regenrinnen, die etwas hinderlich sein könnten. Am km 17 erreichen wir Cannalonga und fahren in den Ort bis zu der schönen Piazza del Popolo **(7)** mit der Kirche S. Maria Assunta, dem Rathaus und dem Palazzo Ducale (Fürstenpalast). Nach 800 m biegen wir rechts auf den letzten Singletrail des Tages ab, er führt ins Tal bis zum Gebiet der alten Mühle **(8)**. Danach überqueren wir die alte Holzbrücke und rollen zurück in Richtung Zentrum von Vallo di Lucania. Nach dieser fantastischen Tour ist eine Pause mit einem Teller voll „Lagane e Ciciari" (sehr breite Bandnudeln mit Kichererbsen) ein absolutes Muss, und wer im Herbst unterwegs ist, der sollte unbedingt die „frecagnola" probieren: ein typisches Gericht mit gekochter Ziege (genannt auch „A capra Vudduta").

ANMERKUNGEN

Anreise: Autobahn A2 del Mediterraneo, Ausfahrt Battipaglia und Weiter auf der Strada Statale Tirrenica Inferiore bis Vallo di Lucania. Mit dem Zug: Linie Napoli-Reggio Calabria, Haltestelle Vallo-Castelnuovo.

Wir grüßen die mittelalterliche Kirche Madonna dell'Annunziata auf unsere Art (© *Antonello Naddeo*)

Zwischen den Ruinen der archäologischen Fundstätte von Civitella (© *Antonello Naddeo*)

UNTERER CILENTO

Der untere Teil des Cilento (Basso Cilento) liegt zwischen dem Massiv des Monte Bulgheria im Norden, der Küste von Capo Palinuro und dem Golf von Policastro. Hier verlaufen die Flüsse Bussento, Lambro und Mingardo. In dem Gebiet liegen die Gemeinden Alfano, Camerota, Casaletto Spartano, Caselle in Pittari, Celle di Bulgheria, Centola, Cuccaro Vetere, Futani, Ispani, Laurito, Montano Antilia, Morigerati, Pisciotta, Roccagloriosa, Rofrano, San Giovanni a Piro, San Mauro La Bruca, Santa Marina, Sapri, Torraca, Torre Orsaia, Tortorella und Vibonati.

Es ist wirklich schwierig, den Küstenabschnitt zwischen Ascea, Capo Palinuro und dem südlichsten Strand des Cilento in eine so kurze Beschreibung zu pressen. Die Natur zeigt sich hier in ihren schönsten Farben, vom blau glitzernden Meer bis hin zu tiefroten Sonnenuntergängen. Wenn wir der Küste in Richtung Süden folgen, stoßen wir auf Palinuro und „Capo Palinuro", ein traumhaftes Kap, reich an Natur, Geschichte und Legenden. Das Kap beherbergt einzigartige und traumhaft schöne Buchten und Höhlen und das Meer beschert Tauchern fantastische Unterwassererlebnisse. Capo Palinuro mit seiner dichten Vegetation, den vielen Pfaden und atemberaubenden Aussichten ist natürlich auch bestens für uns Mountainbiker geeignet. Noch

Das verlassene Dorf San Severino di Centola (© *Antonello Naddeo*)

weiter südlich können wir noch mehr sagenumwobene Unterwasserhöhlen entdecken, nicht weit entfernt von mediterraner Vegetation und uralten Olivenbäumen. Marina di Camerota ist ein kleines Juwel an der Küste des Cilento und Ausgangspunkt zahlreicher Touren in die wilde und unberührte Küstenregion bis hin zum Golfo degli Infreschi, ein zauberhafter natürlicher Hafen, dessen Name auf die vielen Süßwasserquellen in dem Gebiet hinweist. Wenn wir uns in Palinuro auf den Weg ins Landesinnere machen, kommen wir an dem kleinen, verlassenen Dorf San Severino di Centola vorbei, der schöne Weiler aus dem Mittelalter thront über dem Tal des Flusses Mingardo, ganz in der Nähe der fantastischen Schlucht „Gola del Diavolo" (Teufelsschlucht). Noch weiter im Landesinneren liegt die WWF-Naturoase Oasi di Morigerati, eine beeindruckende Karstlandschaft mit einem vor Natur strotzenden Canyon und Pfaden, die vorbei an Quellen, Wasserfällen, Wassermühlen bis hin zu der Höhle, an der der Fluss Bussento erneut ans Tageslicht tritt. Ein weiteres Juwel des unteren Cilento ist der Wasserfall des Flusses Bussentino, er trägt den Namen „Capelli di Venere", der auf die hier wachsende Pflanze Capelvenere (Frauenhaarfarn) zurückgeht.

Die malerische Ortschaft Borgo di Scario (© *Antonello Naddeo*)

CAPO PALINURO

Radweg		0%
Asphaltierte Straße		48%
Betonierte/gepflasterte Straße		0%
Schotterstraße		0%
Saumpfad		0%
Pfad / Weg / Singletrail		52%

★★★★
Schönheit

All mountain
Stil

Ganzjährig
Beste Jahreszeit

Hafen Palinuro, 8 m
N40 01.746 E15 16.557
Startpunkt

162 m
Höchster Punkt

299 m
Höhenunterschied

5,8 km
Distanz

1 Std.
Wegdauer

★★★★
Technische Schwierigkeit

★★
Körperlicher Anspruch

100%
Befahrbarkeit beim Anstieg

90%
Befahrbarkeit bei der Abfahrt

Ja – **Nein**
e-bike

Ausgezeichnet
Handyempfang

Palinuro ist ein Paradies für Sportler und Naturliebhaber, ein Fitnessstudio unter freiem Himmel mit traumhaftem Meer, Hügellandschaften und zahlreichen Wegen durch eine noch unberührte Natur. Hier verlaufen die schönsten und aufregendsten MTB-Trails dieses Buches.
Unsere Tour besteht aus zwei Teilen. Der erste führt auf Asphalt bergauf, die Steigung ist dabei nie extrem. Danach folgt eine erste Abfahrt durch den Kiefernwald des Gebirgsausläufers mit anschließendem Aufstieg. Die zweite Abfahrt beginnt auf den Kalksteinfelsen des Kaps steil über dem Meer. Der Singletrail schlängelt sich durch die hier typische Macchienvegetation, der Untergrund besteht aus kompakter, roter Erde mit losen Steinen und Felsaufschlüssen. Im letzten Abschnitt erwarten uns Stufen, Wurzeln und natürliche Treppen, die ein gewisses Maß an Aufmerksamkeit erfordern. Wir stoßen auf sehr enge Kurven und steile Gefälle, die den Eindruck vermitteln, als würde man direkt ins blau glänzende Meer katapultiert. Die Hindernisse sind nicht für jedermann geeignet und man sollte über eine gute Fahrtechnik verfügen, um sie ohne Probleme bewältigen zu können.

WEGBESCHREIBUNG

Wir starten an der Hafenmole von Palinuro auf der asphaltierten Via Porto in Richtung Norden. Hier hat man auch eine tolle Aussicht auf den Traumstrand des gleichnamigen Hafens **(1)**. Nach 1 km biegen wir rechts ab und folgen den unregelmäßigen Kehren der Via Belvedere bergauf. Am km 2,5 biegen wir rechts ab und kämpfen uns eine letzte Rampe hinauf. Am höchsten Punkt der Tour angekommen (183 m), können wir erstmals bergab rollen durch einen dichten Kiefernwald **(2)**. Am km 3 nehmen wir den Pfad, der rechts bergab führt; hier erwarten uns häufige Steigungswechsel und ein abwechselnd kompakter und loser Untergrund. Die teils engen, teils weiten Kurven wechseln sich mit flüssigeren und technischeren Abschnitten ab, wobei stets eine gute Fahrtechnik gefragt ist. Es empfiehlt sich, sehr aufmerksam zu sein und vorrausschauend zu fahren, um mit den Reifen stets an den besten Stellen aufzusetzen. Am km 3,2 sind wir erneut auf dem Forstweg des Kiefernwaldes und treten wieder bergauf. Hier bereitet vor allem der erdige Untergrund Schwierigkeiten

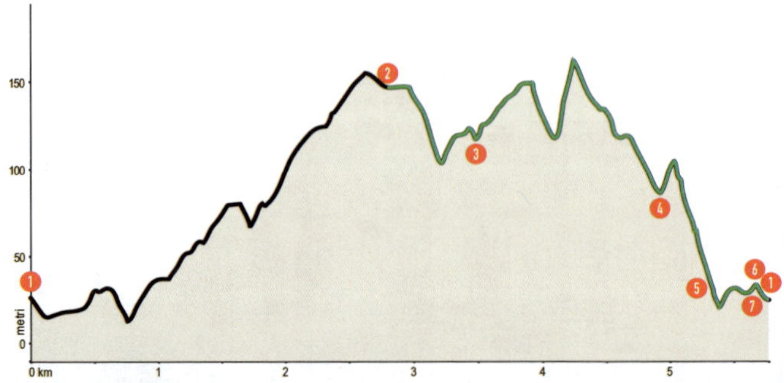

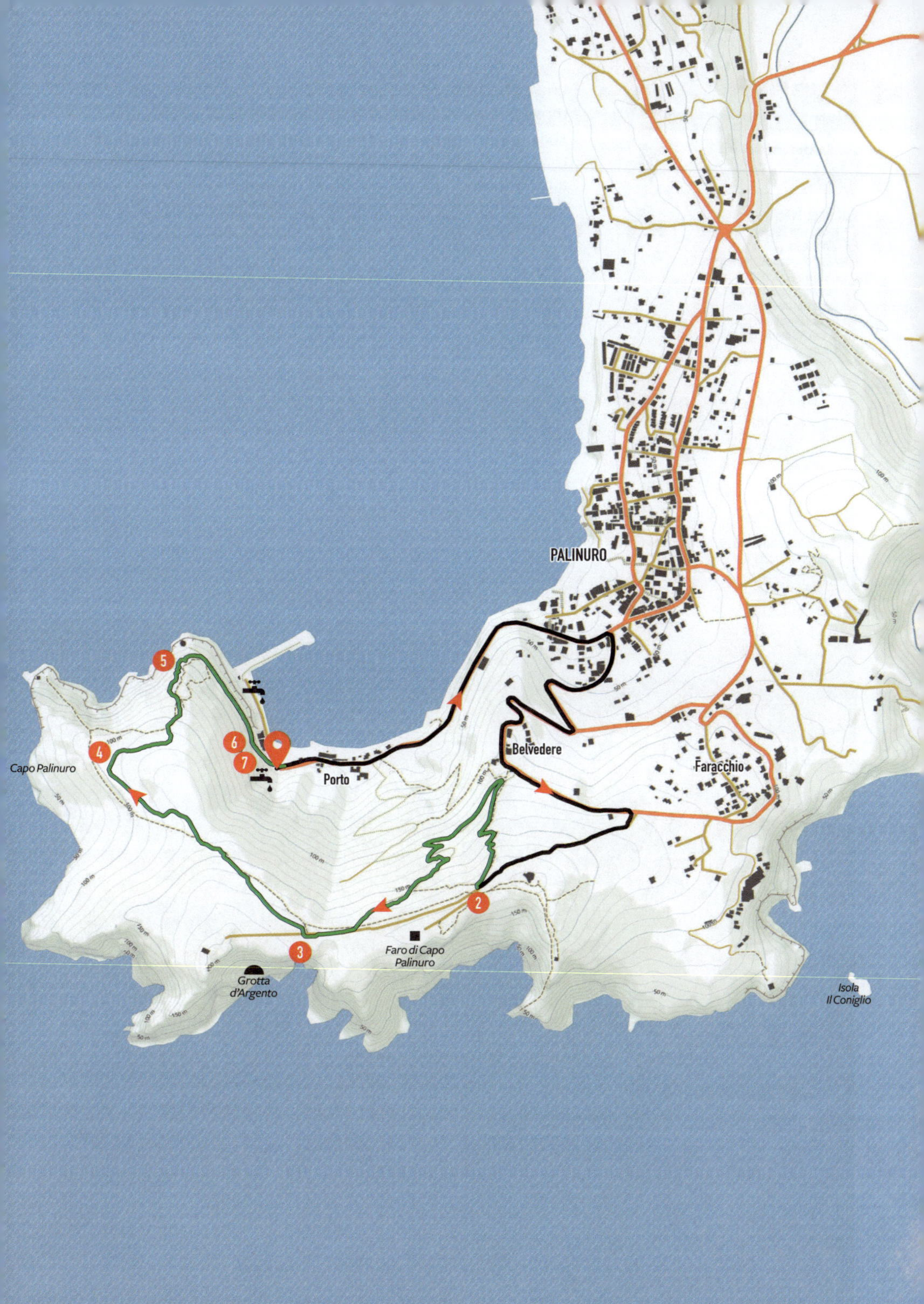
PALINURO
5
6
7
4
Capo Palinuro
Porto
Belvedere
Faracchio
2
3
Faro di Capo Palinuro
Grotta d'Argento
Isola Il Coniglio

Verschiedene Möglichkeiten in Palinuro
Einkehr

Zwei Brunnen am Hafen
Trinkwasser

Auf dem Weg
1 Hafen von Palinuro (8 m)
2 Pinienhain (147 m)
3 Aussicht am Leuchtturm von Capo Palinuro (120 m)
4 Aussichtspunkt (100 m)
5 Aussichtspunkt (29 m)
6 Natürliche Stufen (35 m)
7 Aussichtspunkt Spiaggia del Porto (34 m)

und es besteht die Gefahr, die Reibung zu verlieren. Am besten ist es, möglichst leicht und reibungsfrei in die Pedale zu treten und den Körper stets im Gleichgewicht zu halten. Wir erreichen schließlich den Leuchtturm von Capo Palinuro **(3)**, wo wir den wirklich traumhaften Ausblick auf die Küste genießen können. Jetzt geht es ein kurzes Stück eben dahin, dann können wir uns in die aufregendste Abfahrt der Tour stürzen. Sie ist nicht lang, aber dafür umso technischer. Adrenalin pur und die Natur hält so einige Überraschungen für uns bereit. Das Gelände wird rauer und Felsaufschlüsse stellen auch die geübteren Biker auf die Probe. Es geht sofort technisch los, der Trail hat kein Erbarmen und es wird immer

schwieriger, den Vorderreifen auf den Karstfelsen aufzusetzen, ohne Probleme zu bekommen. Wer es schafft, sollte einen Blick auf die Umgebung werfen, die Landschaft ist wirklich traumhaft und könnte wegen ihrem Ablenkungspotential die Abfahrt noch zusätzlich erschweren **(4)**. Die lokalen Biker haben den Spaßfaktor mit einigen künstlichen Rampen (maximal 40 cm hoch) noch zusätzlich erhöht, alle Rampen können aber auch ganz einfach umfahren werden. Gegen Ende des Trails werden die Kurven eckiger **(5)** und wenn das Ende nahe scheint, geht es nochmal los über eine Reihe natürlicher Stufen **(6)**, die hinab zum Hafen und zum Strand führen **(7)**. Man müsste die Tour eigentlich zweimal anfahren, einmal, um die traumhafte Landschaft zu genießen und um sich mit dem Trail bekannt zu machen. Und bei der zweiten Runde kann man dann die adrenalinlastige Abfahrt umso mehr auskosten. Einzig möglicher Abschluss der Tour ist das erfrischende, kristallklare Wasser am Strand von Palinuro.

Eine Reise durch die Geschichte von Capo Palinuro (© *Antonello Naddeo*)

ANMERKUNGEN

Anreise: Palinuro liegt ca. 90 km von der A2 Autostrada del Mediterraneo entfernt. Auf der A2 die Ausfahrt Buonabitacolo nehmen und weiter in Richtung Palinuro. Oder Ausfahrt Battipaglia, den Hinweisen nach Vallo della Lucania folgen und in Futani abfahren.

Felsiger Untergrund ist hier keine Seltenheit (© *Antonello Naddeo*)

Die Grotten von Palinuro

Capo Palinuro, so erzählt es bereits Virgil in seiner Aeneis, ist ein sehr charakteristisches Kalksteinkap, das hoch über dem Meer emporragt. Der eigentliche Reichtum dieser Gegend liegt jedoch weiter unten: das Meer und traumhaft schöne Grotten. Die berühmteste ist die Grotta Azurra, 85 m lang und 90 m breit, sie liegt auf Höhe der Bucht Cala Guarracini und zieht sich durch den nördlichen Teil des Capo Palinuro. Der Name der Höhle geht auf das spektakuläre Blau im Inneren zurück, das durch das Zusammenspiel von Meer und Lichteinfall entsteht. Eine weitere, sehr bekannte Höhle ist die Grotta d'Argento, sie liegt weiter südlich, bei der Bucht Cala Lanterna. Und dann ist da noch die Grotta del Sangue (Blutsgrotte), deren Name auf die Farbe der Höhlenwände anspielt, die sich im Wasser spiegeln und die Grotte in ein rötliches Licht tauchen. Die Grotte dei Monaci (Mönchsgrotte) dagegen ist bekannt für ihre Stalagmiten, die in der Fantasie der Fischer das Bild von in ihre Kutten gehüllte Mönche hervorriefen. Auf keinen Fall verpassen sollte man auch die Baia del Buondormire, wo der Legende nach einst die verführerischen Sirenen hausten.

Alle Höhlen und Buchten sind nur auf dem Wasserweg erreichbar. In der Sommersaison gibt es einen gut funktionierenden Shuttle-Service, der an den Häfen von Palinuro und Marina di Camerota startet. Wer ein bisschen mehr Zeit zur Verfügung hat, sollte diese traumhaften und einzigartigen Ort unbedingt besuchen und genießen.

Technische Passagen hoch über dem Meer (© *Antonello Naddeo*)

VALLE DEL DIAVOLO UND SENTIERO DEI BRIGANTI

Radweg		0%
Asphaltierte Straße		77%
Betonierte/gepflasterte Straße		0%
Schotterstraße		0%
Saumpfad		0%
Pfad / Weg / Singletrail		23%

★★★
Schönheit

Cross Country
Stil

Ganzjährig
Beste Jahreszeit

Staatsstraße 562, 7 m
N40° 02.347' E15° 18.624'
Startpunkt

406 m
Höchster Punkt

1116 m
Höhenunterschied

29,2 km
Distanz

3 Std.
Wegdauer

★★★
Technische Schwierigkeit

★★★
Körperlicher Anspruch

95%
Befahrbarkeit beim Anstieg

95%
Befahrbarkeit bei der Abfahrt

Ja - Nein
e-bike

Ausgezeichnet
Handyempfang

Der „Clou“ dieser Tour ist der „Sentiero della Tragara“, ein Weg durch unberührte Natur und geschichtsträchtige Orte. Er führt vom „Posto della sentinella“ zu der alten Eisenbahnbrücke (1928) und weiter bis zum verlassen Dorf San Severino di Centola. Der Weg ist wie eine lange Terrasse, von der man das atemberaubende Panorama auf die Diavolo-Schluchten, den Fluss Mingardo und das Meer genießen kann. Auf dem schmalen Singletrail mit kompaktem, steinigem Untergrund rollen wir durch die typische Macchienvegetation, wobei der Pfad stellenweise sehr ausgesetzt ist und immer wieder von glattgeschliffenen Felsaufschlüssen unterbrochen wird. Die Abfahrt im zweiten Teil der Tour ist anspruchsvoll, hin und wieder muss man wegen der dichten Vegetation absteigen, was aber gar nicht schlimm ist, denn die Strecke ist in jeder Hinsicht absolut lohnenswert.

WISSENSWERTES

San Severino di Centola ist ein verlassenes Dorf aus dem 10. Jahrhundert, das sich im Gebiet der Gemeinde Centola ganz in der Nähe der Schlucht Gola del Diavolo an die Felsen eines Gebirgsausläufers drängt. Die Überreste der Burg und einer Kirche sind noch gut zu erkennen, und auch die der typischen Steinhäuser, die ohne Fundament direkt auf den Felsen des Hügels gebaut wurden. Unter den Normannen und später den Schwaben wurde der Ort befestigt und eine Stadtmauer errichtet. Außerdem baute man die Kirche steil über der Schlucht von Tragara. Mit der Eisenbahnlinie Pisciotta - Castrocucco, die 1888 gebaut wurde, begann die Bevölkerung das Dorf zu verlassen und ins Tal umzuziehen. Die Faszination dieser Geisterstadt sucht nach Seinesgleichen und ist jedes Jahr Ziel zahlreicher neugieriger Touristen. Heute ist der Zutritt jedoch aus Sicherheitsgründen verboten.

WEGBESCHREIBUNG

Wir starten auf der Staatsstraße SS562 **(1)** an dem Kreisverkehr vor dem Zentrum von Palinuro und treten in Richtung Norden auf der asphaltierten Straße namens „Mingardina“. Am Anfang geht es am Fluss

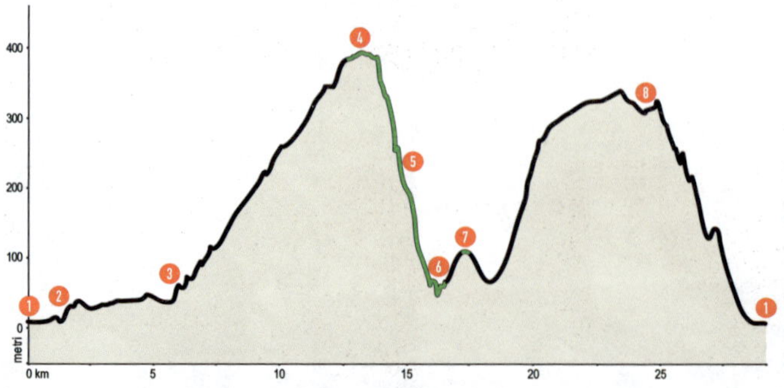

Iazzo Canonico
SR447
SP430
San Nicola
Foria
Centola
San Severino
6
5
7
3
4
SR447
Fiume Lambro
Fiume Mingardo
SP66
Centola
8
SR447
Licusati
Casaburi
2
PALINURO
Faracchio
SR562
Isola
Il Coniglio

Keine
Einkehr

Brunnen an der SS 66, in Forio und in Centola
Trinkwasser

Auf dem Weg
1. Staatsstraße 562 (7 m)
2. Fluss Mingardo (33 m)
3. Schluchten des Mingardo (57 m)
4. Ausblick auf die Schluchten des Mingardo (406 m)
5. Posto della sentinella (228 m)
6. Eisenbahnbrücke von 1928 (68 m)
7. Verlassenes Dorf San Severino di Centola (114 m)
8. Ortskern Centola (315 m)

Mingardo **(2)** entlang, eine richtige kleine Oase mit dichter Vegetation. Nach fünf schnellen Kilometern sind wir am wildesten Eck des Parks angekommen: die „Gole del Mingardo", die auch „Gole del Diavolo" (Teufelsschluchten) genannt werden. Die Fahrt ist dank der hohen Felswände sehr angenehm und an der Abzweigung können wir dann den traumhaften Ausblick auf die Schluchten genießen **(3)** (km 6). Wir biegen rechts ab und beginnen mit dem ersten Anstieg des Tages. Es folgen sieben Kehren auf der Landstraße SP66, die auch „Ciglioto" genannt wird. Am km 12 zweigt links ein Schotterweg ab, der der Strecke des „Sentiero della Tragara" folgt: ein Weg, der einst den Bauern diente, um mit ihren Lasttieren Waren von Caerota nach Poderia zu transportieren. Der Saumpfad ist schmal, ausgesetzt und stellenweise steinig mit glattgeschliffenen Felsaufschlüssen. Es geht bergauf bis zum höchsten Punkt der Tour (384 m), wo ein atemberaubendes Panorama **(4)** auf uns wartet: die Schluchten des Mingardo im Norden, das Meer von Palinuro im Süden und die verlassene Ortschaft San Severino di Centola im Westen. Der Singletrail führt erst über Schotter, dann wird er immer schmaler bis er in der Macchienvegetation fast untergeht. Am km 13,4 sind wir an dem berühmten „Posto della Sentinella" **(5)** (dt.: Wachposten), an dem man von oben Blick auf San Severino und die Flussschleifen des Mingardo hat. Der „Posto della Sentinella" zeichnet

Der Sentiero dei Briganti in Richtung Valle del Diavolo (© *Antonello Naddeo*)

sich durch einen Felsvorsprung aus, der den Wegelagerern dazu diente, über das Tal zu wachen und savoyische Truppen auszumachen. Davon zeugen auch heute noch drei Schlafstellen und die vom Rauch geschwärzten Felswände.
Der Weg der Tragara führt jetzt anspruchsvoller bergab bis zur Eisenbahnbrücke aus dem Jahr 1928 **(6)** und zum Bahntunnel aus dem Jahr 1880 (für ca. 2 km). An den Gleisen stoßen wir schließlich auf die Straße, die uns in den verlassen Ort San Severino di Centola **(7)** (ausgeschildert) bringt. Über einen kaum befahrbaren Pfad (wieder rauf muss man das Bike schultern) gelangen wir zu den Resten der Burg, die jedoch aus Sicherheitsgründen für die Öffentlichkeit gesperrt ist. Zurück auf der asphaltierten Straße fahren wir weiter in Richtung Foria (km 19) und bergab nach Centola **(8)** (km 23). Hier beginnt dann eine schnelle Abfahrt zurück zum Ausgangspunkt der Tour in Trivento.
Man sollte sich nicht vom hohen Asphaltanteil der Tour abschrecken lassen, denn dieser führt durch wirklich traumhafte und einzigartige Naturlandschaften! Naturliebhaber und Radwanderer sollten außerdem einen kleinen Abstecher zum Arco Naturale (natürlicher Felsbogen) einplanen. Man erreicht ihn über eine schmale Straße, die am Ausgangspunkt der Tour nach Süden abzweigt und bis zur Mündung des Flusses Mingardo führt. Der Weg ist gut ausgeschildert und vor allem bei Sonnenuntergang zu empfehlen.

ANMERKUNGEN

Anreise: Palinuro liegt ca. 90 km von der Autobahn A2 Autostrada del Mediterraneo entfernt. Wer von Norden kommt, nimmt die Ausfahrt Battipaglia (ca. 25 km nach Salerno). Nach der Autobahnausfahrt folgt man den Hinweisen nach Vallo della Lucania und fährt dann in Richtung Futani. Dann weiter in Richtung Massicelle, Foria, Centola, Palinuro.
Palinuro liegt ca. 131 km südlich von Salerno. Mit dem Zug: Linie Napoli - Reggio Calabria, aussteigen an der Haltestelle Pisciotta-Palinuro, die ca. 8 km von Palinuro entfernt ist.

Blick auf das verlassene Dorf San Severino di Centola (© *Antonello Naddeo*)

KARIBIK DES CILENTO: BAIA DEGLI INFRESCHI

Radweg	0%
Asphaltierte Straße	78%
Betonierte/gepflasterte Straße	0%
Schotterstraße	6%
Saumpfad	0%
Pfad / Weg / Singletrail	16%

★★★★
Schönheit

Cross Country
Stil

Mai-Oktober
Beste Jahreszeit

Bahnhof Centola Palinuro, 60 m
N40 05.441 E15 20.817
Startpunkt

284 m
Höchster Punkt

779 m
Höhenunterschied

48,60 km
Distanz

5,30 Std.
Wegdauer

★★★
Technische Schwierigkeit

★★★
Körperlicher Anspruch

95%
Befahrbarkeit beim Anstieg

95%
Befahrbarkeit bei der Abfahrt

Ja - Nein
e-bike

Spärlich, nur stellenweise guter Empfang
Handyempfang

Diese Tour führt uns zur Bucht Baia degli Infreschi, sie gehört zu den zehn schönsten Stränden Italiens. Die Strecke führt abwechselnd über Asphalt und kompakte Schotterwege, das Panorama ist fantastisch und anstrengend wird es erst am km 21 mit einem ziemlich harten, 4 km langen Anstieg. Die folgende Abfahrt ist nicht schwierig, aufmerksam sollte man aber trotzdem sein. Der Weg führt direkt zur Baia degli Infreschi, wo in der heißen Jahreszeit ein Bad im kristallklaren Wasser ein absolutes Muss ist. Außerdem geht es durch die Grotta di Lentiscelle, die bis vor wenigen Jahren noch den Leone di Caprera beherbergte: ein Segelschiff, mit dem drei Seemänner 1880 den Atlantik überquerten, entschlossen, den Wert Italiens als Seemacht unter Beweis zu stellen (1866 wurde Italien vom Österreich-Ungarischen Reich bei der Schlacht von Lissa geschlagen) und um dem Kommandant Garibaldi, der 1842 in Uruguay lebte und kämpfte, ein Album mit den Unterschriften von ausgewanderten Italienern zu bringen. 2007 lag das Schiff in Livorno, danach wurde es restauriert und in das Museum Museo della Scienza e della Tecnologia verlegt, wo man es bis heute besichtigen kann.

WISSENSWERTES

Marina di Camerota zeichnet sich durch kantige Küsten und kristallklares Wasser aus und gehört zu den beliebtesten Badeorten Italiens. Die Faszination des alten Fischerortes ist erhalten geblieben, gleichzeitig gibt es moderne und bestens eingerichtete Strandanlagen, ein lebendiges Nachtleben und einen der modernsten touristischen Häfen der ganzen Region. Die Bucht Baia degli Infreschi ist zweifellos der berühmteste Ort des ganzen Küstenstreifens, man erreicht sie entweder mit dem Boot, wobei man die Möglichkeit hat, die Höhlen südlich von Marina di Camerota zu besichtigen, oder auf dem Landweg auf einem panoramareichen Pfad, der von Marina di Camerota durch die typische Macchienvegetation bis zur Bucht führt. Auch Kultur und Gastronomie lassen hier nichts zu wünschen übrig, unbedingt probieren sollte man die „Maracucciata", eine Polenta aus dem Maracuoccio-Mehl, einer Hülsenfrucht, die nur in der Gegend von Camerota-Lentiscosa angebaut wird. Dazu gibt es geröstetes Brot und Olivenöl aus lokaler Herstellung.

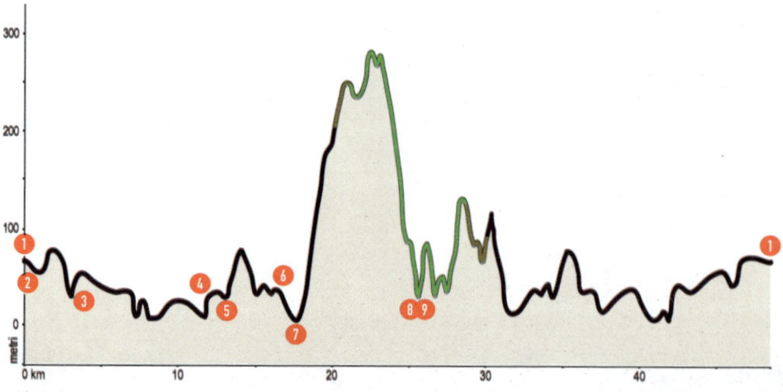

Iazzo Canonico
SP430
Celle Bulgheria Roccagloriosa
Foria
Centola
San Severino di Centola
Poderia
Celle di Bulgheria
SR447
Fiume Mingardo
SP66
Licusati
SR562dir
SR562
Camerota
SR562
Lentiscosa
SP66
Marina di Camerota
Monte di Luna
baia degli Infreschi
Cala Bianca
2
3
4
5
6
7
8
9

Keine
Einkehr

Brunnen beim Hafen von Marina di Camerota
Trinkwasser

Auf dem Weg
1. Bahnhof Centola Palinuro (60 m)
2. Brücke von 1928 (57 m)
3. Aussichtspunkt (38 m)
4. Aussichtspunkt (30 m)
5. Aussichtspunkt (30 m)
6. Marina di Camerota (38 m)
7. Hafen mit Strend (35 m)
8. Kapelle San Lazzaro (34 m)
9. Baia degli Infreschi (27 m)

WEGBESCHREIBUNG

Wir starten am Bahnhof von Centola **(1)** an der Abzweigung nach Marina di Camerota (für alle, die nicht in der Gegend übernachten empfiehlt sich der gute Service für Biker von Trenitalia). Wir folgen der Straße bis zur alten Eisenbahnbrücke **(2)** (die Bahnlinie ist stillgelegt) und fahren am Fluss (rechts) entlang **(3)** in Richtung Marina di Camerota. Auf der Regionalstraße SR562/C kommen wir an verschiedenen Aussichtspunkten **(4)** mit Blick auf die Strände von Palinuro vorbei, der schönste Aussichtspunkt liegt entlang des Anstiegs im Abschnitt Cala d'Arconte **(5)**. Wir kommen schnell voran und nach einigem Auf und Ab erreichen wir das zauberhafte Fischerdorf Marina di Camerota **(6)**. Am Hafen **(7)** fahren wir in Richtung Strand von Lentiscelle, wo der zweite Teil unserer Strecke beginnt. Der Schotterweg zwischen Meer und Natur beginnt nahe der Höhle Grotta di Lentiscelle und ist in sehr gutem Zustand. Die Stufen sind leicht zu überwinden und er ist mit einem Holzgeländer abgesichert. Am Wegbeginn befindet sich zudem eine Infotafel, die Aufschluss über die verschiedenen Baum- und Pflanzenarten entlang der Strecke gibt. Hier wächst beispielsweise auch die sehr seltene „Primula Palinuri", die Symbolpflanze des Nationalparks Cilento und Vallo di Diano. Wir sind im Bezirk Lentiscelle und der Blick schweift über die Klippen der Cala Bianca und den Monte Luna, der wie eine natürliche Terrasse über der traumhaften Bucht Cala Fortuna emporragt, wo eine 400 m hohe Felswand steil ins Wasser abfällt. Wir radeln jetzt über eine weitläufige Lichtung in Richtung Cala Bianca, der

Typischer Trail inmitten der mediterranen Macchiensträucher (© *Antonello Naddeo*)

Untergrund ist hier besonders lehmhaltig und es begleitet uns der Duft von wildem Rosmarin, Salbei, Thymian und Mastixsträuchern. Am oberen Teil des Gebirgsausläufers angekommen, neben einem Feld, zweigt nach wenigen Metern auf der rechten Seite ein breiter und gut sichtbarer Pfad ab, der durch die Macchiensträucher bergab bis zur Kapelle von San Lazzaro **(8)** führt. Hier endet der Weg und einige, in den Felsen gehauene Stufen führen zu einem winzigen Kiesstrand. Ganz langsam öffnet sich schließlich vor uns die spektakuläre Bucht Baia degli Infreschi **(9)** und man kann gar nicht anders, als sich vor dem Rückweg in das traumhaft klare Wasser zu stürzen.

VARIANTE

Diese Variante ist mit Sicherheit anstrengender als die Originalstrecke, die zusätzlichen Anstiege ermöglichen jedoch Wege mit einzigartigen Ausblicken auf den Golf von Policastro. Der erste Anstieg beginnt bei den „Teufelsschluchten" („Gole del diavolo"), wobei der Blick auf die Schluchten und die Reste der verlassenen Ortschaft San Severino mit jeder Kurve besser wird. Der Anstieg führt nach Licusati (9 km) mit der Ruine des Castellaccio, dem Tal des Mingardo und Palinuro im Hintergrund. Auf der asphaltierten Straße geht es dann bergab ins Tal bis in die Nähe der Grotta di S. Biagio und am km 22 nimmt man den Schotterweg, der mit ansehnlicher Steigung für 2,5 km bergauf bis nach Santa Maria del Piano führt (Aussichtspunkt mit Blick auf den Golf). Nach dem historischen Ortskern von Lentiscosa (sehenswert ist die Kirche Santa Rosalia) geht es nochmal steil bergauf bis zum Beginn des mittelschweren Schotterweges nach Serra degli Infreschi. Ab dem km 26 ist der Weg ein einziger Aussichtspunkt und es bleibt nur noch die Qual der Wahl zwischen den vielen paradiesischen Buchten für die verdiente Erfrischung.

ANMERKUNGEN

Anreise: Auf der Autostrada A2 del Mediterraneo bei der Ausfahrt Battipaglia abfahren und weiter auf der SS18 in Richtung Agropoli, Vallo della Lucania. An der Ausfahrt Poderia dann den Hinweisen nach Marina di Camerota folgen. Alternavi kann man auch die Ausfahrt Buonabitacolo nehmen; hier weiter in Richtung Palinuro Camerota. Mit dem Zug: Haltestelle Centola.

Kobaltblaues Wasser (© *Antonello Naddeo*)

KÜSTE UND WACHTÜRME

Radweg	0%
Asphaltierte Straße	50%
Betonierte/gepflasterte Straße	0%
Schotterstraße	4%
Saumpfad	0%
Pfad / Weg / Singletrail	46%

★★★★
Schönheit

All mountain
Stil

Ganzjährig
Beste Jahreszeit

Trivento Palinuro, 49 m
N40 02.347 E15 18.635
Startpunkt

431 m
Höchster Punkt

633 m
Höhenunterschied

18,8 km
Distanz

1,5 Std.
Wegdauer

★★★★
Technische Schwierigkeit

★★★
Körperlicher Anspruch

85%
Befahrbarkeit beim Anstieg

90%
Befahrbarkeit bei der Abfahrt

Ja – Nein
e-bike

Gut
Handyempfang

Die Ringtour verläuft entlang der Küste zwischen Palinuro und Marina di Camerota, einem Küstenabschnitt mit zahlreichen Wehrtürmen aus dem 16./17. Jahrhundert, die zur Abwehr von Piraten und Plünderern dienten. Die Festungen sind vom Lauf der Zeit gezeichnet, aber meist noch sehr gut intakt. Sie stehen an strategisch wichtigen Punkten mit traumhaft schönem Panorama. Im ersten Teil der Tour geht es eben dahin bis zum Arco Naturale di Palinuro, einem natürlichen Felsbogen an einem sehr charakteristischen Strand (im Moment ist der Felsbogen gesichert, um Steinschlag vorzubeugen). Danach treten wir bergauf durch den Wald von San Cono, der Weg ist technisch und die Steigung erreicht an einigen Stellen 20-25%, wobei schieben oder schultern durchaus die bessere Lösung sein kann. Außerdem machen natürliche Hindernisse wie Wurzeln das Ganze noch komplizierter. Die Abfahrt ist genauso schwierig und erfordert eine gute Fahrtechnik. Unerlässlich ist es, in jedem beliebigen Moment bremsen und das Körpergewicht in Balance halten zu können. Den weniger erfahrenen Bikern empfehlen wir, bis zur Kirche von Sant'Antonio und dann auf dem gleichen Weg zurück zum Ausgangspunkt zu fahren.

WEGBESCHREIBUNG

Wir starten auf der Staatsstraße SS562 in Trivento **(1)** und rollen ins grüne Hinterland am rechten Ufer des Flusses Mingardo entlang bis an dessen Mündung. Der sandig-kiesige Schotterweg führt uns bis zum Arco Naturale **(2)**, Symbol von Palinuro, und zum gleichnamigen Strand (Spiaggia dell'Arco Naturale), der im Schutz der Felswände liegt **(3)**. Auf dem gleichen Schotterweg geht es dann wieder zurück, wobei wir den Blick auf die traumhaften Landschaften, die der Fluss Mingardo **(4)** geschaffen hat und die Klippen namens Scoglio del Monaco (auch Scoglio del Mingardo) genießen können. Zurück auf der asphaltierten Straße fahren wir in Richtung Marina di Camerota, am km 4 biegen wir links ab und folgen der Straße, die mit engen Kurven bergauf führt: Das Panorama auf den Felsbogen **(5)** ist hier besonders spektakulär. Es beginnt der Abschnitt durch den Pinienhain von San Cono, wo uns

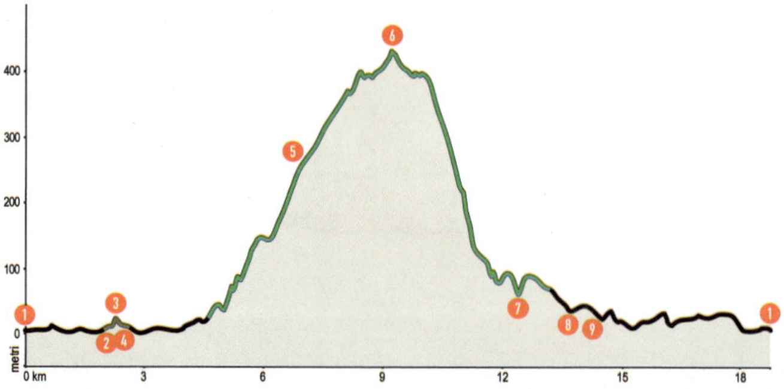

Fiume Mingardo
SR562dir
SR562
Mingardo
Arco naturale di Palinuro
Scoglio Mingardo
Cala delle Ossa
MARINA DI CAMEROTA
1
2
3
4
5
6
7
8
9

Am Start- und Endpunkt

Einkehr

Brunnen im Dorf

Trinkwasser

Auf dem Weg

1. Trivento Palinuro (49 m)
2. Felsbogen (16 m)
3. Spiaggia dell'Arco Naturale (24 m)
4. Fluss Mingardo (11 m)
5. Aussichtspunkt (272 m)
6. Kirche Sant'Antonio (429 m)
7. Turm La Fenosa (60 m)
8. Aussichtspunkt Via Sirene (36 m)
9. Aussichtspunkt (39 m)

die typisch mediterrane Vegetation mit Ginster, Wacholder, Myrrhe und Rosmarin begleitet. Der Wald von San Cono gehört zum Schutzgebiet des Cilento Nationalparks und es wachsen hier die sogenannten Aleppo-Kiefern, die vor 1000 Jahren von Basilianer Mönchen gepflanzt wurden. Ein alter Saumpfad durchzieht den Wald, er diente einst als Verbindungsweg zwischen dem Hafen von Molpa und Camerota. Der Untergrund des Pfades besteht aus roter, lehmiger Erde, durchsetzt mit Wurzeln, losen Steinen und Felsaufschlüssen. Wir kommen an dem beeindruckenden „Lazzo“ di San Cono vorbei, einem weitläufigen Gehöft, das von den bäuerlichen Traditionen in dieser Gegend zeugt, und an den Ruinen des alten Cenobio Basiliano (Basilianerkloster), wo die Mönche vor 1000 Jahren Aleppo-Kiefern anpflanzten, um deren Harz zu ernten. Der Kiefernwald breitete sich dann mit den Jahren durch die hinunterrollenden Zapfen über die Hänge des Berges aus und stoppte schließlich an der Düne der Cala del Cefalo. Bei den Überresten der Abtei kann man eine botanische Besonderheit beobachten: eine weite Fläche mit Süßholzpflanzen, auch sie sind ein Geschenk der fleißigen Basilianer Mönche. Wir fahren weiter und folgen dem Schotterweg bis nach Sant'Antonio, wo man an der Kapelle **(6)** ein fantastisches Panorama auf Capo Palinuro und die kleinen Ortschaften der Gemeinde von Camerota (Licusati, Lentiscosa, Camerota und Marina di Camerota) genießen kann. An diesem Punkt hat man zwei Möglichkeiten, die sehr technische und steile Abfahrt (gute Fahrtechnik erforderlich), oder aber man fährt auf dem gleichen Weg zurück, der auch bei der Abfahrt viel Spaß und ein tolles Panorama garantiert. Wir haben uns für die steile Abfahrt entschieden und stürzen bergab über abwechselnd schnelle und saubere und steinigere Abschnitte mit Felsaufschlüssen (bei ungünstiger Wetterlage kann das Ganze ziemlich rutschig werden). An manchen Stellen ist der Pfad besonders unwegsam und besondere Aufmerksamkeit ist gefragt. Wir erreichen schließlich den Wehrturm namens „Fenosa“ **(7)**, einer der sieben Wachtürme, die zwischen dem 16. und dem 17. Jh. hier gebaut wurden, um frühzeitig fremde Schiffe ausmachen zu können (Mingardo, Muzza, d'Arconte, dell'Isola, Poggio und Zancale). Der Pfad endet an der Provinzstraße, die Palinuro und Marina di Camerota verbindet, und wir folgen ihr bei traumhaftem Ausblick auf die Strände von Palinuro **(8)**. Und wenn das Wetter stimmt, ist ein erfrischender Sprung ins Wasser an einem der schönsten Küstenabschnitte Italiens **(9)** ein absolutes Muss.

ANMERKUNGEN

Anreise: Palinuro liegt ca. 90 km von der Autobahn A2 del Mediterraneo entfernt. Wer von Norden kommt, nimmt nach Salerno die Ausfahrt Battipaglia, folgt den Hinweisen nach Vallo della Lucania und Futani. Wer von Süden kommt, kann auch die Ausfahrt Buonabitacolo nehmen und weiter in Richtung Palinuro fahren. Mit dem Zug: Bahnlinie Napoli-Reggio Calabria, Haltestelle Pisciotta-Palinuro; die Haltestelle liegt ca. 8 km von Palinuro entfernt.

Biker „in Sicht“ auf dem Turm von Fenosa (© *Antonello Naddeo*)

Zwischen Himmel und Meer (© *Antonello Naddeo*)

MONTE CASTELLUCCIO

Radweg		0%
Asphaltierte Straße		64%
Betonierte/gepflasterte Straße		0%
Schotterstraße		12%
Saumpfad		0%
Pfad / Weg / Singletrail		25%

★★★
Schönheit

Freeride
Stil

Ganzjährig
Beste Jahreszeit

Bahnhof Pisciotta, 7 m
N40 05.476 E15 14.615
Startpunkt

691 m
Höchster Punkt

962 m
Höhenunterschied

18 km
Distanz

2 Std.
Wegdauer

★★★
Technische Schwierigkeit

★★
Körperlicher Anspruch

100%
Befahrbarkeit beim Anstieg

98%
Befahrbarkeit bei der Abfahrt

Ja – **Nein**
e-bike

Spärlich
Handyempfang

Diese Tour führt uns auf den Berg Monte Castelluccio, wo wir den Blick über die anderen Gipfel des Cilento (Monte Stella 1131 m, Monte Bulgheria 1226 m, Monte Gelbison 1701 m und Monte Cervati 1998 m) und bis zum Meer, von Capo Palinuro bis zur Punta Licosa, schweifen lassen können. Die beste Jahreszeit für diese Strecke ist der Frühling, wenn sich die Natur in den prächtigsten Farben zeigt. Die Ringtour beginnt mit einem Anstieg auf Asphalt mit wechselnder Steigung. Auf dem Schotterweg angekommen, rollen wir abwechselnd über kompakte Erde und etwas losere Abschnitte und im Wald scheint es, als würde die Natur Überhand nehmen. Die Abfahrt ist am Anfang flüssig und nie besonders steil, Bäume und andere natürliche Hindernisse geben dem Ganzen etwas Pfeffer, schwierig wird es aber trotzdem nie. Der zweite Teil der Abfahrt ist steiler, wir rollen über weichen Untergrund mit Hindernissen (lose Steine und Felsaufschlüsse) und natürliche Stufen, die vorrausschauendes und aufmerksames Fahren erfordern. Der finale Abschnitt der Abfahrt ist ziemlich unwegsam und führt über steinigen Untergrund mit vielen losen Felsbrocken. Insgesamt eine abwechslungsreiche Strecke, bei der jede Menge Bike-Spaß garantiert ist.

WISSENSWERTES

Marina di Pisciotta ist ein winzig kleines Fischerdorf, mit Strandpromenade, kristallklarem Wasser, touristischem Hafen und typischen Geschäften, die aus dem Dorf im Sommer ein beliebtes Ferienziel machen. Hier, einzigartig in Italien, hat eine sehr alte Art des Fischens überlebt: nur noch wenige Fischer fischen nach traditioneller Art die sogenannten Menaica-Sardellen. Sie werden an Tagen mit ruhigem Meergang zwischen April und Juli mit einem großen Netz namens „menaica“ gefangen. Mit diesem Netz werde nur die größeren Sardellen gefangen, die direkt auf dem Fischerboot ausgenommen und schließlich am Hafen des Dorfes in Salzlake gewaschen und in den typischen Tongefäßen zwischen Salzschichten eingelegt werden. Man kann sie frisch, gepökelt oder gekocht genießen, als Salat, in der Soße

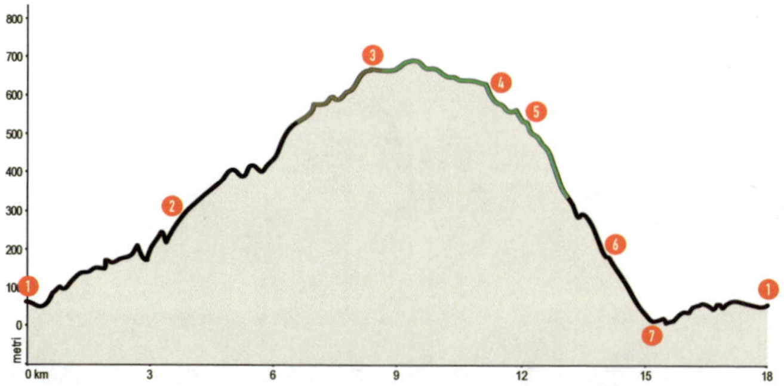

Rodio
400 m
300 m
Sp269c
500 m
600 m
400 m
600 m
600 m
500 m
400 m
300 m
Sr447
200 m
PISCIOTTA
300 m
400 m
500 m
600 m
700 m
Marina di Pisciotta
400 m
Sr447
Marina Lido
500 m
100 m
300 m
400 m
400 m
200 m
300 m
100 m
Sr447
Santa Caterina
Sr447rac
Caprioli

Keine
Einkehr

Brunnen am Bahnhof und in Marina di Pisciotta
Trinkwasser

Auf dem Weg
1 Bahnhof Pisciotta (7 m)
2 Aussichtspunkt (269 m)
3 Picknickplatz Castelluccio (663 m)
4 Aussichtspunkt (615 m)
5 Wald von Castelluccio (534 m)
6 Pisciotta (191 m)
7 Marina di Pisciotta (11 m)

oder frittiert. Eine Spezialität des Cilento, die man unbedingt probieren sollte.

WEGBESCHREIBUNG

Wir starten am Bahnhof von Pisciotta **(1)** und folgen der asphaltierten Straße SP14a. Die leichte Steigung ist ideal zum Aufwärmen und von Anfang an begleitet uns das atemberaubende Panorama auf den Golf von Palinuro **(2)**. Nach dem ersten Kilometer biegen wir links bergauf ab und nach einer Kehre geht es für 2 km auf der Landstraße 447 weiter. Am Ende der Kurve biegen wir rechts ab, es folgen mehrere kleine Kehren bergauf und am km 6 fahren wir an der Abzweigung nach rechts. Der Schotterweg führt uns durch die hier typische Vegetation mit den charakteristischen Olivenbäumen dieser Gegend („ulivi Pisciottani"). Die Steigung nimmt zu, wird aber bald wieder sanfter und der Schotterweg breiter mit angenehm weichem Untergrund. Wir erreichen schließlich den höchsten Punkt der Tour, ganz in der Nähe eines Picknickplatzes **(3)** mit wirklich fantastischem 360-Grad-Panorama **(4)**. Hier beginnt der Singletrail, der uns durch die dichte Vegetation des Waldes **(5)** führt; der Untergrund ist stabil, der Pfad jedoch nicht besonders breit. Auf diesem Pfad waren einst Bauern und Schmuggler unterwegs und er ist der schönste Abschnitt der ganzen Tour. Das Gefälle ist nie extrem,

Vom Meer von Pisciotta bergauf in Richtung Castelluccio (© *Antonello Naddeo*)

an manchen Stellen muss man sogar in die Pedale treten, um mehr Schwung zu bekommen. Es folgen schnelle Kurven, Zickzack zwischen den Bäumen, Felsen für Sprünge, viel flow und bis zu 25 cm hohe Hindernisse, die ein wenig Aufmerksamkeit erfordern. An manchen Stellen ist der Weg nicht mehr als 50 cm breit und es gibt ein paar größere natürliche Stufen, die aber alle gut umfahrbar sind; maximale Vorsicht ist angebracht. Der zweite Teil der Abfahrt ist adrenalinlastiger, das Gefälle nimmt zu, genauso wie die Anzahl an Hindernissen und losen Steinen. Der Trail katapultiert uns bis in die Ortschaft Pisciotta **(6)**, wo uns zum Abschluss Stufen in verschiedensten Größen erwarten. Für die Stufen braucht man einiges an Konzentration, sie führen hinab zum Hafen von Marina di Pisciotta **(7)**, wo wir bei einer kleinen Pause die tolle Aussicht genießen können. Nach einer Runde über die Strandpromenade rollen wir dann zurück zum Ausgangspunkt der Tour.
Wem diese Tour nicht lang genug ist, der kann noch ein paar Kilometer dranhängen und weiter an der Mito-Küste entlang auf der SS447 fahren, das Panorama auf die Strände von Palinuro ist wirklich lohnenswert. Die Straße führt bis zum Hafen von Palinuro. Die Küste bietet eine nahezu unendliche Auswahl an Möglichkeiten für Biker, da ist mit Sicherheit für jeden Geschmack und Schwierigkeitsgrad etwas dabei. Man kann das charakteristische Dorf Pisciotta nicht verlassen, ohne ein paar der traditionellen Köstlichkeiten probiert zu haben. Dazu gehören „alici inchiappate", Sardellen mit lokal hergestelltem Schafskäse, die mit Ei, Knoblauch und Petersilie frittiert und dann in Tomatensoße gekocht werden.

ANMERKUNGEN

Anreise: Auf der A2 Autostrada del Mediterraneo bis Battipaglia oder Eboli und weiter auf der SS18 in Richtung Sapri bis zur Ausfahrt Pisciotta-Palinuro. Wer von Süden kommt, kann auch die Ausfahrt Buonabitacolo nehmen. Mit dem Zug: Linie FS Roma-Reggio Calabria, Haltestelle Palinuro-Pisciotta.

Das Fischerdorf von Pisciotta gleicht in der Nacht einem Ölgemälde (© *Antonello Naddeo*)

25 Unterer Cilento

CALVARIO-RINGTOUR

Radweg		0%
Asphaltierte Straße		58%
Betonierte/gepflasterte Straße		0%
Schotterstraße		9%
Saumpfad		0%
Pfad / Weg / Singletrail		32%

★★★
Schönheit

Cross Country
Stil

Ganzjährig
Beste Jahreszeit

Palinuro, Regionalstraße 562/D, 3 m
N40 02.346 E15 18.801
Startpunkt

575 m
Höchster Punkt

1190 m
Höhenunterschied

26 km
Distanz

2 Std.
Wegdauer

★★★
Technische Schwierigkeit

★★★
Körperlicher Anspruch

100%
Befahrbarkeit beim Anstieg

100%
Befahrbarkeit bei der Abfahrt

Ja – Nein
e-bike

Gut
Handyempfang

Der „Calvario“ ist einer der Berge, die Palinuro umgeben. Unsere Strecke ist abwechslungsreich, am Anfang geht es über eine verkehrsarme, asphaltierte Straße und dann auf einem alten, ziemlich steilen Saumpfad bergauf. Kies und kompakter Untergrund wechseln sich ab, es gibt staubigere Abschnitte und im letzten Abschnitt durch den Wald stoßen wir auf zahlreiche Wurzeln, Felsaufschlüsse, lose Steine und Stufen. Die ein oder andere enge Kurve sorgt dann bei der Abfahrt für jede Menge Spaß, außerdem kann man seine Fahrtechnik auf die Probe stellen. Alles in Allem eine technisch anspruchsvolle Tour, die nicht besonders lang ist (ca. 26 km), aber dennoch großen Spaß macht, vor allem für Liebhaber von ständig wechselnden Naturlandschaften. Man kann die Tour das ganze Jahr über starten, die beste Jahreszeit ist jedoch der Frühling, wenn uns die Natur mit ihren schönsten Farben und Düften umgibt.

WISSENSWERTES

Habt ihr schon von den „Gole del Diavolo“, den „Teufelsschluchten“ gehört? Dabei handelt es sich um eine tiefe Klamm zwischen zwei, steil über dem Fluss Mingardo emporragenden Felswänden. Der Fluss entspringt am Monte Cervati und fließt über fast 40 km durch die Region Cilento. Nicht weit von der Küste Palinuros entfernt zeigt sich der Fluss in seiner düstersten Form, die genau deswegen auch „Teufelsschluchten“ genannt werden. Auf der rechten Flussseite, hoch über der Schlucht liegt die kleine Ortschaft San Severino di Centola. Der Weg durch die Schlucht ist fantastisch und auch an heißen Tagen ist es angenehm kühl.

WEGBESCHREIBUNG

Wir starten auf der Regionalstraße 562/D **(1)**, die am Fluss Mingardo **(2)** (5,5 km schnelle Asphaltstraße) und den „Gole del Diavolo“ entlangführt. Am Ortseingang von Palinuro beginnt der Anstieg auf der panoramareichen Provinzstraße SP66, die auch „strada del Ciglioto“ **(3)** genannt wird (hier kann man evtl. die Tour verlängern und einen Abstecher nach San Severino di Centola und zur mittelalterlichen Brücke einplanen). Die sieben Kehren versprechen traumhafte Aussicht

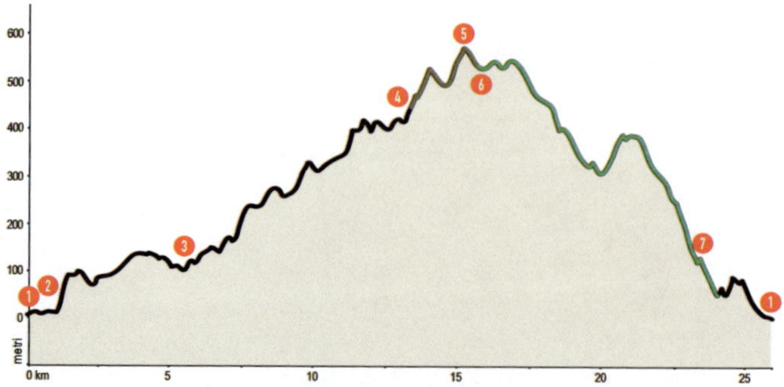

Iazzo Canonico
SP430
Celle Bulgheria Roccagloriosa
Poderia
Celle di Bulgheria
Foria
Centola
San Severino
SR447
Fiume Mingardo
SP66
Centola
Licusati
Casaburi
SR562dir
Palinuro
Camerota
SR562
SR562
Lentiscosa
SP66
Marina di Camerota
Monte di Luna
1
2
3
4
5
6
7

Einkehrmöglichkeiten und Bars nahe Palinuro
Einkehr

Am km 8 Brunnen Sorgente del Viandante
Trinkwasser

Auf dem Weg
1 Regionalstraße 562/D (3 m)
2 Aussichtspunkt Mingardina (59 m)
3 Panoramastraße „Ciglioto" (128 m)
4 Alter Saumpfad (430 m)
5 Höchster Punkt der Tour (575 m)
6 Erster Aussichtspunkt (534 m)
7 Zweiter Aussichtspunkt (141 m)

auf das Tal Valle del Diavolo im Westen und den Golf von Palinuro im Süden. Am km 13 verlassen wir die Straße und folgen dem alten Saumpfad **(4)**, der nach links abzweigt. Es geht steil bergauf bis auf eine Höhe von 622 m (nicht weit entfernt vom Gipfel des Calvario, 643 m). Der Saumpfad ist sehr steil und der Untergrund rutschig, was eine gute Fahrtechnik erfordert. Am km 16, nach einem Stück leicht bergab, kann man das traumhafte Panorama auf den Golf von Palinuro und Camerota genießen. Hier beginnt auch der erste Trail bergab (3 km Länge mit einem negativen Höhenunterschied von ca. 300 m). Der Weg ist ziemlich breit und der Untergrund kompakt und steinig. Die niedrige Vegetation gibt im Laufe der Abfahrt immer wieder den Blick auf das blau glitzernde Meer weit unter uns frei **(5)** und wir rollen abwechselnd über saubere Abschnitte und solche, bei denen sich uns lose Steine, Felsaufschlüsse und andere natürliche Hindernisse in den Weg stellen (bei schlechter Wetterlage könnte es hier ziemlich rutschig werden). Nach einem kurzen Anstieg können wir uns dann in den längsten Sin-

Blick auf die Felsen des Mingardo und den Felsbogen (© *Antonello Naddeo*)

gletrail des Tages stürzen. An manchen Stellen ist der Pfad wegen der dichten Vegetation sehr schmal und weniger gut sichtbar. Die nahe Küste verleiht der Umgebung hier ein anderes Erscheinungsbild und die typische Macchienvegetation wird dichter, hin und wieder lässt sie jedoch ein Fenster mit spektakulärem Ausblick **(6)**. Ca. am km 19 geht es wieder leicht bergauf über ein sonniges Wegstück mit Blick auf das Meer. Der Untergrund wird jetzt staubiger und erdiger und im letzten Abschnitt durch den Wald stoßen wir auf zahlreiche Wurzeln, lose Steine und Stufen, sowie die ein oder andere sehr enge Kurve. Der Singletrail schlängelt sich zwischen Eichen, Aleppo-Kiefern und Myrrhe-Sträuchern hindurch, man sollte jedoch ab und an nach links schauen, hier gibt es wirklich fantastische Ausblicke auf die Küste von Palinuro **(7)** und den natürlichen Felsbogen (Arco Naturale).

ANMERKUNGEN

Anreise: Palinuro liegt ca. 90 km von der Autobahn A2 del Mediterraneo entfernt. Wer von Norden kommt, nimmt die Ausfahrt Battipaglia (ca. 25 km nach Salerno). Nach der Autobahnausfahrt folgt man den Hinweisen nach Vallo della Lucania und fährt dann in Richtung Futani. Dann weiter in Richtung Massicelle, Foria, Centola, Palinuro. Von Süden kommend, empfiehlt sich die Ausfahrt Buonabitacolo.
Palinuro liegt ca. 131 km südlich von Salerno. Mit dem Zug: Linie Napoli - Reggio Calabria, aussteigen an der Haltestelle Pisciotta-Palinuro, die ca. 8 km von Palinuro entfernt ist.

Auf dem Weg von Sant'Iconio (© *Antonello Naddeo*)

PIANORO DI CIOLANDREA UND VALLONE DEL MARCELLINO

Radweg	0%
Asphaltierte Straße	52%
Betonierte/gepflasterte Straße	0%
Schotterstraße	9%
Saumpfad	0%
Pfad / Weg / Singletrail	14%
Shuttle	25%

★★★★
Schönheit

All mountain
Stil

Anfang und Ende Sommer
Beste Jahreszeit

Scario, 3 m
N40 03.196 E15 29.590
Startpunkt

577 m
Höchster Punkt

986 m
Höhenunterschied

26,30 km
Distanz

5 Std.
Wegdauer

★★★★
Technische Schwierigkeit

★★★★
Körperlicher Anspruch

100%
Befahrbarkeit beim Anstieg

70%
Befahrbarkeit bei der Abfahrt

Ja – **Nein**
e-bike

Spärlich
Handyempfang

Die Tour beginnt am südlichen Ende der Cilento-Küste, in dem berühmten Badeort Scario. Wir fahren über die Ebene Ciolandrea bis zur Bucht Baia del Marcellino. Der Abschnitt an der Küste gehört zu dem marinen Schutzgebiet von Infreschi und Masseta. Die Tour empfiehlt sich für trainierte Biker, die auch auf unregelmäßigem Untergrund und mit teils sehr anstrengendem Auf und Ab gut zurechtkommen. Am Ende kann man entweder bis zum Strand von Marcellino (der Pfad ist sehr schwierig) oder auf dem gleichen Weg zurückfahren. Wer sich für den Strand entscheidet, der kann dort mit dem Boot zum Hafen von Scario übersetzen (Service nur in der Sommersaison). Der Weg zum Strand beginnt hinter einem Weidegatter, ist sehr schmal und kurvig und auf keinen Fall zu unterschätzen. Die Landschaften auf dem Weg zum Strand sind jedoch atemberaubend, genauso wie der Strand selbst, der auch „Franzosenstrand" („Spiaggia dei Francesi") genannt wird. Besonders beeindruckend ist hier die Talmulde des Marcellino, mit ihren Felsnadeln und dichten Eichenwäldern.

WISSENSWERTES

Scario ist ein kleiner Ort der Gemeinde San Giovanni a Piro. Der Badeort am Golf von Policastro gehört wegen der Schönheit der Küste und dem klaren Wasser zu den schönsten Italiens. Die Strände sind nicht besonders einladend, meist sind sie klein und steinig, aber Scario machte diese vermeintliche Schwäche zu einer Stärke und heute kann man sich gegen einen geringen Geldaufwand von den lokalen Fischern zu einer der vielen winzigen Buchten bringen lassen. Zwischen Scario und Marina di Camerota gibt es unzählige Karsthöhlen, Buchten, die man nur mit dem Boot erreicht und sehenswerte Wachtürme aus vergangenen Zeiten. Außerdem hat gibt es in diesem Teil des Golfes eine reiche Fauna und Flora und beim Schnorcheln kann man unter Wasser so einiges entdecken.

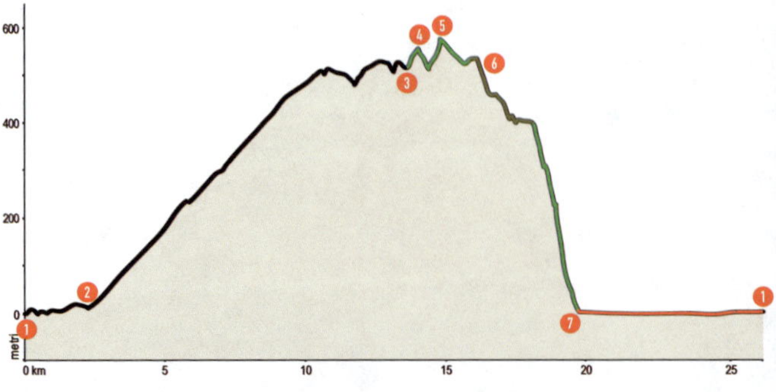

Torre Orsaia
SS517var
Contrada Lupinata
Calleo
Strazzari
Contrada Poria
SP17b
SP430
SS18
Acquavena
Bosco
Capolomonte
Policastro Bussentino
Spineto
Contrada Crocefisso
SR562
Scario
San Giovanni A Piro
Palazzone
SR562
1
2
3
4
5
6
7
baia degli Infreschi

Strand von Marcellino (nur im Sommer)
Einkehr

Brunnen in Scario
Trinkwasser

Auf dem Weg
1. Scario (3 m)
2. San Giovanni a Piro (458 m)
3. Santuario di Pietrasanta (523 m)
4. Aussichtspunkt (553 m)
5. Aussichtspunkt (551 m)
6. Aussichtspunkt (524 m)
7. Strand von Marcellino (16 m)

WEGBESCHREIBUNG

Wir starten in Scario **(1)** und folgen der asphaltierten Staatsstraße SS562/a in Richtung San Giovanni a Piro. Nach 10 km sanftem Anstieg mit traumhaften Ausblicken auf den Gipfel des Monte Bulgheria erreichen wir San Giovanni a Piro und nach der Ortschaft **(2)** geht es weiter in Richtung Santuario di Pietrasanta **(3)** auf der Via Variante per Pietrasanta nach links (die Wallfahrtskirche ist gut ausgeschildert). Hier folgen wir dann einer schmalen Straße, die leicht bergab zum ersten Aussichtspunkt **(4)** (bei den Antennen) führt. Auf den Gebirgsausläufer gelangen wir über einen ziemlich steilen (ca. km 14) Anstieg, oben angekommen können wir jedoch bei der traumhaften Aussicht auf die Küste von Masseta rechts und den Golf von Policastro und die Lucana-Küste links **(5)** ein wenig durchatmen. Auf der linken Seite kann man außerdem den Cristo di Maratea erkennen, die Strände Kalabriens und an klaren Tagen sogar das Profil des Stromboli. Nach einer kurzen Pause rollen wir auf dem gleichen Weg zurück und nach ca. 500 m biegen wir

Auf dem Weg zum Santuario di Pietrasanta (© *Antonello Naddeo*)

links auf den Schotterweg ab, der nicht ganz einfach durch die typisch mediterrane Macchienvegetation mit Ginster und wildem Rosmarin führt. Auf der linken Seite wird der Weg von einer Trockenmauer gesäumt, rechts von uns liegt ein grüner Kiefernwald. Der Schotterweg ist breit mit kompaktem Untergrund und vom Regen glattgeschliffenen Felsaufschlüssen. Am Gipfel des Hügels (höchster Punkt der Tour, 606 m) angekommen, vereinnahmt uns sofort die atemberaubende Landschaft **(6)** und nachdem wir uns sattgesehen haben, starten wir bergab in Richtung der Hochebene Pianoro di Ciolandrea, einer der schönsten Terrassen mit Blick auf das Tyrrhenische Meer. 300 m weiter halten wir uns an der Abzweigung rechts und folgen dem wunderschönen Weg über roten, erdigen Untergrund. Die Abfahrt wechselt sich mit nahezu ebenen Abschnitten ab und am km 18 stoßen wir bei einer Gruppe traditioneller, alter Bauernhäuser und einem Brunnen auf ein Hinweisschild zum Strand von Marcellino. Bevor man in Richtung Marcellino aufbricht sollte man gut abwägen, denn der Pfad ist schwierig, mit losen Stellen, Felsaufschlüssen und Steinen, die die Fahrt nicht gerade angenehm machen. Man sollte über eine gute Fahrtechnik verfügen, um diesen Abschnitt ohne größere Probleme bewältigen zu können. Unsere Empfehlung ist, auf dem gleichen Weg zurückzufahren und die steile Abfahrt zum Strand zu vermeiden. Wer sich für den Weg zum Strand von Marcellino entscheidet, der kann (nur in der Sommersaison) mit einem Boot-Shuttle zum Hafen von Scario übersetzen. Der Pfad beginnt auf der an-

Bike im Boot beim Rückweg vom Marcellino-Strand (© *Antonello Naddeo*)

deren Seite des Viehgatters, er ist sehr steil, schmal und kurvig und auf keinen Fall zu unterschätzen. Die Landschaften bis zum Strand sind jedoch wirklich fantastisch und einmal am „Franzosenstrand" angekommen, bleibt man wie hypnotisiert von der rauen Schönheit der Rinne des Marcellino, mit spitzen Felsnadeln und dichten Eichenwäldern. Ein erfrischendes Bad im kühlen Wasser der Masseta **(7)** ist schließlich der krönende Abschluss für diese tolle Tour. Achtung: Die Tour empfiehlt sich nur für erfahrene Biker, die ihr Rad auch auf ausgesetzten Stellen sehr gut unter Kontrolle haben.

ANMERKUNGEN

Anreise: Mit dem Zug kann man nach Sapri (15 km Entfernung, alle Züge) oder Policastro (nur Regionalbahn). Mit dem Auto: Autobahn A2, Ausfahrt Padula/Buonabitacolo. Nach der Ausfahrt links in Richtung Sarpi abbiegen und nach ca. 36 km an der Abzweigung in Richtung Scario für ca. 3 km.

Panorama auf die Küste von Masseta und den Golf von Policastro (© *Antonello Naddeo*)

OASI DEL CAPELLO

Radweg		0%
Asphaltierte Straße		64%
Betonierte/gepflasterte Straße		0%
Schotterstraße		0%
Saumpfad		0%
Pfad / Weg / Singletrail		36%

★★★★
Schönheit

Free Ride
Stil

Ganzjährig
Beste Jahreszeit

Tortorella Zentrum, 530 m
N40 08.474 E15 36.410
Startpunkt

690 m
Höchster Punkt

695 m
Höhenunterschied

12,8 km
Distanz

3 Std.
Wegdauer

★★★
Technische Schwierigkeit

★★
Körperlicher Anspruch

90%
Befahrbarkeit beim Anstieg

90%
Befahrbarkeit bei der Abfahrt

Ja – Nein
e-bike

Mittelmäßig
Handyempfang

Wir sind am Golf von Policastro. Unsere Tour beginnt in Tortorella und führt über einen anspruchsvollen Singletrail (weniger erfahrene Biker müssen eventuell stellenweise schieben) in das Tal Valle dei Mulini und danach über einen harten Anstieg bis zum Naturpark Oasi del Capello. Nach der Oase erwarten uns weitere, anstrengende Anstiege und Abfahrten, die lang, aber nicht sehr schwierig sind. An langen Sommertagen kann man die Strecke erweitern, dazu nimmt man den Schotterweg am Ortseingang von Tortorella und fährt in Richtung Südwesten bis zur Oasi di Morigerati und zum Schwindloch des Flusses Bussento, der hier im Inneren der Erde verschwindet und durch lange Tunnel und Höhlen fließt bis er sich schließlich in einem nicht begehbaren Siphon verschwindet. Die Tour wird durch den Abstecher natürlich länger, ist aber auf jeden Fall sehr lohnenswert.

WISSENSWERTES

Die WWF Oase von Morigerati erstreckt sich über eine Fläche von mehr als 600 Hektar und reicht bis zum Schwindloch des Flusses Bussento, der am Monte Cervati entspringt und hier, auf ca. 233 m Seehöhe, im Inneren der Erde verschwindet. Die Schluchten kann man zu Fuß über einen gut markierten Weg erreichen, der auch für Familien mit Kindern bestens geeignet ist. Der Eingang zur Höhle ist beeindruckend, 20 m hoch und 10 m breit. Über eine in den Felsen geschlagene Treppe und eine Holzbrücke gelangt man in die Höhle, man kann jedoch nicht mehr als ein paar Dutzend Meter hinein, dann endet sie mit einem Siphon. In der Naturoase gibt es einen Naturlehrpfad, einen Picknickplatz und man kann eine restaurierte und funktionierende Wassermühle aus dem 18. Jahrhundert bewundern. Die Oase ist von Mai bis Oktober täglich geöffnet.

WEGBESCHREIBUNG

Wir starten in Tortorella **(1)**, einem reizenden kleinen Dorf mit fürstlichen Villen und toller Aussicht auf das Tal des Flusses Bussento. Die schmalen Gassen dienen uns zum Aufwärmen, dann rollen wir berg-

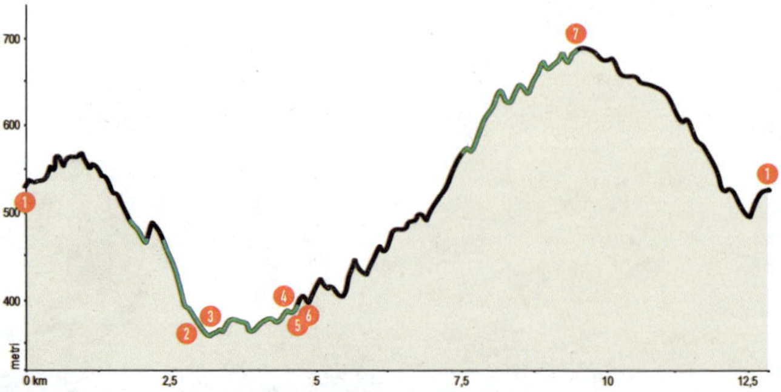

Cerreta
Monte Grosso
CASALETTO SPARTANO
SP16
Sisamo
Torrente Bussentino
Battaglia
Chiesa Sant'Antonio
Tortorella
Caselle
San Nicola
Torraca
1
2
3
4
5
6
7
300 m
400 m
500 m
600 m
700 m
800 m
900 m
1000 m
1100 m
1200 m
1300 m

Keine

Einkehr

Brunnen an der Piazza di Tortorella und Fontana del Capello

Trinkwasser

Auf dem Weg

1. Tortorella (530 m)
2. Valle dei Mulini (361 m)
3. Steinbrücke über den Torrente Bussentino (360 m)
4. Eingang Oasi del Capello (392 m)
5. Wasserfall Capelli di Venere (415 m)
6. Fontana del Capello (396 m)
7. Ausblick auf den Monte Cocuzzo (685 m)

ab auf der alten, mit Steinen gepflasterten Straße bis zum Ortsausgang. Links der asphaltierten Straße müssen wir ein kurzes Stück steil bergab, um auf einen schmalen Schotterweg zu gelangen, der uns ins Valle dei Mulini bringt **(2)**. Wir stoßen schon bald auf die ersten Schwierigkeiten. Der Singletrail ist hart, es gibt zahlreiche glattgeschliffene Felsaufschlüsse, die Stufen bilden und nicht ganz einfach zu interpretieren sind. Bei der Steinbrücke **(3)** (km 3, niedrigster Punkt der Tour) biegen wir rechts ab und folgen den Schildern, die auf die alten Mühlen hinweisen. Der Trail führt an einem Felsstreifen vorbei und über einige Stufen bis zu einer Abzweigung, an der wir rechts bergauf fahren. Die Steigung, der steinige Untergrund und die engen Kehren machen den Anstieg ziemlich anstrengend. Wir erreichen ein Gebiet, durch das der Bussento fließt, der Pfad ist daher besonders feucht und rutschig. Nachdem wir eine Holzbrücke überquert haben stoßen wir auf einen ersten Wasserfall, der ein großes, natürlichen Schwimmbecken füllt. Am km 4,6 sind wir am Eingang zur Oasi del Capello **(4)**, wo man das Naturschauspiel der Wasserfälle bewundern kann, die viele kleine Wasserläufe bilden, die wiederum über den „sorgitore" (eine Struktur, die das Wasser aus der Quelle von „Melette" abzweigt) in den weiter unten verlaufenden Rio Casaletto abfließen (wird auch Rio Bussentino genannt, ein Zufluss des Bussento). Der Name der Oase geht auf die Pflanze zurück, auf die der Wasserfall hinabströmt, die sogenannte „capelvenere" **(5)** (Frauenhaarfarn). Wir füllen an der Quelle des Capello **(6)** unsere Trinkwasserreserven auf und folgen der asphaltierten Straße (Battaglia-Fortino) mit anhaltender Steigung. Nach vier Kehren, am km 7,4, nehmen wir den Schotterweg mit kompaktem Untergrund, auch hier macht sich die Steigung langsam immer stärker bemerkbar. Wer den Blick hebt, der kann die traumhafte Aussicht auf den Monte Cocuzzo **(7)** (1387) genießen. Am Ende des Schotterweges sind wir am höchsten Punkt der Tour auf einer Höhe von 690 m, danach rollen wir auf der kaum befahrenen, asphaltierten Straße für 4 km zurück nach Tortorella.

ANMERKUNGEN

Anreise: Autobahn A2 del Mediterraneo, Ausfahrt Buonabitacolo-Padula und weiter auf der SS517 bis nach Caselle in Pittari; dann auf der Privinzstraße SP16 bis Casaletto Spartano. Wer von Süden kommt, nimmt die Ausfahrt Lagonegro und fährt dann auf der SP349 bis Casaletto Spartano.

Zwischen den fürstlichen Villen von Tortorella (© *Antonello Naddeo*)

Das Wasser ist das gestaltende Element in der Oase Capelli di Venere (© *Antonello Naddeo*)

VALLE DEL CALORE ALBURNI

Hauptdarsteller in diesem Gebiet ist der Fluss Calore, der am Gipfel des Cervati entspringt und sich wie ein silbernes Band durch das Tal bis zur Mündung von Sele zieht. Das Tal liegt im Schutz des Massivs der Alburni, dessen Gipfel man bereits auf dem Weg in Richtung Süden auf der Autobahn erkennen kann. Wegen der charakteristischen weißen Kalksteinformation wird die Kette der Alburni wird auch „Dolomiten des Südens" genannt. Das Gebiet der Alburni und des Calore Tals umfasst die Gemeinden von Albanella, Altavilla, Aquara, Bellosguardo, Campora, Capaccio, Castel San Lorenzo, Castelcivita, Controne, Corleto Monforte, Felitto, Giungano, Laurino, Magliano Vetere, Monteforte Cilento, Ottati, Petina, Piaggine, Postiglione, Roccadaspide, Roscigno, Sacco, Sant'Angelo a Fasanella, Serre, Sicignano degli Alburni, Stio, Trentinara und Valle dell'Angelo. Im Territorium der Alburni rollen wir durch weitläufige Buchenwälder und grüne Senken, auf denen Kühe und freilaufende Pferde weiden. Es gibt zahlreiche Dolinen, Schluck- und Schwindlöcher und Höhlen, die interessant und sehr beeindruckend sind. Landwirtschaft wird hier noch großgeschrieben und die lokale Küche ist ausgezeichnet, mit zahlreichen typischen Produkten und Gerichten. Wir können fantastische Naturlandschaften entdecken, wie beispielsweise die Gegend von Felitto, wo sich der Fluss Calore durch hohe Schluchten und dichte Wälder schlängelt. Das Wasser hat den Felsen hier sehr charakteristische Formen gegeben und wirk-

lich beeindruckende Canyons geschaffen. Im Gebiet von Castelcivita können wir einen Abstecher zu den berühmten Höhlen, die auch „Grotte di Spartaco“ genannt werden, machen. Auf den hohen Ebenen des Alburni-Gebirges tummeln sich die Rinder Rasse Podolica, die ausgezeichnetes Fleisch für die lokalen Köstlichkeiten und die Milch für den berühmten Käse „Caciocavallo“ und leckere Ricotta-Zubereitungen liefern. Nicht zu vergessen Roscigno Vecchia, ein verlassener Weiler und ein Freiluftmuseum, das zum Weltkulturerbe der Unesco gehört und auch als „Pompei des 20. Jahrhunderts“ bezeichnet wird. Und dann ist da noch die Felsskulptur Antece, die einen Lukanischen Krieger darstellt, der am Gipfel der Costa Palomba über das Tal wacht. Im Gebiet der Alburni gibt es zahlreiche Felsenheiligtümer, das wichtigste und größte ist die Grotta di San Michele in Sant'Angelo a Fasanella. In der Nähe der Ortschaft Sacco können wir die Schluchten des Sammaro erkunden, sie gehören zu den wichtigsten Karstformationen Europas.

In den Alburni und dem Tal des Calore gibt es unzählige Möglichkeiten für MTB-Touren in allen Schwierigkeitsstufen, die viel Spaß versprechen, aber auch reich an Natur, Kultur und Geschichte sind. Jedes Dorf und jeder Aussichtspunkt verdient einen Besuch und man sollte sich die Zeit nehmen um einen fantastischen Urlaub zwischen „slow“ und „flow“ in vollen Zügen genießen zu können.

Ein Krieger aus Stein: Antece (© *Antonello Naddeo*)

CAMPORA - RUNDTOUR

Radweg		0%
Asphaltierte Straße		67%
Betonierte/gepflasterte Straße		0%
Schotterstraße		2%
Saumpfad		0%
Pfad / Weg / Singletrail		31%

★★★★
Schönheit

Freeride
Stil

Frühjahr bis Herbst
Beste Jahreszeit

Piazzetta di Campora, 522 m
N40 18.377 E15 17.583
Startpunkt

1014 m
Höchster Punkt

968 m
Höhenunterschied

25,80 km
Distanz

4,30 Std.
Wegdauer

★★★★
Technische Schwierigkeit

★★★★
Körperlicher Anspruch

95%
Befahrbarkeit beim Anstieg

90%
Befahrbarkeit bei der Abfahrt

Ja - Nein
e-bike

Keiner
Handyempfang

Unsere Tour beginnt in Campora und führt durch traumhafte Landschaften bis zur Kapelle Cappella di S. Elena, wobei wir den Blick über die umliegenden Gipfel von Monte Ausinito (in Richtung Piaggine) und Scanno del Tesoro schweifen lassen können. Es geht vorbei an der Grava di Vesalo, einer besonders tiefen Höhle, deren vertikale Wände am Eingang mehr als 70 m hoch sind. Nicht weit entfernt fließt der Fluss Milenzo, dessen Wasser schließlich in das Schwindloch hinabstürzt und im Inneren der Erde verschwindet. Nach der Höhle geht es auf einem Schotterweg bis zur Bergstraße zwischen Piaggine und Laurino und über eine mittelalterliche Brücke. Wir kommen an Verschiedenen Picknickplätzen mit Trinkwasserbrunnen, sowie an kleineren Wildbächen vorbei, bevor es zurück nach Campora geht. Eine sehr lange und abwechslungsreiche Tour.

WISSENSWERTES

Die Grava di Vesalo ist ein riesiges Schwindloch, das auf einer Höhe von ca. 1000 m an der Grenze der Gemeinden Laurino und Valle dell'Angelo und ca. 13 km von Laurino entfernt liegt. Die Grava ist eine Kalksteinhöhle mit zwei Kammern (43m und 100 m tief) und einer tunnelartigen Grotte am Ende, wo das Wasser des Flusses Milenzio einen unterirdischen See bildet. Auf den Eingang zur Grava weist ein einsames Holzschild am Fuße einer alten Buche mitten im Wald hin: „Benvenuti alla Grava di Vesalo". In dem riesigen Schlund gibt es zahlreiche Löcher, Wasserfälle und kleinere Seen. Die meisten Höhlen dieser Art können nur von erfahrenen Speläologen besichtigt werden.
Für unsere Tour empfiehlt sich eine Mittagspause, bei der man typische Köstlichkeiten probieren kann, das berühmteste Gericht dieser Gegend ist die sogenannte „Ciccimaretati", eine Suppe mit verschiedenen Hülsenfrüchten.

WEGBESCHREIBUNG

Wir starten am Platz von Campora **(1)**, einem Dorf, das auf 500 m Höhe auf einem Hügel über dem Tal des Trenico (Zufluss des Calore)

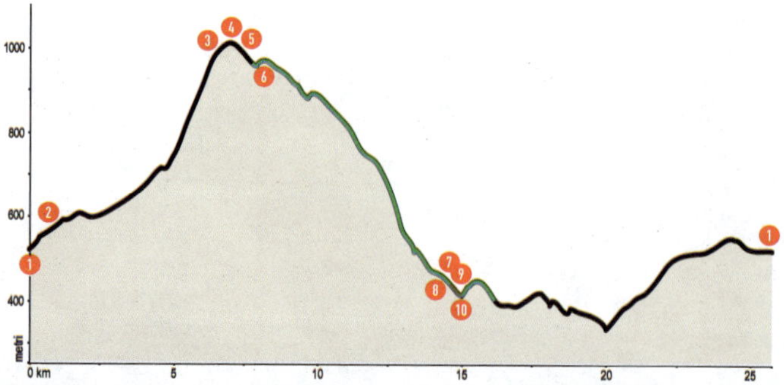

Laurino
Valle dell'Angelo
SP11d
SR488
SP142
Fiume Calore
Campora
Garmignano
2
3
4
5
6
7
8
9
10

Keine; verschiedene Picknickplätze

Einkehr

Brunnen am Platz von Campora; am km 7; Tränke am km 7.5; am km 14

Trinkwasser

Auf dem Weg

1. Piazzetta di Campora (522 m)
2. Kapelle Madonna della Neve (578 m)
3. Alter Steinbrunnen (990 m)
4. Ebene mit Tränke (1011 m)
5. Buchenwald und Weg zur Grava di Vesalo (956 m)
6. Grava di Vesalo (961 m)
7. Kapelle Sant'Elena (437 m)
8. Mittelalterliche Brücke (432 m)
9. Località Gorgonero, Quelle (429 m)
10. Mittelalterliche Bogenbrücke (414 m)

liegt, umgeben von einer tiefen Karstschlucht. Zu Beginn fahren wir auf einer verkehrsarmen Asphaltstraße leicht bergauf und an der ersten Abzweigung halten wir uns links (km 0,5). Wir kommen an der Cappella della Madonna della Neve **(2)** aus dem Jahr 1779 vorbei und nach ein paar Kilometern stoßen wir auf einen Picknickplatz an einem kleinen See mitten im Grünen. In Carmignano biegen wir an der Abzweigung rechts ab und treten steil bergauf bis zum km 7 (asphaltierte Straße durch die Natur, Autos fahren hier keine). Es wechseln sich sehr steile und weniger steile Abschnitte ab und der Schatten der Bäume macht uns den Anstieg ein wenig leichter. Wenn man den Schotterweg nach links nimmt, stößt man auf einen alten Brunnen **(3)**, an dem man die Trinkwasserreserven auffüllen kann. Zurück auf dem Hauptweg, fahren wir weiter bergauf bis zum höchsten Punkt der Tour auf einer Höhe von 1019 m. Auf der Provinzstraße rollen wir dann bergab, halten uns an der Abzweigung rechts, erreichen eine weitläufige Lichtung **(4)** und biegen 500 m weiter nach links auf den Schotterweg ab, der in einen dichten Wald führt **(5)**. Auf dem Weg geht es leicht bergauf bis zur dem riesigen Schluckloch namens Gava di Vesalo **(6)**, eine der wichtigsten Karstformationen Süditaliens. Der Wald liegt im Gebiet an der Grenze der Gemeinden Campora und Laurino und nach einem kurzen ebenen

Der Wald der Grava di Vesalo (© *Antonello Naddeo*) →

Auf der mittelalterlichen Brücke (© *Antonello Naddeo*) ↓

Abschnitt erreichen wir eine Hochebene. Hier beginnt der beste Trail der Tour: ein schmaler Singletrail über lose Steine und Felsaufschlüsse. Das Geröll nimmt zu je weiter wir in den Wald kommen und manchmal ist das Fortkommen nicht ganz einfach. Hier ist Vorsicht angebracht! Der letzte Abschnitt in Richtung Laurino ist reich an Natur, Geschichte und Kultur. Pflastersteine und breite, ca. 20 cm hohe Stufen führen uns zur Kapelle Sant'Elena **(7)** (km 14) und zu einer kleinen mittelalterlichen Brücke **(8)**. Der Saumpfad, auf dem wir unterwegs sind war in der Vergangenheit ein wichtiger Verbindungsweg zwischen den Dörfern und wurde von den Bauern genutzt, um ihr Vieh auf die Weiden zu treiben. Nach der Kapelle geht es unterhalb des Hangs von Sant'Elena weiter in den Bezirk Gorgonero und bis zur Brücke, unter der wir ein fantastisches Wasserspiel beobachten können. Unter der Brücke kann man zu Fuß ein Stück in die Karstschlucht, wo man auf kristallklares Quellwasser **(9)** stößt, das weiter

unten in den Fluss Calore fließt. Wir folgen dem Pfad am Fluss entlang, halten eine Höhe von ca. 400 m und müssen stellenweise schieben, da es einige unüberwindbare, felsige Stellen gibt. Nach 2 km sind wir auf der Straße und nicht weit entfernt liegt eine der schönsten Mittelalterbrücken des Naturparks **(10)**. Eine tolle Bogenbrücke, ganz in der Nähe des Picknickplatzes Ortaglie. Auf der Provinzstraße SP11/c fahren wir im Auf und Ab weiter bis zum km 21, hier biegen wir an der Abzweigung auf die Provinzstraße SP142 ab und treten die letzten Meter bergauf in Richtung Campora.

ANMERKUNGEN

Anreise: A2 del Mediterraneo, Ausfahrt Battipaglia und weiter auf der SS18 bis Capaccio Scalo; dann auf der SS16 weiter und schließlich auf der SS448 bis zur Abzweigung von Stio. Mit dem Zug: Der Nächstgelegene Bahnhof ist der von Vallo Scalo.

Mittelalterliche Bogenbrücke (© *Antonello Naddeo*)

29 Valle del Calore Alburni

MONTE CHIANIELLO RUNDTOUR

Radweg		0%
Asphaltierte Straße		42%
Betonierte/gepflasterte Straße		0%
Schotterstraße		48%
Saumpfad		0%
Pfad / Weg / Singletrail		10%

★★★
Schönheit

Cross Country
Stil

Ganzjährig
Beste Jahreszeit

Monteforte Cilento, 578 m
N40 21.840 E15 11.677
Startpunkt

916 m
Höchster Punkt

1062 m
Höhenunterschied

21,8 km
Distanz

3 Std.
Wegdauer

★★★
Technische Schwierigkeit

★★★
Körperlicher Anspruch

95%
Befahrbarkeit beim Anstieg

95%
Befahrbarkeit bei der Abfahrt

Ja - Nein
e-bike

Spärlich
Handyempfang

Diese Tour ist wie eine Achterbahnfahrt mitten in der Natur. Erst eben und auf Asphalt und mit einem traumhaften Panorama. Nach ca. 4 km geht es dann über einige, ziemlich anstrengende Kehren bergauf. Der Asphalt geht schließlich in einen kompakten, kiesigen Schotterweg über, der uns bis zum höchsten Punkt der Tour auf 896 m Höhe führt. Die folgende Abfahrt ist am Anfang nicht besonders steil, dann wird sie jedoch anspruchsvoller und führt uns in den Kastanienwald von Magliano Vetere. Im Herbst muss man hier auf die Schalen der Kastanien aufpassen, sie könnten unseren Reifen gefährlich werden. Auf einer Höhe von 638 m angelangt, treten wir dann wieder bergauf bis zum Ort „Quercia nel pozzo" und stürzen uns schließlich in den finalen Singletrail mit Stufen und Geröll. Die Strecke ist sehr abwechslungsreich und macht daher besonders viel Spaß.

WISSENSWERTES

"La quercia nel pozzo"

Die Legende erzählt, dass im Mittelalter ein Junge namens Francesco beim Spielen in den Brunnen fiel. Seine Freunde holten Hilfe und schnell kamen die Bauern herbeigerannt. Einer der Bauern, Donato, zögerte nicht und sprang in den Brunnen, um das Kind zu retten. Er band den Jungen an ein Seil, so dass man ihn herausziehen konnte. Donato jedoch verletzte sich am Kopf, konnte sich nicht am Seil festhalten und ertrank im Brunnen. An diesem Tag begann eine große und starke Eiche zu wachsen, die bis heute an diesem Ort steht.

WEGBESCHREIBUNG

Wir starten in Monforte Cilento **(1)**, einem kleinen Dorf auf einer Höhe von 600 m über dem Tal des Alento. Auf der Terrasse im Ortskern hat man Blick auf den Staudamm und das ganze Tal. Am zentralen Platz **(2)** im hinteren Teil der Ortschaft, auf einer Höhe von 606 m, folgen wir der asphaltierten Straße, biegen links ab und fahren geradeaus bis zum Bezirk Capizzo. Schnell breitet sich das Gefühl aus, fernab der städtischen Betriebsamkeit zu sein und auf der rechten Seite fällt der Blick auf ein

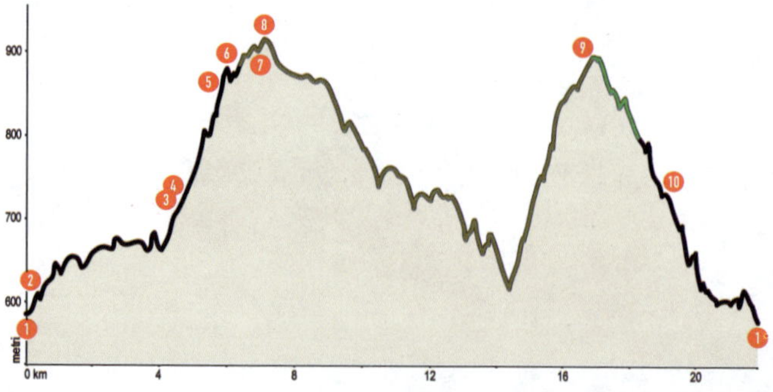

ROCCADASPIDE
Castel San Lorenzo
Fiume Calore
Felitto
Monteforte Cilento
Capizzo
Magliano Vetere
Magliano Nuovo
Fiume Alento

Keine

Einkehr

Brunnen am Platz von Monteforte Cilento und in Santa Lucia

Trinkwasser

Auf dem Weg

1. Monteforte Cilento (578 m)
2. Zentraler Platz von Monteforte Cilento (579 m)
3. Magliano Vetere (709 m)
4. Brunnen Santa Lucia (750 m)
5. Blick auf die Schluchten des Calore (819 m)
6. Rupa della Noce (1120 m)
7. Kastanienwald Magliano Vetere (897 m)
8. Höchster Punkt (916 m)
9. „Quercia nel Pozzo" (887 m)
10. Aussichtspunkt (730 m)

traumhaftes Tal mit grasendem Vieh auf idyllischen Weiden. Nach dem ersten ebenen Abschnitt biegen wir am km 4 bei Magliano Vetere **(3)** links ab und treten mühsam bergauf. Nach einigen Kehren machen wir an der letzten Kurve an dem Brunnen Fontana di Santa Lucia halt, um die Trinkwasserreserven aufzufüllen **(4)**. Nach Osten hin öffnet sich hier ein atemberaubendes Panorama auf die berühmten Schluchten des Calore **(5)** und auf der linken Seite erhebt sich die „Rupa della Noce" **(6)**. Der Asphalt geht jetzt in einen breiten, kiesigen Schotterweg über und wir rollen jetzt schnell im Auf und Ab dahin. Der Untergrund auf dem Weg ist kompakt und steinig und höchsten Punkt **(7)** (886 m) angekommen, beginnen wir die Abfahrt, die bis zum km 9 kein bemerkenswertes Gefälle aufweist. Das Gefälle wird langsam stärker und der variierende und stellenweise instabile Untergrund (größere Steine machen den Störenfried) erfordert einiges an Aufmerksamkeit. Schnell erreichen wir den Kastanienwald von Magliano Vetere **(8)**, dem Reich der unangefochtenen Herrscherin, der Kastanienart IGP Marrone di Rossadaspide. Der Wald des Monte Chianiello zeigt sich in seiner ganzen Schönheit: Eichen, Zerreichen, Kastanien und die typischen mediterranen Macchienge-

Der schweißtreibende Anstieg zum Gipfel (© *Antonello Naddeo*)

wächse, auf den Bergkämmen dagegen übernehmen die Felsen das Zepter. Es geht bergab, nach ca. 260 m Höhenunterschied sind wir auf einer Höhe von 638 m und treten erneut bergauf. Der Anstieg nach der spaßigen Abfahrt hat es von Anfang an in sich, 2,5 km um eine Höhe von 898 m zu erreichen. Einige Kehren begleiten uns schließlich bis zu dem Ort mit der famosen Eiche, „Pozzo di Valli Cioffi" oder auch „La Quercia nel Pozzo" **(9)**. Oben angekommen, biegen wir links ab und rollen erneut bergab. Am km 18 beginnt auf der rechten Seite der Singletrail **(10)**, dem wir über Stufen und Geröll bergab folgen. Die Stufen sind verschieden hoch, manchmal höher als 30 cm, und nicht immer ganz einfach zu überwinden. Bikespaß ist aber auf jeden Fall garantiert. Aufmerksamkeit ist dennoch gefragt, die Holzstufen könnten rutschig sein. Auf dem Trail erwarten uns stets neue Hindernisse, dazu gehören auch versteckte Steine, die einem das Leben schwermachen könnten. Nach 3 km stoßen wir auf Asphalt und radeln zurück in Richtung Ausgangspunkt. Als verdienter Abschluss für diesen Tag im Sattel fehlen dann nur noch ein Teller des typischen Pastagerichts „cavatelli alla Maglianese con ragù di castrato" und ein Glas Wein.

ANMERKUNGEN

Anreise: Mit dem Auto auf der A2 del Mediterraneo, bis zur Ausfahrt Battipaglia und weiter auf er SS18 bis nach Capaccio Scalo. Den ersten Kreisverkehr überqueren, dann in Richtung Via Sandro Pertini abfahren und auf der Via Pietrale/SS166 weiter. Dann rechts auf die Provinzstraße SP13, danach Via Cupone, Via Scorziello, Via Di Milito und Contrada Creta Rossa bis zur Via Cancelli. Stets auf der SP13 bleiben. Entfernung von Battipaglia: ca. 43 km. Mit dem Zug: der nächstgelegene Bahnhof ist der von Capaccio-Roccadaspide.

Die finale Abfahrt nach Monforte Cilento (© *Antonello Naddeo*)

30 Valle del Calore Alburni

DIE SCHLUCHTEN VON FELITTO

Radweg	0%
Asphaltierte Straße	55%
Betonierte/gepflasterte Straße	0%
Schotterstraße	0%
Saumpfad	0%
Pfad / Weg / Singletrail	45%

★★★★
Schönheit

Cross Country
Stil

Ganzjährig
Beste Jahreszeit

Oasi di Felitto Località Remolino, 207 m
N40 22.022 E15 15.227
Startpunkt

916 m
Höchster Punkt

1675 m
Höhenunterschied

38,5 km
Distanz

3,30 Std.
Wegdauer

★★★
Technische Schwierigkeit

★★★★
Körperlicher Anspruch

98%
Befahrbarkeit beim Anstieg

98%
Befahrbarkeit bei der Abfahrt

Ja – Nein
e-bike

Spärlich
Handyempfang

Die Tour führt in die Natur-Oase „Oasi di Felitto" in der Gemeinde Remolino, nahe den Schluchten Gole del Calore. Wir befinden uns im Nationalpark des Cilento, Vallo di Diano und Alburni, zwischen engen Schluchten mit Flüssen, Wasserfällen, sprudelnden Quellen und Siphons. Felitto ist ein kleines Paradies und Ziel zahlreicher Sportler, ein idealer Ort für Trekking, Canyoning, Bird watching, Kajak und natürlich Mountainbiken. In der Nähe der Oase, am Zusammenfluss von Calore und Fosso Remolino liegt der Staudamm, von dem man einen tollen Ausblick auf den Wasserlauf und blühende Naturlandschaften hat. Der erste Abschnitt der Tour führt mit markanter Steigung über asphaltierte Straßen bergauf, danach rollen wir über breite Waldwege mit kompakten Untergrund und gutem Grip, nur manchmal stoßen wir auf lose Steine. Im Herbst und Winter erschweren Pfützen, Äste und Laub das Fortkommen. Vorsicht ist jedoch das ganze Jahr über gefragt, vor allem bei der Abfahrt.

WISSENSWERTES

Der Fluss Calore entspringt am Monte Cervati, dem größte Massiv Kampaniens (1898 m), und fließt ca. 8 km vom Meer von Paestum entfernt mit dem Fluss Sele zusammen. Der gut 62 km lange Fluss zieht sich im oberen Teil durch fünf außergewöhnlich schöne Schluchten von großem naturalistischen Wert. Die zweite Schlucht liegt im Gebiet der Gemeinde Felitto, man kann sie über Wanderwege von oben, aber auch über den Wasserweg auf dem Fluss erreichen. Im Sommer ist die Wassermenge durch den Staudamm verringert und man kann sich mit dem Kanu oder Tretboot auf den Weg in eine sagenhaft schöne und wilde Naturlandschaft machen. Man kann auch am Fluss entlang spazieren gehen, der Wanderweg führt bis zur Brücke von Pietraletta. Wenn man auf der Seite von Felitto dem Flusslauf folgt, stößt man auf zwei charakteristische Wassermühlen.

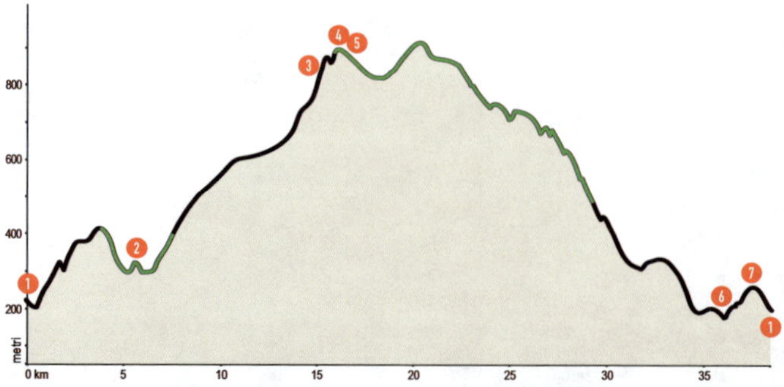

Aquara
SR448
SP44
ROCCADASPIDE
SS166
Castel San Lorenzo
SS166
Torrente Pietra
Fiume Calore
SR448
6
Felitto
7
SR448
Monteforte Cilento
5
4
3
SP13b
Capizzo
2
Magliano Vetere
Magliano Nuovo
Fiume Alento
SR448
Gorga
Stio
Campora
SP56a
Piano-vetrale
SP47
Orria

In Remolino gibt es ein Kiosk, nur im Sommer geöffnet
Einkehr

In Remolino, in Magliano Vetere und am Gipfel der Località Piano Ceraso Nero
Trinkwasser

Auf dem Weg
1. Oasi di Felitto Località Remolino (207 m)
2. Mittelalterliche Brücke (314 m)
3. Aussichtspunkt (819 m)
4. Kastanienwald von Magliano Vetere (896 m)
5. "Patriarca di Magliano" (874 m)
6. Ausblick auf der mittelalterlichen Brücke (191 m)
7. Felitto (253 m)

WEGBESCHREIBUNG

Wir starten an der „Oasi di Felitto" in Remolino **(1)**, biegen sofort rechts ab und fahren bergauf. Die ersten 4 km auf Asphalt sind nicht gerade einfach, dann biegen wir auf den Schotterweg nach rechts ab, der uns zu einer mittelalterlichen Brücke **(2)** führt, an der man den traumhaften Ausblick auf die Schluchten genießen kann. Wir folgen dem Schotterweg bis zum km 7,6, hier geht es auf Asphalt weiter bis nach Magliano Nuovo. Obligatorisch ist die Pause am Brunnen an der Kreuzung mit der Provinzstraße SP13b (km 10), danach fahren wir weiter in Richtung Magliano Vetere. Am km 14 biegen wir rechts ab und treten bergauf in Richtung des Waldes von Magliano. Die Steigung hat es in sich und wir kommen nur sehr langsam voran. Der Anstieg ist hart, aber das langsame Tempo ermöglicht auch den ein oder anderen Blick auf das traumhafte Tal unter uns **(3)**. Am Brunnen Fontana di Santa Lucia können wir dann unsere Trinkwasserreserven auffüllen und einen Augenblick den fantastischen Ausblick auf die Schluchten des Calore auf der rechten Seite genießen. Im schnellen Auf und Ab geht es dasnn über kompakten und steinigen Untergrund weiter auf der Bergstraße Piano Ceraso Nero.

Auf der mittelalterlichen Brücke von Magliano (© *Antonello Naddeo*)

Beim bergab Fahren sollte man gut aufpassen, denn instabile Stellen und querlaufende Furchen könnten bei hoher Geschwindigkeit Probleme bereiten. Vor allem kleinere Kiesanhäufungen in den Kurven können tückisch sein. Wer in der Lage ist, sein Gewicht richtig nach hinten zu verlagern und somit das Steckenbleiben des Vorderrades zu vermeiden, ist hier eindeutig im Vorteil. Schnell sind wir im Kastanienwald von Magliano Vetere **(4)**, dem Reich der Kastanienart Igp Marrone di Roccadaspide. Wer gut aufpasst, wird zwei ineinander verschlungene Kastanienbäume entdecken, sie bilden den sogenannten „Patriarca di Magliano" („Patriarch von Magliano") **(5)**, da sie größer sind als die anderen Bäume dieser Zone. Jetzt erwartet uns eine lange und adrenalinlastige Abfahrt: ca. 14 km zwischen Buchen und Kastanien, kompakter Untergrund, das ein oder andere natürliche Hindernis und Abschnitte über Geröll. Aufpassen, dass die Bremsen nicht überhitzen. Ein kurzer Stopp an der Brücke **(6)**, um das Panorama auf die Schluchten ein letztes Mal zu genießen, und schon sind wir in Felitto **(7)**, einem reizenden, kleinen Dorf mit mittelalterlichem Flair. Es geht nochmal bergab, nochmal steil bergauf und schließlich zurück nach Remolino, wo wir unsere Tour am Flussufer mit einem Teller Pasta (Fusilli di Felitto) ausklingen lassen können.

ANMERKUNGEN

Anreise: Felitto liegt ca. 75 km von Salerno entfernt, man erreicht den Ort über die A2 del Mediterraneo, Ausfahrt Battipaglia und weiter auf der SS18 bis nach Capaccio Scalo, hier auf der SS166 degli Alburni bis zum km 22, danach weiter auf der SS488 und den Hinweisen Nach Felitto folgen. Dort angekommen, weiter bis zur „Oasi di Remolino".

Der Canyon des Calore (© *Antonello Naddeo*)

GEISTERSTÄDTE UND DIE SCHLUCHTEN DES SAMMARO

Radweg		0%
Asphaltierte Straße		64%
Betonierte/gepflasterte Straße		0%
Schotterstraße		9%
Saumpfad		0%
Pfad / Weg / Singletrail		26%

★★★★
Schönheit

Cross Country
Stil

Frühjahr-Herbst
Beste Jahreszeit

Altstadt Bellosguardo, 510 m
N40 25.304 E15 19.148
Startpunkt

763 m
Höchster Punkt

1026 m
Höhenunterschied

24 km
Distanz

4 Std.
Wegdauer

★★★
Technische Schwierigkeit

★★★★
Körperlicher Anspruch

90%
Befahrbarkeit beim Anstieg

90%
Befahrbarkeit bei der Abfahrt

Ja - Nein
e-bike

Spärlich
Handyempfang

Diese Tour führt uns zu zwei verlassenen Dörfern, die einzigartig sind: Roscigno Vecchia, das auch als das Pompei des 19. Jahrhunderts bekannt ist, und Sacco Vecchia an den Hängen des Monte Motola. Die erste Etappe ist Roscigno, das ab dem Ausgangspunkt ganz einfach erreichbar ist. Danach erkunden wir die Schluchten des Sommaro (Gole del Sommaro), wobei Vorsicht angebracht ist, denn die Felsen sind sehr rutschig (besser ohne Bike). Am Ende führt uns die Strecke in den verlassenen, alten Weiler Sacco Vecchia, auf einem Schotterweg, der durch Geröll und zahlreiche Furchen besonders schwierig und anstrengend ist. Hier kann man inmitten der blühenden Natur noch sehr gut die Ruinen erkennen, die auf die Zeit der Langobarden zurückgehen. Beim Rückweg erwarten und jede Menge Stufen und Bikespaß, danach geht es geradewegs zurück nach Bellosguardo.

WISSENSWERTES

Roscigno Vecchia ist ein Geisterdorf, verlassen seit Beginn des 20. Jahrhunderts, da der Ort von ständigen Erdrutschen bedroht war. Das neue Dorf liegt gerademal einen Kilometer von dem alten entfernt. Die einzige Einwohnerin, die hier bis vor wenigen Jahren noch lebte hieß Dorina, und auch heute ist das Dorf nicht komplett unbewohnt: Es gibt ein Besucherzentrum, ein Museum, in dem alte Gegenstände ausgestellt werde und den ein oder anderen Bauern, der die alten Häuser als Lager, Heuschober oder Stall verwendet. Das Symbol von Roscigno ist die riesige Ulme in der Mitte des Marktplatzes. Die einfachen Häuser, die Villen, verfallene Kapellen und die Kirche aus dem 18. Jahrhundert machen aus dem Dorf ein einzigartiges Freiluftuseum. Gassen, Rampen, Bögen und Trockenmauern vollenden das Bild von diesem, von Stille geprägten Ort, der zum Weltkulturerbe der Unesco gehört. Die Zeit scheint hier stehen geblieben zu sein.

WEGBESCHREIBUNG

Wir starten in Bellosguardo **(1)** (567 m) und fahren auf Asphalt für ca. 1 km bis zu der Abzweigung am Friedhof, an der wir dem Schotterweg

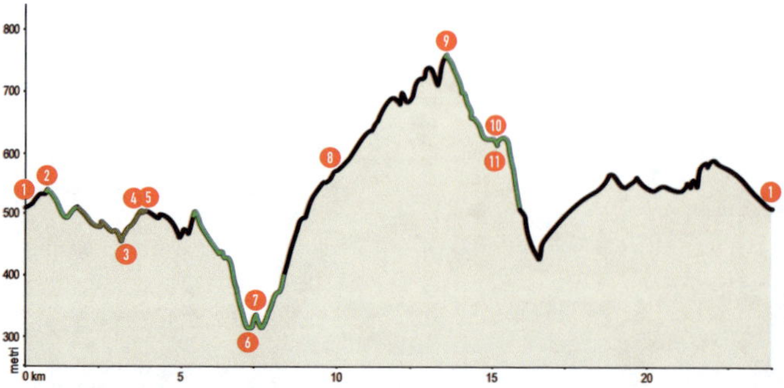

Bellosguardo
Roscigno Vecchio
Roscigno
Sacco
Villa Littorio
2
3
4
5
6
7
8
9
10
11

Keine; ein paar Bars in Sacco Nuova und Roscigno Nuova
Einkehr

Alter Brunnen von Roscigno Vecchia; in Sacco und Roscigno Nuova
Trinkwasser

Auf dem Weg
1. Ortskern Bellosguardo (510 m)
2. Via degli Stranieri (540 m)
3. Roscigno Vecchia, "Bosco Pianarelle" (469 m)
4. Alter Brunnen von Roscigno Vecchia (502 m)
5. Kapelle Santa Maria dei Martiri - "La Madonna dei fichi" (504 m)
6. Brücke über den Sammaro (313 m)
7. Gole del Sammaro (315 m)
8. Ortskern Sacco (576 m)
9. Höchster Punkt (763 m)
10. Ruinen des alten Dorfes Sacco Vecchia (615 m)
11. Ruinen der Burg von Duca Zottone di Benevento (611 m)

nach rechts folgen. Der Weg namens „Via degli Stranieri“ **(2)** führt leicht bergab und nach 4 km erreichen wir das verlassene Dorf Roscigno Vecchia im Ortsteil „Bosco Pianarelle“ **(3)**. Im Zentrum stoßen wir auf den alten Brunnen **(4)**, danach verlassen wir das Dorf und folgen der Via Imbriani, vorbei an der Cappella di Santa Maria dei Martiri - „La Madonna dei fichi“ **(5)**. Wir folgen der asphaltierten Straße im Anstieg bis nach Giummato, hier geht es dann auf Schotter weiter. Bei Fluss Sommaro könnten der lose Untergrund, Felsbrocken und Felsaufschlüsse Probleme bereiten. Am besten, man steigt ab und schiebt oder schultert das Bike (für ca. 50 m). An der Brücke über den Sommaro **(6)** angekommen, folgen wir dem Flusslauf bis zu den Quellen (in Innere der Schluchten kann man nur zu Fuß) **(7)** auf der Straße, die gleich nach der Brücke (Hinweisschild) links abzweigt. Die Schluchten des Sommaro sind ein wirklich einzigartiges Naturschauspiel, mit den typischen Karstformationen des Cilento und rauschendem, kristallklarem Wasser, das die Felsen spiegelglatt geschliffen hat. Der schmale Singletrail führt bis zu den Schluchten und ist sehr rutschig. Nach einem Abstecher in die

Zwischen den verlassenen Häusern von Roscigno Vecchia (© *Antonello Naddeo*)

Schluchten fahren wir auf dem gleichen Trail zurück und treten auf einem ziemlich steilen Pfad bergauf. Nach 4 km Anstieg erreichen wir Sacco **(8)**, wo wir an dem Brunnen am Marktplatz unsere Trinkwasserreserven auffüllen können. Wir verlassen den Ort und fahren auf dem panoramareichen Schotterweg hinauf bis zum höchsten Punkt der Tour **(9)** (770 m). Nach einem kurzen Stück auf Asphalt folgen wir dann dem rutschigen Schotterweg bis zum verlassenen Dorf Sacco Vecchia. Die Straße führt um den Berg und wir können das wirklich fantastisches Panorama auf die Ruinen des alten Weilers von Sacco **(10)** über dem Tal und die Ruinen der Burg des Fürsten Duca Zottone Di Benevento **(11)** genießen. Über die Freitreppe rauschen wir bergab, danach geht es über einen Schotterweg mit vielen losen Steinen. An der asphaltierten Straße angekommen, rollen wir über eine Hängebrücke, die in 150 m Höhe über den Sommaro führt, und dann zurück zum Ausgangspunkt. Bellosguardo sollte man auf keinen Fall verlassen, ohne die typischen „Sfolgliatelle Cilentane" probiert zu haben.

ANMERKUNGEN

Anreise: Von Norden: A2 del Mediterraneo, Ausfahrt Capagna und weiter nach Serre, Controne, Castelcivita, Otteti, Sant'Angelo a Fasanella, Corleto Monforte. Von Süden: A2, Ausfahrt Ateno Lucana und weiter nach San Rufo, Corleto Monforte. Von Westen: Variante SS18, Ausfahrt Capaccio-Roccadaspide und weiter nach Roccadaspide Aquara, Ottati, San'Angelo a Fasanella, Corleto Monforte.

Die Ruinen der Ortschaft Sacco (© *Antonello Naddeo*)

PASSO DELLA SENTINELLA UND SELLA DEL CORTICATO

Radweg		0%
Asphaltierte Straße		83%
Betonierte/gepflasterte Straße		0%
Schotterstraße		0%
Saumpfad		0%
Pfad / Weg / Singletrail		17%

★★★
Schönheit

Cross Country
Stil

Frühjahr-Herbst
Beste Jahreszeit

Abzweigung an der SS 166, 742 m
N40 25.124 E15 22.525
Startpunkt

1210 m
Höchster Punkt

1394 m
Höhenunterschied

29,5 km
Distanz

3,30 Std.
Wegdauer

★★★
Technische Schwierigkeit

★★★
Körperlicher Anspruch

90%
Befahrbarkeit beim Anstieg

100%
Befahrbarkeit bei der Abfahrt

Ja - Nein
e-bike

Mittelmäßig
Handyempfang

Die Pässe Passo della Sentinella und Sella del Corticato sind die zwei wichtigsten Zugänge zum Tal Vallo di Diano. Unsere Tour beginnt am Sentinella Pass und führt an den rausten Zonen des Cocuzzo delle Puglie (1428 m) vorbei, über einen Singletrail ins Tal, weiter in Richtung Monte Motola (1700 m) und bergab bis zur kleinen Ortschaft Sacco. Die Gemeinde liegt an der Grenze zwischen dem Massiv Monti Alburni und dem Vallo di Diano.

WEGBESCHREIBUNG

Wir starten an der Abzweigung Corleto Monforte/Roscigno an der SS166 **(1)**, einer kaum befahrenen Staatsstraße. Bei schöner Aussicht geht es bergauf bis zum Brunnen S. Elia **(2)** und weiter bis zum Pass Passo della Sentinella **(3)** auf 900 m Seehöhe. Der Pass ist beeindruckend und erinnert fast ein bisschen an die Dolomiten. Wir lassen die Straße rechts hinter uns und folgen dem Weg mit CAI-Markierung **(4)**, rechts vor dem Cocuzzo delle Puglie. Im unteren Bereich ist dieses Gebiet von dichter Vegetation umgeben. Wir fahren über Geröll bergab bis zu einem ersten Weidezaun, danach geht es weiter bergab, wobei wir den Spuren der Weidetiere auf dem Saumpfad zwischen den Büschen folgen. Der Saumpfad mündet schließlich in einen Schotterweg und im Auf und Ab rollen wir dahin, bis wir am km 6 auf die ersten technischen Schwierigkeiten stoßen. Es erwartet uns der härteste Anstieg der Tour, eine Rampe für die man wirklich viel Kraft, Ausdauer und eine gute Technik braucht. Man muss genau wissen, wohin mit dem Körperschwerpunkt, um bei dieser Steigung nicht den Grip zu verlieren. Am besten hält man den Schwerpunkt ganz vorne an der Spitze des Sattels und beugt den Körper weit nach vorn, während die Arme am Lenker ziehen. Der Rest hängt dann von der Sensibilität und dem Druck auf die Reifen ab. An manchen Stellen ist der Weg so steil, dass auch Könner absteigen und ein Stück weit schieben müssen. Zum Glück liegt der Anstieg im Schatten! Nach der Rampe geht es auf weichem Untergrund mit natürlichen Hindernissen weiter, der Weg ist breit, steinig und manchmal nicht ganz einfach zu interpre-

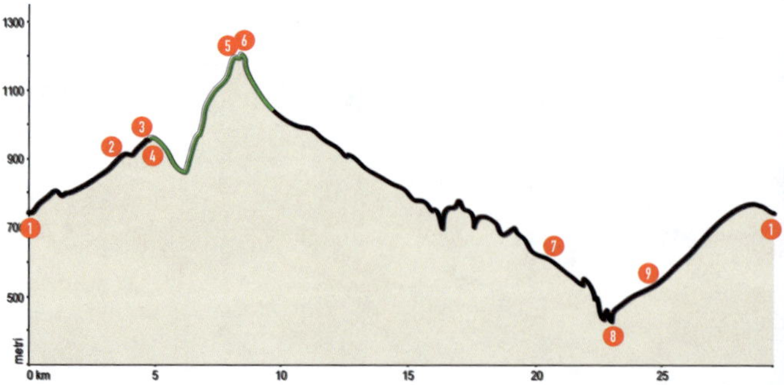

Corleto
Monforte
Bivio Corleto
Monforte/
Roscigno
Roscigno
Nuova
Sacco
Piaggine
SS166
2
3
4
5
6
7
8
9

Keine

Einkehr

Si. Anmerkungen

Trinkwasser

Auf dem Weg

1. Abzweigung Corleto Monforte/ Roscigno auf der SS 166 (742 m)
2. Fontana S. Elia (906 m)
3. Passo della Sentinella (959 m)
4. Weg mit CAI-Markierung (960 m)
5. Tränke (1200 m)
6. Höchster Punkt der Tour (1210 m)
7. Ortschaft Sacco (620 m)
8. Blick auf die Gole del Sammaro (426 m)
9. Roscigno Nuova (561 m)

tieren. Nach ein paar Kilometern durch den Wald stoßen wir auf eine Lichtung mit einer Tränke **(5)**, an der wir unsere Trinkwasserreserven auffüllen können. Noch ein kleines Stück bergauf über den kahlen Bergrücken des Cocuzzo delle Puglie und wir sind am höchsten Punkt der Tour **(6)** (1206 m), wo eine Foto-Pause ein absolutes Muss ist. Hier ist das Massiv des Cocuzzo in seiner ganzen Länge bis ins Tal nach Teggiano sichtbar und im Frühjahr und Sommer leuchtet die Gegend in besonders schönen Farben. Der Singletrail führt uns jetzt in Richtung Monte Motola und bergab bis zur Provinzstraße SP11/d. Der Trail erfordert einiges an Aufmerksamkeit, da Kiesanhäufungen und quer verlaufende Rinnen Probleme bereiten könnten. Hier sollte der Körperschwerpunkt stets über dem Hinterrad gehalten werden. Wir stoßen auf die SP11/d und folgen ihr nach rechts bergab bis in die Ortschaft Sacco **(7)**, ein ruhiges Dorf an den Hängen des Monte Motola. Wir durchqueren den Ort und fahren auf der Strada Provinciale 342 weiter, am km 23 geht es über die Brücke von Sacco, auf der man einen tollen Ausblick auf die Schluchten Gole del Sammaro **(8)** hat. Im Auf und ab fahren wir bis nach Roscigno Nuova **(9)**, am km 25 biegen wir rechts ab und rollen auf der mehr oder weniger ebenen Straße zurück zum Ausgangspunkt zwischen Roscigno und Corelto Monforte.

Ausblick am Sentinella Pass (© *Antonello Naddeo*)

ANMERKUNGEN

Anreise: Von Norden: A2 del Mediterraneo, Ausfahrt Campagna und weiter nach Serre, Controne, Castelcivita, Ottati, Sant'Angelo a Fasanella, Corelto Monforte. Von Süden: A2 del Mediterraneo, Ausfahrt Atena Lucana und weiter nach San Rufo, Corleto Monforte. Von Westen: Variante SS18, Ausfahrt Capaccio-Roccadaspide und weiter nach Roccadaspide Aquara, Ottati, Sant'Angelo a Fasanella, Corleto Monforte.

Trinkwasser: Brunnen am Passo della Sentinella (Fontana S. Elia), Tränke am WP (5), Brunnen im Ortskern von Roscigno Nuova.

Ein alter Verbindungsweg zwischen den Monti Alburni und dem Vallo di Diano (© *Antonello Naddeo*)

VALLE DEL FASANELLA: RUINEN UND ARCHÄOLOGISCHE FUNDSTÄTTEN

Radweg	0%
Asphaltierte Straße	48%
Betonierte/gepflasterte Straße	0%
Schotterstraße	31%
Saumpfad	0%
Pfad / Weg / Singletrail	22%

★★★
Schönheit

Cross Country
Stil

Ganzjährig
Beste Jahreszeit

Piazza Ortale in Sant'Angelo a Fasanella, 508 m N40 27.420 E15 20.580
Startpunkt

789 m
Höchster Punkt

960 m
Höhenunterschied

23,7 km
Distanz

3 Std.
Wegdauer

★★
Technische Schwierigkeit

★★
Körperlicher Anspruch

100%
Befahrbarkeit beim Anstieg

100%
Befahrbarkeit bei der Abfahrt

Ja – Nein
e-bike

Gut
Handyempfang

Auch diese Strecke führt durch die fantastischen Naturlandschaften der Provinz Salerno. Der erste Abschnitt ist eher „touristisch" und ein kurzer Abstecher zur Grotta rupestre di San Michele Arcangelo (Unesco Weltkulturerbe) sollte auf jeden Fall eingeplant werden. Wir sind in Sant'Angelo a Fasanella, eine Ortschaft die man sich am besten Am Ende der Tour genauer ansieht. Die Tour führt zu den Wasserfällen des Flusses Auso und weiter zwischen Olivenhainen und Weinbergen bis zum ursprünglichen Ortskern, von dem bis heute jedoch nur noch Ruinen übriggeblieben sind. Der Anstieg in Richtung Corleto Monforte und Bellosguardo ist ziemlich anstrengend und führt zur archäologischen Fundstätte von Monte Pruno, dem höchsten Punkt der Tour.. Hier kann man Durchatmen und ein wirklich fantastisches Panorama genießen. Am besten startet man die Tour im Frühjahr oder Herbst, denn im Winter könnten die Schotterwege wegen der Regenfälle unbefahrbar werden. Wer im Sommer unterwegs ist, sollte die heiße Mittagszeit vermeiden.

WISSENSWERTES

Die Strecke führt an der Ortschaft Corleto Monforte vorbei, ein kleines Bergdorf, das einen Besuch verdient hat. Der alte Ortskern ist sehr gut erhalten geblieben, mit einem Platz, der wie ein Balkon über dem Tal des Fasanella liegt. Außerdem gibt es eine sehr alte Kirche, die der Heiligen St. Barbara geweiht ist, und ein Naturkundemuseum (Museo naturalistico degli Alburni) mit einer permanenten Ausstellung der europäischen Fauna: hier werden ca. 1200 europäische Vogelarten, mehr als 60 Säugetiere und mehr als 20000 Insekten- und Krustentierarten vorgestellt. Corleto Monforte ist zudem bekannt für seine riesigen Waldgebiete, die bis an den Sentinella Pass, San Rufo und das Tal Vallo di Ciano reichen.

WEGBESCHREIBUNG

Wir starten in Sant'Angelo a Fasanella (520 m), auf dem Platz Piazza Ortale **(1)** und folgen der „Via Lardini" (Asphalt) bergab bis in den

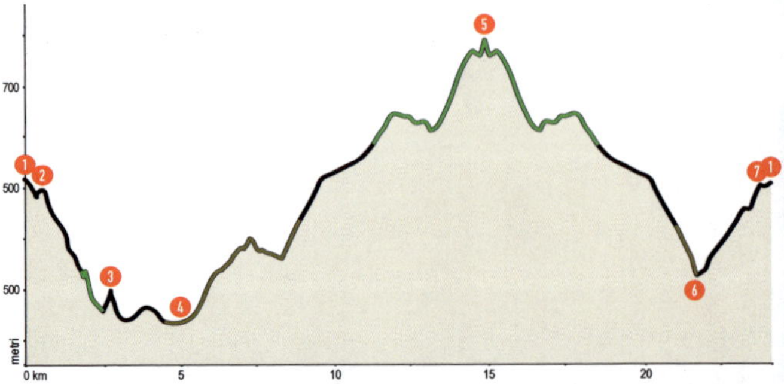

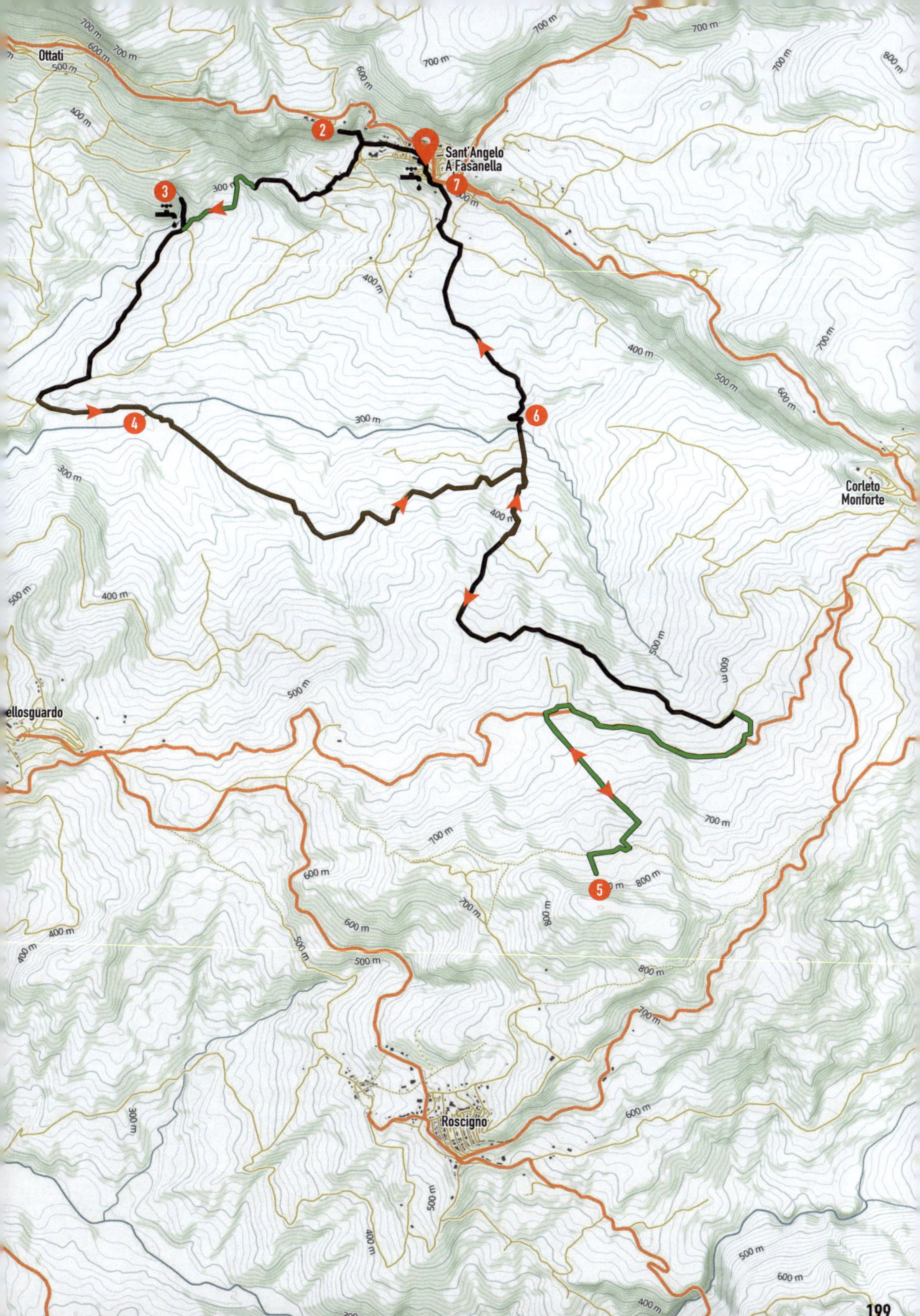
Ottati
Sant'Angelo
A Fasanella
Corleto
Monforte
ellosguardo
Roscigno
2
3
4
5
6
7
700 m
600 m
500 m
400 m
300 m
800 m

Keine Hütten; einige Bars in Sant'Angelo a Fasanella
Einkehr

Brunnen am Startpunkt an der Piazza Ortale und an der Quelle des Flusses Auso
Trinkwasser

Auf dem Weg
1. Piazza Ortale in Sant'Angelo a Fasanella (508 m)
2. Felsenheiligtum San Michele Arcangelo (499 m)
3. Quelle des Auso und Wasserfälle (294 m)
4. Flussufer Cellino (242 m)
5. Archäologische Fundstätte des Monte Pruno (789 m)
6. Alte Brücke (327 m)
7. Sant'Angelo a Fasanella (635 m)

ältesten Teil des Dorfes, der auch „Basso la terra" genannt wird. Am Ende der Abfahrt biegen wir rechts ab und fahren über Pflastersteine bergauf bis zum Eingang der Höhle mit dem Felsenheiligtum von San Michele Arcangelo **(2)**. Die Höhle war einst Sitz einer religiösen Benediktinergemeinschaft und wurde vom Prinz Manfredo im 11. Jahrhundert entdeckt als er einen Falken verfolgte und beim Graben zwischen den Felsen auf einen Altar und eine Wand mit dem Abbild des Erzengels Michael stieß. Die Gemäuer wurden später errichtet und stammen wahrscheinlich aus dem 12. Jahrhundert. Nach dem kurzen Abstecher zum Unesco Weltkulturerbe, fahren wir zurück in den alten Ortskern und verlassen den Ort. Für ca. 1 km geht es auf einer Landstraße dahin, nach ein paar engen Kurven geht die Straße dann in einen Schotterweg über, der zur Quelle des Flusses Auso und zu den Wasserfällen **(3)** führt. Der Weg ist gut ausgeschildert und an den Wasserfällen gibt es einen Picknickplatz und eine Bogenbrücke aus römischer Zeit, die über den Fluss führt. Es geht bergab und nach 400 m biegen wir links ab und fahren bis zum Ufer des Flusses Cellino **(4)**. Der Fluss liegt im Sommer fast trocken und ist ganz einfach zu überqueren, im Winter dagegen wird das Ganze komplizierter, ist aber trotzdem machbar. Jetzt beginnt

Das Felsenheiligtum San Michele Arcangelo (Unesco Weltkulturerbe) (© *Antonello Naddeo*)

der langsame Anstieg über kompakte Schotterwege und Landstraßen, die die Bauern nutzen, um zu ihren Feldern zu kommen. Die Felder werden hier noch in traditioneller Weise bestellt und zwischen den uralten Olivenbäumen tauchen immer wieder isoliert stehende Bauernhäuser auf. Nach wenigen Kilometern sind wir auf einer Höhe von 137 m und am km 8 biegen wir rechts ab. Es folgt ein ca. 200 m langer Abschnitt mit starker Steigung und auch danach geht es weiter bergauf bis wir auf die Staatsstraße SS166 stoßen. Wir sind im Bereich zwischen den Gemeinden von Corleto Monforte und Mellosguardo und am km 13 biegen wir links ab und folgen der Straße, die zur archäologischen Fundstätte von Monte Pruno führt. Hier sind wir am höchsten Punkt **(5)** (879 m) der Tour und können einen Augenblick das fantastische Panorama auf das Fasanella Tal genießen. Bei Ausgrabungen stieß man hier auf die Reste einer großen Siedlung der Lukaner aus dem 7. - 3. Jahrhundert v. Chr., mit einem Prinzengrab, dessen reiche Ausstattung im Museo Archeologico Provinciale di Salerno ausgestellt wird, einer Stadtmauer, Wohnhäusern und weiteren Gräbern. Auf dem gleichen Weg fahren wir jetzt ein Stück zurück und am km 21 geht es geradeaus in Richtung Valle del Fasanella und auf der alten Brücke **(6)** über den Cellino. Nach einem letzten, anstrengenden Anstieg sind wir dann zurück im Zentrum von Sant'Angelo a Fasanella **(7)**.

ANMERKUNGEN

Anreise: Autobahn A2 del Mediterraneo, Ausfahrt Campagna und weiter in Richtung Serre, dann Controne und Sant'Angelo a Fasanella. Ab Paestum/Vallo della Lucania: wer über die SS18 in Richtung Roccadaspide anreist, Grotte di Castelcivita und weiter in Richtung Sant'Angelo a Fasanella.

Der Wasserfall der Quelle des Auso (© *Antonello Naddeo*)

HÜTTENTOUR IN DEN MONTI ALBURNI

Radweg	0%
Asphaltierte Straße	64%
Betonierte/gepflasterte Straße	0%
Schotterstraße	0%
Saumpfad	0%
Pfad / Weg / Singletrail	36%

★★★
Schönheit

Cross Country
Stil

April-Oktober
Beste Jahreszeit

Platz von Sant'Angelo a Fasanella, 512 m
N40 27.458 E15 20.528
Startpunkt

1406 m
Höchster Punkt

1849 m
Höhenunterschied

45,9 km
Distanz

4,30 Std.
Wegdauer

★★★
Technische Schwierigkeit

★★★★
Körperlicher Anspruch

100%
Befahrbarkeit beim Anstieg

100%
Befahrbarkeit bei der Abfahrt

Ja - Nein
e-bike

Keiner
Handyempfang

Die Tour führt uns zu den drei Hütten der Berge Monti Alburni und durch die Gebiete der Gemeinden Castelcivita, Ottati und Sant'Angelo a Fasanello. Sie ist lang, anspruchsvoll und erfordert eine gewissenhafte Vorbereitung. Der erste Abschnitt führt über eine verkehrsarme Asphaltstraße von Sant'Angelo a Fasanella nach Castelcivita. Ab hier geht es steil bergauf in die Berge, ein Anstieg, für den man die richtige körperliche Form mitbringen sollte. Wir kommen an den drei Hütten (Panormo, Le Brecce und Casone di Sant'Angelo) vorbei und rollen über Schotterwege, die im Winter wegen Schnee absolut unzugänglich sind. Die Tour durch die Eichen- und Buchenwälder ist fantastisch, man sollte jedoch gut aufpassen, dass man nicht vom Weg abkommt (Karte mitnehmen!). An langen Sommertagen kann man die Tour verlängern und beim Rückweg, zwischen der dritten Hütte und Sant'Angelo a Fasanella, der Felsskultpur „Antece" auf dem Grat der Costa Palomba einen Besuch abstatten. Außerdem gibt es die Möglichkeit am km 43 nach Policata abzubiegen. Diese Erweiterungen empfehlen sich natürlich nur für Biker, die ausreichend trainiert sind, denn die Tour an sich ist schon anstrengend genug.

WISSENSWERTES

Wir empfehlen den Besuch von Castelcivita, eine kleine Ortschaft, die sehr pittoresk am Kamm eines Berges liegt. Die vielen kleinen Gässchen und Treppen bilden ein wahres Labyrinth, durchsetzt mit Portalen, Bögen, Kirchen und Plätzen. Am höchsten Punkt des Dorfes ragt der Turm „Tore Angioina" empor, ein Wehrturm aus dem 13. Jahrhundert, der heute das „Museo sulla Civiltà Contadina" beherbergt. Einzigartig sind die Höhlen Grotte di Castelcivita, mit ihren faszinierenden Stalaktiten und Stalagmiten in allen möglichen Formen und Dimensionen. Die Tour durch die Höhlen ist ca. 1200 m lang und dauert ca. eine Stunde. Man kann das ganze Jahr über in die Höhlen, da die Temperatur im Inneren konstant bleibt. In den Höhlen kann man die Kammern „Sala del Castello", deren Stalagmiten an eine alte Burg erinnern, die „Sala del coccodrillo" und die „Sala del Trono" besichtigen.

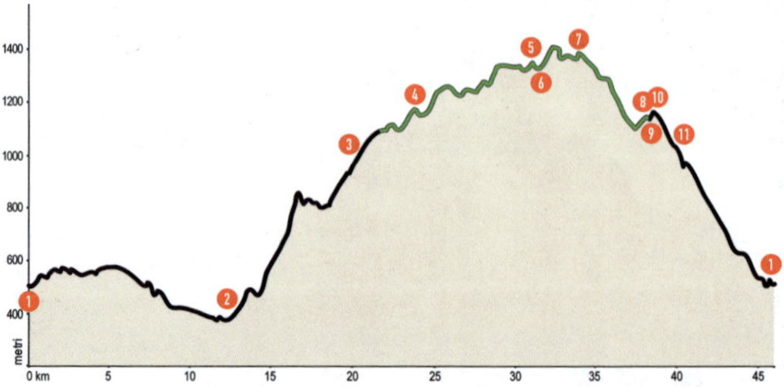

Castelluccio
Cosentino
A2
Scorzo
Zuppino
SP35
SP60
Postiglione
Terranova
Sicignano
degli Alburni
SP35
SP35
Petina
4
5
6
7
3
8
9
10
11
SP12a
2
Castelcivita
SP12b
SP12c
Ottati
Antece
SP44
Sant'Angelo
A Fasanella
SP12c
Aquara
Corleto
Monforte
Bellosguardo
SS166
SS166
Castel
San Lorenzo

Farina Hütte, geöffnet von April bis Oktober
Einkehr

Si. Anmerkungen
Trinkwasser

Auf dem Weg
1. Platz von Sant'Angelo a Fasanella (518 m)
2. Piazzetta di Castelcivita (419 m)
3. Località Madonna delle Grazie (1013 m)
4. Pozzi di Santa Maria (1140 m)
5. Panormo Hütte (1351 m)
6. Campo Farina (1339 m)
7. Hütte "Le Brecce" (1370 m)
8. Località Secchitiello (1132 m)
9. Casone Ausineto di Sant'Angelo a Fasanella (1147 m)
10. Località Madonna della Montagna (1161 m)
11. Località Costa Palomba (1046 m)

Die Höhlen liegen unterhalb der Ortschaft und sind gut ausgeschildert. Auf keinen Fall auslassen!

WEGBESCHREIBUNG

Wir starten an der Piazza in Sant'Angelo a Fasanella **(1)**, wo man ganz bequem parken kann und fahren in Richtung Castelcivita. Nach ca. 12 km auf einer asphaltierten, mehr oder weniger ebenen Straße sind wir an der Piazza in Castelcivita **(2)** angekommen und können mit dem Anstieg beginnen. Es empfiehlt sich jedoch, vorher noch Trinkwasser am Brunnen aufzufüllen, denn der Anstieg hat es in sich. Nach den ersten, langen 10 km auf Asphalt (stellenweise bis zu 25% Steigung) und einem kurzen Stück auf Schotter (2 km) erreichen wir Madonna delle Grazie **(3)**, eine weitläufige Hochebene auf 979 m mit alten Bäumen und freilaufenden Pferden und Kühen; ein Ort der den Bewohnern von Castelcivita sehr am Herzen liegt. Wir treten weiter bergauf, durch einen Buchenwald bis zu dem Ort namens „Pozzi di Santa Maria" **(4)**. Hier sind wir gezwungen, das Bike ein ganzes Stück bergab zu tragen. Danach ist der Untergrund kompakt und felsig, mit kleineren natürlichen Steilkurven. Der nächste Anstieg führt über einen sehr steinigen Weg, der in manchen Jahreszeiten rutschig und instabil sein könnte. Das Hungergefühl lässt jetzt sich nicht mehr lang unterdrücken, aber die Panormo

Zwischen weißen Felsen und den grünen Wiesen von Campo Farina (© *Antonello Naddeo*)

Hütte im Gebiet der Gemeinde Ottati ist nicht mehr weit und nach ein wenig Auf und Ab haben wir uns eine kleine Pause in der Hütte **(5)** verdient. Auf jeden Fall probieren sollte man das typische Nudelgericht „Fusilli al sugo di castrato“ (Hütte von April bis Oktober geöffnet). Die Pause ist kurz, denn wir haben noch viel vor uns. Auf einer Höhe von 1328 m sind wir in Campo Farina **(6)**, hier dominieren uralte Eichen und Buchen die Landschaft und auch die Hütte „Le Brecce“ **(7)** (km 35) ist nicht weit. Es geht weiter, wir biegen links ab und wir rollen über die Ebene in Richtung Wald. Der Abschnitt bis zur zweiten Hütte ist in nicht besonders gutem Zustand und die Hütte ist nicht für Besucher geöffnet. Danach rollen wir bergab in Richtung Secchitello **(8)** durch den traumhaften Buchenwald von Sant'Angelo a Fasanella. Am km 39 kommen wir an der dritten und letzten Hütte namens „Il Casone di Sant'Angelo“ **(9)** vorbei, sie liegt auf der linken Seite. Wir fahren schnell bergab, der letzte Teil der Abfahrt führt in Richtung Madonna della Montagna **(10)** und Costa Palomba **(11)**, wo wir an der Abzweigung einen kleinen Abstecher zu der Felsskulptur „Antece“ auf der Anhöhe machen können. Der Umweg ist natürlich freiwillig, denn die Tour ist auch ohne schon sehr anstrengend. Auf den letzten 7 km Asphalt (verkehrsarme Bergstraße) können wir dann den fantastischen Ausblick auf die Dörfer Sant'Angelo a Fasanella und Corleto Monforte genießen.

ANMERKUNGEN

Anreise: Autobahn A2 del Mediterraneo, Salerno-Reggio Calabria, Ausfahrt Campagna und weiter in Richtung Serre-Controne-Ottati bis nach Sant'Angelo a Fasanella. Wer über die SS18 anreist, fährt in Richtung Roccadaspide-Grotte di Castelcivita und dann bergauf bis Sant'Angelo a Fasanella.
Trinkwasser: Mehrere Brunnen im Ortskern von Castelcivita; an der Farina-Hütte, auf 1136 m Höhe und im Zentrum von Sant'Angelo a Fasanella.

Ein Blick auf die Karte kann durchaus nützlich sein (© *Antonello Naddeo*)

ANTECE

Radweg		0%
Asphaltierte Straße		28%
Betonierte/gepflasterte Straße		0%
Schotterstraße		0%
Saumpfad		0%
Pfad / Weg / Singletrail		72%

★★★
Schönheit

Cross Country
Stil

März-November
Beste Jahreszeit

Strada Provinciale SP 247, 1046 m
N40 29.228 E15 22.307
Startpunkt

1209 m
Höchster Punkt

774 m
Höhenunterschied

18,1 km
Distanz

3,30 Std.
Wegdauer

★★★
Technische Schwierigkeit

★★★
Körperlicher Anspruch

95%
Befahrbarkeit beim Anstieg

95%
Befahrbarkeit bei der Abfahrt

Ja - Nein
e-bike

Keiner
Handyempfang

Diese Rundtour bietet dem Biker nicht nur eine tolle Strecke, sondern es gibt auch einiges an Natur und Kultur. Die meisten Wege verlaufen mit gutem und kompaktem Untergrund durch Wälder, frei von schwierigen Hindernissen. Vielleicht die ein oder andere Wurzel, die jedoch keine Probleme bereiten sollte. Das Gefälle ist nie extrem und die Kurven sind stets sehr breit. Beim Anstieg stoßen wir auf ein paar schwierige Rampen und beim letzten Abschnitt bis zur Felsskulptur Antece müssen wir das Bike schultern. Bei der Abfahrt sollte man trotzdem immer vorsichtig fahren. Es empfehlen sich Frühjahr und Sommer, die Temperatur im Wald ist stets angenehm frisch, auch an heißen Sommertagen. Im Winter sind die Wege wegen Schnee nicht praktikabel.

WISSENSWERTES

Sant'Angelo a Fasanella ist ein Dorf mit zwei Unesco Kulturerbestätten: das Felsenheiligtum Grotta rupestre di San Michele Arcangelo und die Felsskulptur Antece. Die Höhle ist ein beeindruckender Ort religiösen Kultes, eine Kapelle im Fels, die dem Erzengel Michael geweiht ist und über einen schönen Glockenturm verfügt. Auch die Reste des alten Konvents sind noch gut sichtbar. Die Antece dagegen ist eine in den Felsen gehauene Kriegerstatue, die wahrscheinlich auf das 4. - 2. Jahrhundert v. Chr. zurückgeht. Sie steht an der Anhöhe von Costa Palomba und herrscht von oben über das ganze Fasanella Tal. In und um die alte Ortschaft mit dem schönen zentralen Platz gibt es zahlreiche Trekkingwege, die zum Wasserfall des Auso führen, nur wenige Kilometer von der Ortschaft entfernt (über Landstraßen erreichbar). Der spektakuläre Wasserfall ist ca. acht Meter hoch, es gibt alte Wassermühlen und eine Brücke aus römischer Zeit, die über den Fluss führt. Mit Sicherheit einer der schönsten Orte des Gebietes der Monti Alburni.

WEGBESCHREIBUNG

Wir starten in den Bergen, an der Provinzstraße SP247 **(1)** (1048 m), ein Punkt, der von Sant'Angelo a Fasanella aus ganz einfach mit dem Auto erreichbar ist (gut ausgeschildert). Nachdem wir geparkt haben, fahren

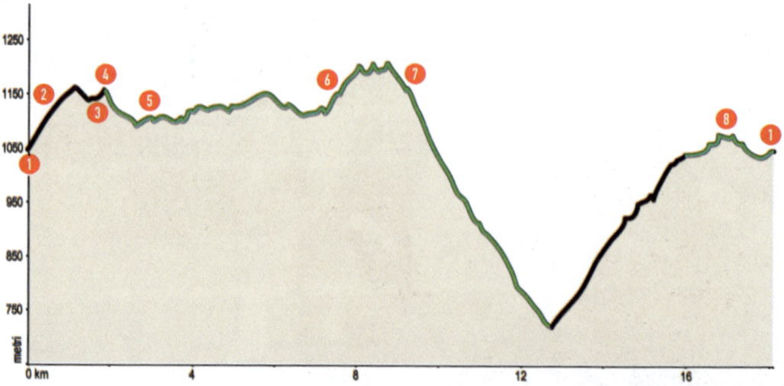

Casone d'Aresta
Sant'Angelo
A Fasanella
Piano di Santa
Maria
Corleto
Monteforte

Zwei Hütten, beide fast nie geöffnet; keine weiteren Möglichkeiten
Einkehr

Tränke/Brunnen in Corcomona in der Gemeinde von Corleto Monforte
Trinkwasser

Auf dem Weg
1. Strada Provinciale 247 (1046 m)
2. Madonna della Montagna (1165 m)
3. Casone Ausineto di Sant'Angelo (1141 m)
4. Località Secchitiello (1158 m)
5. Località Piani di Santa Maria (1104 m)
6. Località Timpone Sottano (1257 m)
7. Tränke/Brunnen Corcomona (1208 m)
8. Antece (1073 m)

wir in Richtung Madonna della Montagna **(2)**, das auf einer Höhe von 1156 m liegt. Der erste Kilometer führt uns auf der asphaltierten Straße bergauf durch den Wald, danach geht es auf einer schmalen Bergstraße im Auf und Ab bis zur Hütte Casone Ausineti di Sant'Angelo **(3)**, am km 1,5 in einer Kurve. Die alte Hütte wurde einst von Hirten genutzt, heute ist sie geschlossen und wird nur von Speleologen in Anspruch genommen. Jetzt rollen wir leicht bergab und am km 1,8 biegen wir an dem Ort namens Secchitiello **(4)** (keine Beschilderung vorhanden) auf den Schotterweg ab, der nach rechts abzweigt. Der Weg ist breit und der Untergrund kompakt und steinig. Das ständige Auf und Ab macht Spaß und die natürlichen drops laden zu der ein oder anderen Freestyle-Darbietung ein. Ohne große Schwierigkeiten fahren wir in Richtung Süden bis zu dem Ort „Piani di Santa Maria" **(5)**. In „Timpone Sottano" **(6)** biegen wir rechts ab und treten bergauf bis nach „Acqua del Comune" in der Gemeinde von Corleto Monforte, hier auch „Fontana Corcomona" **(7)** genannt. Wir sind an einem sehr idyllischen Ort, mit weidenden Kühen, freilaufenden Pferden und einer seit kurzem restaurierten Hütte, die jedoch höchstens in den Sommermonaten geöffnet ist. Am Ende des Schotterweges gibt es auch einen Brunnen, an dem wir unsere Reserven auffüllen können. Jetzt geht es im Wald bergab, wobei der Weg hier nicht besonders gut sichtbar ist und man gut aufpassen sollte, um nicht die Orientierung zu verlieren. Am besten man hat stets eine gute Karte, Kompass oder GPS mit Streckenverlauf dabei. Am km 9,5 fahren wir nach Westen und bringen fast 500 m negativen Höhenunterschied hinter uns (ausgehend von 1200 m Seehöhe). Am km 13 fahren wir erneut bergauf und folgen der SP247: 3 km und ein Höhenunterschied von ca. 300 m. Ganz in der Nähe des Ausgangspunktes nehmen wir den Pfad mit der Infotafel, er führt zur Felsskulptur Antece **(8)**. Ein Kilometer Schotterweg bis kurz unterhalb der Freitreppe, die hinauf zur Skulptur führt. Ab hier muss man das Bike schultern, oben angekommen, kann man dann einen lebensgroßen Steinkrieger bewundern, der das Fasanella Tal von oben bewacht. Nach einer kurzen Pause kann man, wenn man ein wenig Trial-Erfahrung hat, die Stufen auch im Sattel wieder runter, danach geht es auf dem Schotterweg zurück zum Ausgangspunkt der Tour.

ANMERKUNGEN

Anreise: Von Norden: A2 del Mediterraneo, Ausfahrt Campagni uns weiter in Richtung Serre, Controne, Castelcivita, Ottati, Sant'Angelo a Fasanella. Von Süden: Ausfahrt Atena Lucana. Von Westen: Variante SS18, Ausfahrt Capaccio-Roccadaspide und weiter nach Roccadaspide, Aquara, Ottati, Sant'Angelo a Fasanella.

In den Wäldern von Corleto Monforte (© *Antonello Naddeo*)

Cowboys zwischen den Pferden auf den Ebenen von Santa Maria (© *Antonello Naddeo*)

U' FIGLIULIEDD

Radweg	0%
Asphaltierte Straße	21%
Betonierte/gepflasterte Straße	0%
Schotterstraße	0%
Saumpfad	0%
Pfad / Weg / Singletrail	79%

★★★★ Schönheit

Cross Country Stil

Frühjahr-Herbst Beste Jahreszeit

Madonna delle Grazie S. Angelo a Fasanella, 1166 m N40 29.727 E15 22.066
Startpunkt

1407 m Höchster Punkt

525 m Höhenunterschied

15,1 km Distanz

2 Std. Wegdauer

★★ Technische Schwierigkeit

★★ Körperlicher Anspruch

100% Befahrbarkeit beim Anstieg

100% Befahrbarkeit bei der Abfahrt

Ja – Nein
e-bike

Spärlich
Handyempfang

Die Tour führt uns durch die faszinierendsten Ecken der Monti Alburni, ein Karstmassiv mit zahlreichen Höhlen, Senken und Schlucklöchern. Unzählige Schotterwege verlaufen wie in einem Labyrinth durch dieses Gebiet und man sollte immer eine gute Karte dabeihaben, um nicht vom richtigen Weg abzukommen. Die ersten Kilometer rollen wir über Asphalt, die Straße ist jedoch kaum befahren und stellenweise in sehr schlechtem Zustand (Vorsicht). Der Schotterweg ist sehr schön und führt durch weitläufige Wälder zu einem kaum bekannten Ort, der jedoch zu den schönsten des Cilento gehört.

WISSENSWERTES

Man sollte sich bei dieser Tour auch die Zeit zum Absteigen und Genießen nehmen. Auf keinen Fall entgehen lassen sollte man sich die Grotta dell'San Michele Arcangelo in Sant'Angelo a Fasanella, die zum Weltkulturerbe der Unesco gehört, sowie den historischen Kern der Ortschaft. Besonders schön ist auch das kleine Dorf Petina, das an den Hängen der Berge Forloso und Pietralata liegt, umgeben von traumhaften Wäldern und Naturlandschaften. Sehenswert ist hier die Kirche San Nicola di Bari aus dem 14. Jahrhundert mit einem Steinportal von 1510. Typisches Produkt dieser Gegend ist die Walderdbeere, die für die Herstellung von Likören und Eis verwendet wird. Unbedingt probieren!

WEGBESCHREIBUNG

Die Strecke verläuft zwischen Sant'Angelo a Fasanella und Petina. Wir starten im Bezirk „Madonna delle Grazie" **(1)**, 7 km von der Ortschaft Sant'Angelo a Fasanella entfernt. Im Auf und Ab geht es bequem durch den Wald und nach ein paar Kurven erreichen wir die Hütte Ausineto **(2)**. Nach einigen Kilometern, auf einer Höhe von 1169 m, stoßen wir auf eine große, grüne Lichtung mit dem sogenannten Casone dell'Aresta **(3)**, eine Sternwarte mit dem größten Amateurteleskop Italiens (wir sind jetzt im Gebiet der Gemeinde Petina). Im Norden kann man in der Ferne den „Figliliedd" (dialektal für Sohn, Söhnchen) und den Monte Panormo (zweithöchster Gipfel Kampaniens) erkennen.

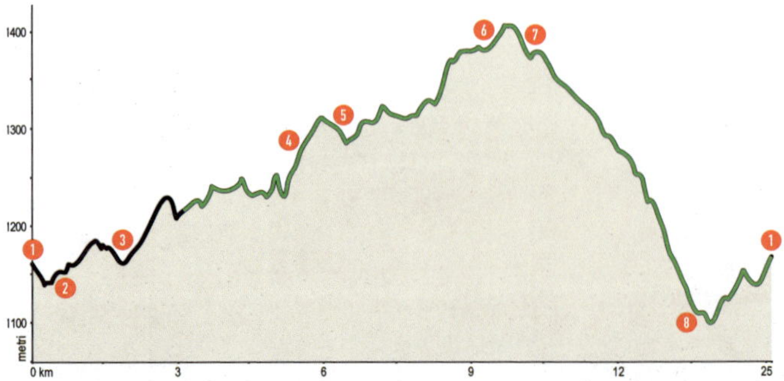

PETINA
SP53
SP53
SP53
SP53
A2
4 U' Figliuliedd
Casone d'Aresta
2
3
5
6
7
8

Casone di Sant'Angelo Ausineto und Casone d'Aresta (Hütten nicht in Betrieb)
Einkehr

Brunnen in Polla, Sant'Arsenio und San Pietro al Tanagro
Trinkwasser

Auf dem Weg
1. Madonna delle Grazie Sant'Angelo a Fasanella (1166 m)
2. Hütte Ausineto di Sant'Angelo a Fasanella (1147 m)
3. Casone dell'Aresta di Petina (1165 m)
4. U' Figliuliedd (Söhnchen) (1206 m)
5. Località Ferrari (1296 m)
6. Località Pedata della Lepre (1391 m)
7. Fontana della Tacca (1379 m)
8. Località Secchitiello (1170 m)

Nach einer Reihe an Kehren auf Asphalt biegen wir auf Höhe der Kurve in Acquafredda (km 3) auf den Schotterweg ab (etwas weiter, ca. 300 m in Richtung Petina gibt es evtl. einen Brunnen). Der Schotterweg führt auf und ab ohne besonders steile Stellen, der Untergrund ist stabil und kompakt mit Felsaufschlüssen, die jedoch keine Probleme bereiten (Im Frühjahr könnte man auf größere, abgebrochene Äste stoßen). Am km 5 erwartet uns eine kurze anstrengende Rampe, bei der vorspringende, spitze Karstfelsen das Fortkommen noch zusätzlich erschweren. Am Ende des Anstiegs ragen vor uns zwei große Felszinnen aus Kalkstein empor: es sind die sogenannten „Figliuliedd" und „Madre" **(4)** (Mutter und Sohn), ein Orientierungspunkt, der bereits in der Vergangenheit Reisenden geholfen hat, sich in dieser Berglandschaft zurechtzufinden. Es lohnt sich, abzusteigen und auf die Zinnen zu steigen, das Panorama ist wirklich traumhaft. Am km 6,5 fahren wir dann weiter nach

links und erreichen ohne Probleme Ferrari **(5)**, ein zauberhafter Ort, an dem die Tiere unter riesigen Eichen ruhen. Auch hier empfehlen wir eine kleine Pause, um die Ruhe der Natur zu genießen. Früher lebten an diesem Ort Köhler, Holzfäller und Kuhhirten fast das ganze Jahr über. Wir rollen weiter und an der Abzweigung am km 8,5 müssen wir absteigen und für ca. 500 m das Bike schieben oder schultern. Im Auf und Ab geht es danach bis in den Wald namens „Pedata della Lepre" **(6)** (1412 m) wo wir einige Schlucklöcher bewundern und unsere Trinkwasserreserven an dem Brunnen auffüllen können. Der Name des Waldes (wörtl.: Tritt des Hasen) geht auf die Form des Waldgebiets zurück, das von oben betrachtet an die Spur einer Hasenpfote erinnert. Etwas weiter stoßen wir auf ein gemauertes Becken, dann drehen wir nach Süden ab und fahren in Richtung Fontana della Tacca **(7)**. Die Abfahrt macht Spaß, viele natürliche und schnelle Kurve führen uns bergab nach „Secchitiello" (8) und schließlich zurück zum Ausgangspunkt.

ANMERKUNGEN

Anreise: Autobahn A2 del Mediterraneo, Salerno-reggio Calabria, Ausfahrt Campagna und weiter in Richtung Serre-Sant'Angelo a Fasanella. Wer von Süden kommt nimmt die Ausfahrt Petina und fährt in Richtung Montagna.

Die Ebene der Sternwarte von Petina (© *Antonello Naddeo*)

VON SAN PIETRO AL TANAGRO ZU DEN CAMPI DI CERABONA

Radweg	0%
Asphaltierte Straße	80%
Betonierte/gepflasterte Straße	0%
Schotterstraße	4%
Saumpfad	0%
Pfad / Weg / Singletrail	16%

★★★
Schönheit

Cross Country
Stil

Frühjahr-Herbst
Beste Jahreszeit

San Pietro al Tanagro, 447 m
N40 30.894 E15 29.865
Startpunkt

1221 m
Höchster Punkt

1047 m
Höhenunterschied

33,5 km
Distanz

3,30 Std.
Wegdauer

★★★
Technische Schwierigkeit

★★★★
Körperlicher Anspruch

95%
Befahrbarkeit beim Anstieg

90%
Befahrbarkeit bei der Abfahrt

Ja - Nein
e-bike

Keiner
Handyempfang

Die ersten 11 km unserer Tour geht es bergauf, die Steigung liegt jedoch im mittleren Bereich (10%). Auf Schotterwegen rollen wir nach „Costa Manca" und eine Weile durch den Wald bis zum schwierigsten Abschnitt der Tour. Hier stoßen wir auf Steigungen zwischen 25 und 30 Prozent und etwas Anderes als Schieben ist stellenweise gar nicht möglich. Danach rollen wir im Auf und Ab mit viel Spaß bis zu der wunderschönen Ebene von Cerabona und bis an die Grenze des Gemeindegebiets von Corleto Monforte. Beim Rückweg fahren wir über San Pietro al Tanagro und Sant'Arsenio zurück zum Ausgangspunkt der Tour in Polla.

WISSENSWERTES

Nach der Tour sollte man auf jeden Fall einen Abstecher in den Naturpark Parco dei Mulini di San Pietro al Tanagro machen, er liegt ca. 6 km von Polla entfernt, hinter dem kleinen Dorf von San Pietro auf der Nordwestseite des Valle di Diano auf ca. 450 m Seehöhe. Der Parke erstreckt sich über das kleine Tal des Flusses Setone, zwischen den waldigen Hängen der umliegenden Berge. Hier kann man einige, sehr alte aber noch funktionierende Wassermühlen bewundern. Außerdem gibt es zahlreiche Wanderwege, wie beispielsweise der Weg zum Monte del Crocefisso und zur gleichnamigen Kapelle, der Weg zum Brunnen Fontana Canali oder der Weg nach San Rufo. Besonders interessant ist auch der „Percorso Vita", ein Trimm-Dich-Pfad mit Gymnastikgeräten, die für jedes Alter geeignet sind. Es gibt einen Picknickplatz mit Bänken, Tischen und Brunnen und im Sommer findet hier das traditionelle Fest „Le Notti dei Mulini" statt.

WEGBESCHREIBUNG

Wir starten in Polla **(1)**, ein kleines Dorf, umgeben von Kastanienwäldern. Auf der asphaltierten Straße fahren wir nach Norden in Richtung Ortskern und bleiben dann stets auf der Provinzstraße SP125. Die ersten 11 km treten wir bergauf und am km 11 biegen wir an der Abzweigung links ab. Ab hier fahren wir auf Schotter, an „Costa Manca" vorbei und

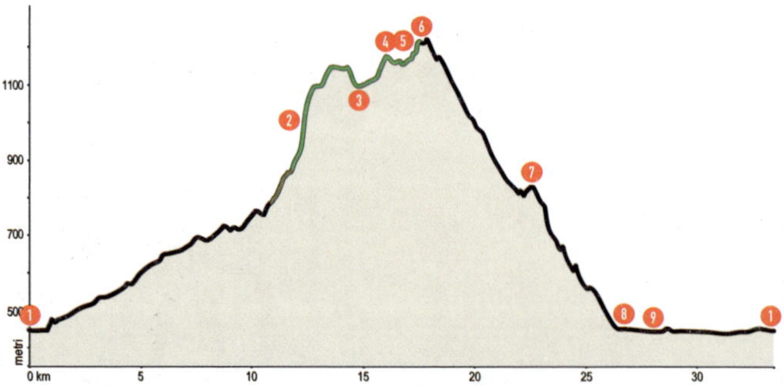

SS19
SR19ter
Muraglione
Cangito
A2
SP125
Polla
Fiume Tanagro
Sant'Arsenio
San Pietro
al Tanagro
SR426
2
3
4
5
6
7
8
9

Keine

Einkehr

Brunnen in Polla, Sant'Arsenio und San Pietro al Tanagro

Trinkwasser

Auf dem Weg

1. Polla (447 m)
2. Grotta dell'Acqua (912 m)
3. Campi di Cerabona (1.093 m)
4. Ebene Pramezzo (1.120 m)
5. "Pianoro Melaino" (1.180 m)
6. Località "Casino Sierro" (1.210 m)
7. Quelle Cesilla Amato (815 m)
8. San Pietro al Tanagro (453 m)
9. Sant'Arsenio (447 m)

am km 12 geht der Schotterweg in einen Waldweg über, der für ca. 1,5 km steil bergauf führt. An der „Grotta dell'Acqua" **(2)** (km 12) fahren wir nach links, es folgt ein toller Abschnitt im Auf und Ab durch den Wald, wobei wir auch einige sehr schwierige Stellen überwinden müssen. Mutter Natur kann hier durchaus zum Spielverderber werden, beispielsweise, wenn sich weiche Erde und trockenes Laub sich zu einer tückischen Mischung verbinden. Eine kurze Abfahrt und wir sind auf der weitläufigen Ebene namens Campi di Cerabona **(3)**, wo wir auch den Höhenweg „Alta Via del Cervati e degli Alburni" kreuzen. Die Hochebene liegt auf einer Höhe zwischen 1000 und 1100 m und wird von vielen kleinen Wasserläufen durchzogen, die alle nach wenigen Metern bereits wieder versickern (typisches Phänomen für Karstlandschaften, Wasserläufe die zwischen Quelle und Schwindloch nur für wenige Meter an die Oberfläche treten). Weiter geht es nach Südosten (in „Costa dei Pratelli"),

Die Ebene Campi di Cerabona (© *Antonello Naddeo*)

vorbei an den Ebenen Pramezzo **(4)** und Melàino **(5)**. Am km 17 stoßen wir auf Asphalt und folgen ihm bergab nach „Casino Sierro" **(6)**, hier steht die Hütte der staatlichen Forstwacht (Corpo Forestale dello Stato), auf einer Höhe von 1216 m an der Grenze der Gemeinde von Corleto Monforte. Nach einigen Kehren mit fantastischem Panorama erreichen wir die Quelle Cesilla Amato **(7)**, danach reiht sich ein Aussichtspunkt an den nächsten. Vor der Rückkehr nach San Pietro al Tanagro **(8)**, Sant'Arsenio **(9)** und Polla empfiehlt sich noch ein kleiner Abstecher in den Park des Valle dei Mulini.

ANMERKUNGEN

Anreise: A2 del Mediterraneo, Ausfahrt Polla. Wer aus der Region Basilicata anreist, nimmt ab Brienza die Staatsstraße SS589. Wer von der tyrrhenischen Küste kommt kann am Golf von Policastro und ab Palinuro die SS517 in Richtung Sanza oder ab Agropoli die SS166 nehmen. Mit dem Zug: Bahnlinie Roma-Reggio Calabria, Haltestelle Battipaglia. Ab hier mit dem Schienenersatzverkehr von Trenitalia in Richtung Vallo di Diano.

Die Hütte Casino Sierro in der Gemeinde von Corleto Monforte (© *Antonello Naddeo*)

VALLO DI DIANO

Das Gebiet des Vallo di Diano präsentiert sich als weitläufige Hochebene an der Grenze zwischen Kampanien, Kalabrien und Basilicata. Die Ebene wird von dem Fluss Tanagro, einem Zufluss des Sele, durchzogen und sie glänzt mit Natur, Kultur, Geschichte, Tradition, Kunsthandwerk und typischer Gastronomie. Das Vallo di Diano umfasst 15 Gemeinden: Atena Lucana, Buonabitacolo, Casalbuono, Monte San Giacomo, Montesano Sulla Marcellana, Padula, Pertosa, Polla, Sala Consilina, San Pietro al Tanagro, San Rufo, Sant'Arsenio, Sanza, Sassano und Teggiano. Wichtigste Sehenswürdigkeiten dieser Zone sind mit Sicherheit das Kartäuserkloster Certosa di San Lorenzo in Padula (Unesco Weltkulturerbe), die Höhlen Grotte di Pertosa, die von hohen Wert für die Wissenschaft sind, die archäologische Fundstätte zwischen Sassano und Monte San Giacomo und der alte Orts-

kern von Teggiano. Die weitläufige Ebene des Vallo di Diano ist von Bergen umgeben, die dem Mountainbiker zahlreiche Möglichkeiten für spannende Trails und fantastische Aussichten bieten. Im westlichen Teil des Vallo ragt der Monte Cervati mit seinen fast 2000 m empor, er ist der höchste Berg Kampaniens. Daneben liegen der Monte Motola (1700 m) und der Pass Sella di Corticato, der in den Cocuzzo delle Puglie (1411 m) übergeht. Der Monte Spina dell'Ausino (1426 m) ist das südlichste Relief der Alburni, im Norden dagegen erheben sich eine Reihe niedrigerer Massive. Auf der anderen Seite der Schluchten von Campostrino, zwischen Pertosa, Caggiano und Polla liegt das Massiv der Maddalena, die das östliche Ende des Vallo di Diano markiert. Und dann sind da noch die mächtigen Massive oberhalb von Sala Consilina, wie der Monte Cavallo (1401 m) und der Monte Romito (1382).

Adrenalin pur bei der Abfahrt vom Monte Motola (© *Antonello Naddeo*)

MONTE CAPO LA SERRA

Radweg	0%
Asphaltierte Straße	55%
Betonierte/gepflasterte Straße	0%
Schotterstraße	0%
Saumpfad	0%
Pfad / Weg / Singletrail	45%

★★★
Schönheit

Cross Country
Stil

Frühjahr und Herbst
Beste Jahreszeit

Caggiano, 784 m
N40 33.992 E15 29.831
Startpunkt

1100 m
Höchster Punkt

651 m
Höhenunterschied

13,9 km
Distanz

2 Std.
Wegdauer

★★
Technische Schwierigkeit

★★
Körperlicher Anspruch

95%
Befahrbarkeit beim Anstieg

100%
Befahrbarkeit bei der Abfahrt

Ja – Nein
e-bike

Spärlich
Handyempfang

Die Abfahrt dieser Tour ist ziemlich technisch und abwechslungsreich, im ersten Abschnitt ist der Untergrund kompakt mit vielen losen und weniger losen Hindernissen, im „Canalone“ verstecken sich große Felsbrocken unter dem Laub. Später erwarten uns große Stufen und gegen Ende häufen sich die Hindernisse, die immer höher werden. Weniger erfahrenen Bikern empfehlen wir, das Tempo zu drosseln und besonders vorsichtig zu fahren. Bikespaß ist auf jeden Fall garantiert.

WEGBESCHREIBUNG

Wir sind in der Gegend von Caggiano, dem Gebiet der Tempelritter, wo Natur und Steine aus vergangenen Zeiten erzählen. Die Strecke ist zwar nur 14 km lang, dafür aber ziemlich komplex und auf jeden Fall lohnenswert. Wir starten in Caggiano **(1)** und fahren auf Asphalt nach Südosten in Richtung Monte Capo La Serra (790 m). Nach 400 m stoßen wir auf eine T-Kreuzung, hier nach rechts bergauf, dort wo auf der Anhöhe eine charakteristische Ansammlung von Bäumen zu erkennen ist (auch „castagneta di Palacina“ genannt). Die Straße führt bergauf und wir können den traumhaften Ausblick auf das Tal und die Bergketten der Alburni und des Cervati im Südwesten genießen. Wir fahren an der linken Flanke des Berges entlang, der bis auf ein paar grüne Flecken mit Kastanien oder Nadelbäumen eher einer Mondlandschaft gleicht. Nach 2,8 km sind wir am ersten Brunnen **(2)**, der kurz unterhalb der Straße liegt (Salice). Wir stoßen schließlich auf einen Schotterweg, der nach links abzweigt, erst leicht und dann immer steiler bergauf führt. An der Abzweigung in Gelsi in Croce am km 3,2 (Achtung, die Abzweigung kurz davor ignorieren!) biegen wir links ab und beginnen mit einem der anstrengendsten Anstiege der Tour. In nur wenigen Kilometern bringen wir gut 160 m Höhenunterschied hinter uns. Der Untergrund ist kompakt, nur nach Regen kann der Weg schlammig und sehr schwierig werden. Es empfiehlt sich daher, die Tour zwischen Frühjahr und Herbst und nur in trockenen Perioden zu starten. Nach 5 km erreichen wir eine Ebene, über die wir auf die andere Seite des Berges gelangen. Dann geht es weiter bergauf bis zum Gipfel, eine wellige Hochebene mit den sehr

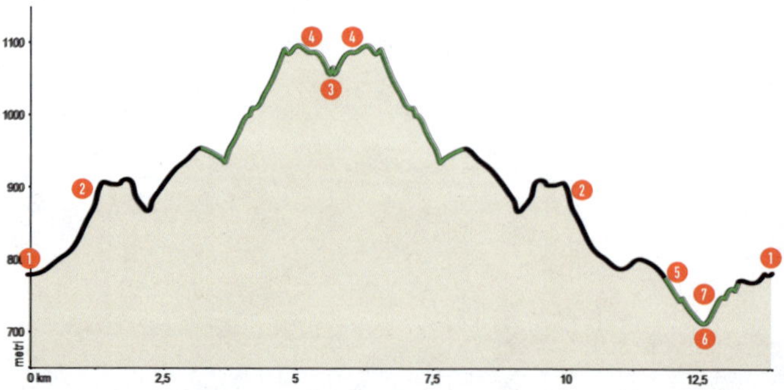

Vietri di Potenza
Convento di San Francesco
CAGGIANO
SP341
SP442
Cangito
A2

Keine

Einkehr

Fontana del Salice (km 2,8)

Trinkwasser

Auf dem Weg

1. Ortschaft Caggiano (784 m)
2. Brunnen "Fontana del Salice" (852 m)
3. Castagneta di Palacina (1064 m)
4. Le Pagliare (1098 m)
5. Alter Ortskern von Caggiano (767 m)
6. Kirche Santa Veneranda (714 m)
7. „La strada della roccia" (727 m)

charakteristischen Kastanienbäumen „Castagne di Palacina" **(3)**. Hier können wir Durchatmen und das tolle Panorama auf die Amalfiküste mit den Monti Lattari und dem Golf von Salerno, die Monti Alburni, den Cervati, das Vallo di Diano, die Kette der Monti della Maddalena und die Region Basilicata genießen. Bei einem kleinen Abstecher auf den Gipfel kann man Spuren einer alten bäuerlichen Tradition entdecken: alte Steinunterstände, die sogenannten „Pagliare" **(4)**, die den Hirten Schutz boten. Auf dem gleichen Weg geht es dann wieder bergab bis in den alten Ortskern von Caggiano **(5)** mit seinen schmalen Gassen, Bögen, Portalen, Steinhäusern und der Kirche Santa Veneranda aus dem 11. Jahrhundert. Der Singletrail ist abwechslungsreich und macht richtig viel Spaß, es gibt Stufen, Kehren und Felsaufschlüsse mit Kreuzen, die einen zurück in die Vergangenheit katapultieren. An der Kirche Santa Veneranda **(6)** angekommen, folgen wir dem Weg namens „Via della Roccia" **(7)** (dt.: Felsenweg), der unter einem Felsbogen passiert, der die Form eines Rüssels hat. Nach dem Felsbogen geht es bergauf in Richtung historischer Ortskern. Nach einer kleinen Runde zwischen den schmalen Gassen und einer Kostprobe des „pasticcio Caggianese" und der berühmten „Crusicchi di Caggiano al sugo di castrato" rollen wir dann zufrieden und satt zum Ausgangspunkt zurück.

ANMERKUNGEN

Anreise: Autobahn A2 del Mediterraneo, Ausfahrt Pollo; Caggiano liegt ungefährt 8 km entfernt. Oder auf der SS19ter bis zum km 75 (ab Salerno). Mit dem Zug: Linie Battipaglia-Lagonegro, Schienenersatzverkehr (Bus), Haltestelle Polla.

Auf der Strada della Roccia (© *Antonello Naddeo*) →

Die Ratschläge netter Herrschaften aus Caggiano (© *Antonello Naddeo*) ↓

Akrobatik in hoher Lage, im Hintergrund die Ortschaft Caggiano (© *Antonello Naddeo*) ↓↓

PERTOSA - RUNDTOUR

Radweg		0%
Asphaltierte Straße		26%
Betonierte/gepflasterte Straße		0%
Schotterstraße		33%
Saumpfad		0%
Pfad / Weg / Singletrail		41%

**
Schönheit

Cross Country
Stil

Ganzjährig
Beste Jahreszeit

Grotte di Pertosa, 252 m
N40 32.262 E15 27.355
Startpunkt

655 m
Höchster Punkt

702 m
Höhenunterschied

16,9 km
Distanz

2 Std.
Wegdauer

**
Technische Schwierigkeit

**
Körperlicher Anspruch

98%
Befahrbarkeit beim Anstieg

98%
Befahrbarkeit bei der Abfahrt

Ja - Nein
e-bike

Gut
Handyempfang

Diese Tour führt uns durch das Tal des Flusses Tanagro, ganz in der Nähe der Höhlen „Grotte dell'Angelo di Pertosa - Auletta", an der Nordseite der Bergkette der Alburni. Das Besondere der Strecke ist die stillgelegte Bahnlinie Sicignano-Lagonero (geschlossen im Jahr 1987) mit all ihren alten Bahnhöfen, Gleisen, Signalanlagen, Tunneln und Brücken aus vergangenen Zeiten.

WISSENSWERTES

Die Tour ist nicht komplett ohne den Besuch der fantastischen Höhlen von Pertosa, die einzigen in Europa, in denen man auf einem unterirdischen Fluss mit dem Boot ins Innere des Berges fahren kann. Der Fluss Negro entspringt in der Tiefe und ermöglicht eine faszinierende und ungewöhnliche Reise mit dem Boot (der erste Abschnitt) in eine magische Stille, die nur von dem Rauschen des unterirdischen Wasserfalls unterbrochen wird. Die Höhlen reichen für ca. 3000 m in das Massiv der Monti Alburni hinein, mit Stalaktiten und Stalagmiten, die sie in allen möglichen Formen, Farben und Dimensionen dekorieren.

WEGBESCHREIBUNG

Wir starten am Eingang zu den Höhlen von Pertosa **(1)** (275 m) und folgen der kaum befahrenen, asphaltierten Straße in Richtung Westen. Sofort geht es mit markanter Steigung bergauf, nach wenigen Metern stoßen wir auf den einzigen Brunnen entlang der Strecke und etwas weiter passieren wir unter einer der alten Eisenbahnbrücken **(2)** (Ponte Monaco) der stillgelegten Bahnlinie. Hier beginnt ein breiter Schotterweg mit kompaktem, steinigem Untergrund und starker Steigung. Der letzte Abschnitt des Anstiegs ist extrem steil und zwingt für ein kurzes Stück zum Absteigen. Ab dem km 2 geht es dann ohne besondere Schwierigkeiten weiter bis zum km 4,8, hier biegen wir rechts ab und müssen erneut steil bergauf bis zum km 7. Der Schotterweg mündet schließlich nahe der sogenannten „Coste Grande Valentino" in eine asphaltierte Straße und kurz darauf sind wir am höchsten Punkt der Tour **(3)** (654 m). Am km 7,5 können wir

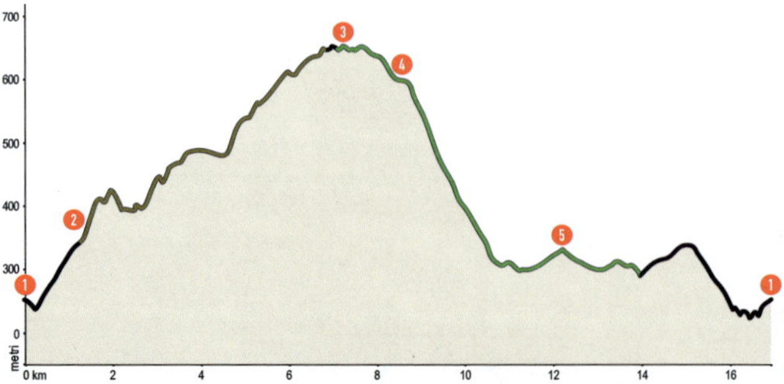

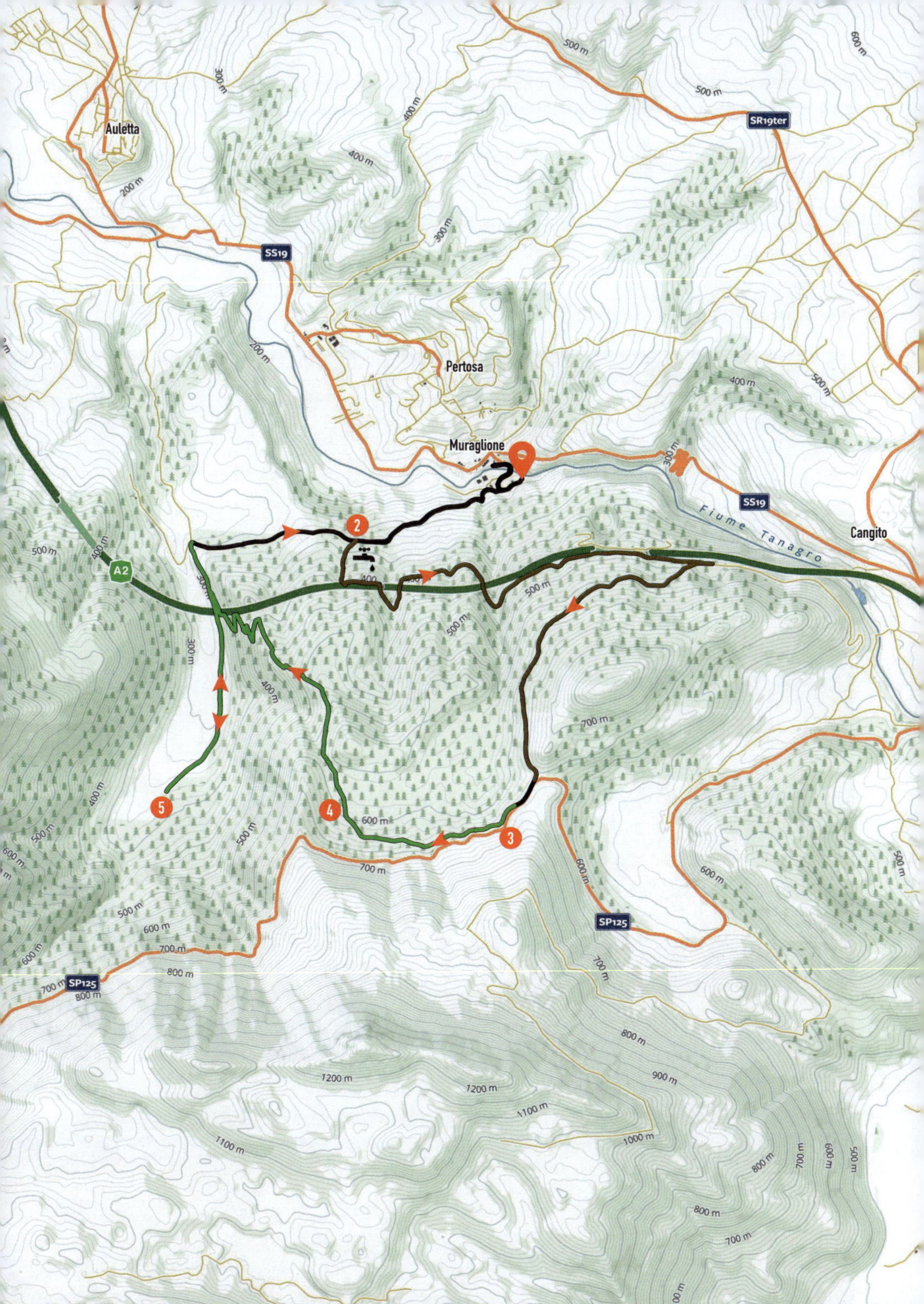
Auletta
Pertosa
Muraglione
Cangito
SS19
SR19ter
A2
SP125
Fiume Tanagro
2
3
4
5
200 m
300 m
400 m
500 m
600 m
700 m
800 m
900 m
1000 m
1100 m
1200 m

Bars und Restaurants bei den Höhlen
Einkehr

Brunnen wenige hundert Meter von der Grotta dell'Angelo entfernt
Trinkwasser

Auf dem Weg
1. Eingang zu den Höhlen von Pertosa (252 m)
2. Ponte Monaco, alte Eisenbahnbrücke (358 m)
3. Höchster Punkt (655 m)
4. Località Costa del Casone (600 m)
5. Viadukt Lontrano (332 m)

uns dann endlich in die Abfahrt stürzen, auf einem Singletrail durchs Unterholz mit Felsaufschlüssen und losen Steinen. Der Weg ist nicht ganz einfach und manchmal hindern überwuchernde Büsche am Fortkommen. Wir erreichen Costa del Casone **(4)**, durchqueren das Tor am km 9,4 (normalerweise geschlossen, damit das Vieh nicht weglaufen kann) und starten die zweite Abfahrt, die nach ca. 2 km und sechs Kehren im Gebiet des Lontrano endet. Wir fahren weiter in Richtung Süden (km 10,8) über das Flachland bis zum Viadotto

Lontrano **(5)**, ein U-förmiges Viadukt, das sich mit 30 Bögen ideal in das Tal einfügt, geschützt von der Vegetation und den Bergen. Danach geht es nach Norden in Richtung Masseria Murusella und am km 13,8 biegen wir rechts ab auf die Straße, die uns zurück zu den Grotte dell'Angelo führt.

ANMERKUNGEN

Anreise: Autobahn A2 del Mediterraneo, Ausfahrt Petina (in Richtung Nord) oder Polla (in Richtung Süd). Weiter auf der SS19 und den Hinweisen zu den Höhlen „Grotte dell'Angelo" - Pertosa (SA) folgen.

Die Höhlen von Pertosa (ein Dank geht an die Stiftung MIDA, die den Bikern den Zutritt zu den Höhlen ermöglicht hat) (© *Antonello Naddeo*)

SITO ALTO UND SENTIERO DEI PELLEGRINI

Radweg		0%
Asphaltierte Straße		52%
Betonierte/gepflasterte Straße		0%
Schotterstraße		16%
Saumpfad		19%
Pfad / Weg / Singletrail		13%

★★★
Schönheit

All mountain
Stil

Frühjahr und Herbst
Beste Jahreszeit

Parkplatz Palazzo 4 Torri, 557 m
N40° 24.050′ E15° 35.591′
Startpunkt

1437 m
Höchster Punkt

1155 m
Höhenunterschied

20,8 km
Distanz

3 Std.
Wegdauer

★★★
Technische Schwierigkeit

★★★★
Körperlicher Anspruch

100%
Befahrbarkeit beim Anstieg

95%
Befahrbarkeit bei der Abfahrt

Ja – Nein
e-bike

Spärlich
Handyempfang

Diese Tour führt uns durch das Vallo di Diano und auf einen Weg, den der italienische Alpenverein (CAI) Pier Giorgio Frassati gewidmet hat. Der junge Mann aus Turin wurde 1990 seliggesprochen, er sah in den Bergen einen Ort von besonderer Spiritualität und einen Ort, an dem man Geist und Körper trainieren konnte. Am Gipfel angekommen, können wir den tollen Ausblick auf die Bergspitzen von Sirino, Cervati, Alburni und Picentini genießen. Die Abfahrt in Richtung Sala Consilina ist der beste Teil der Tour, technisch und abwechslungsreich. Im ersten Abschnitt erwartet uns kompakter Untergrund mit zahlreichen losen Hindernissen, Wurzeln und Felsaufschlüssen. Im Canalone stoßen wir auf große Felsbrocken, die sich unter dem Laub verstecken und etwas später auf viele natürliche Stufen. Im letzten Abschnitt häufen sich die Hindernisse und auch deren Höhe nimmt zu, man braucht also eine gute Fahrtechnik, um zwischen den Felsen voranzukommen. Weniger erfahrene Biker sollten sehr vorsichtig fahren.

WISSENSWERTES

Sala Consilina gehört zu den größeren Städten des Vallo di Diano. Scheinbar eine moderne, auf Handel ausgerichtete Stadt, die alten Traditionen sind hier jedoch bis heute erhalten geblieben. Besonders beeindruckend ist die Burg Castello Normanno, die auf einem Hügel emporragt und nur zu Fuß auf einem Pfad durch die Natur erreichbar ist. Im 18. Jahrhundert wurde die Burg im Inneren in eine Kirche umgewandelt, die der Madonna della Consolazione geweiht ist. Auch heute noch sind die Reste der Wehrtürme und Teile der Mauern zu erkennen. Wer ein bisschen Zeit hat, der sollte die Wallfahrtsstätte Santuario di San Michele, auch „Balzata" genannt, besichtigen, sie liegt nur wenige Kilometer von Stadtzentrum entfernt. Auf diesem Berg geschah am 17. Mai 1715 ein Wunder: aus dem Bild des heiligen Erzengels sprudelten während der Messe die Tropfen einer wundersamen Flüssigkeit; die sogenannte „manna" wird in zwei Ampullen in der Kirche SS. Annunziata aufbewahrt. Und dann ist da noch das älteste christliche Monument des Vallo di Diano: Zwischen Sala Consilina und Padula, im Bezirk Fonti, liegt die Taufkir-

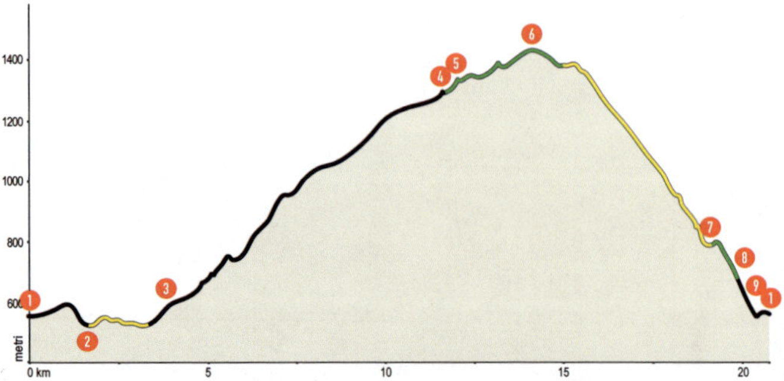

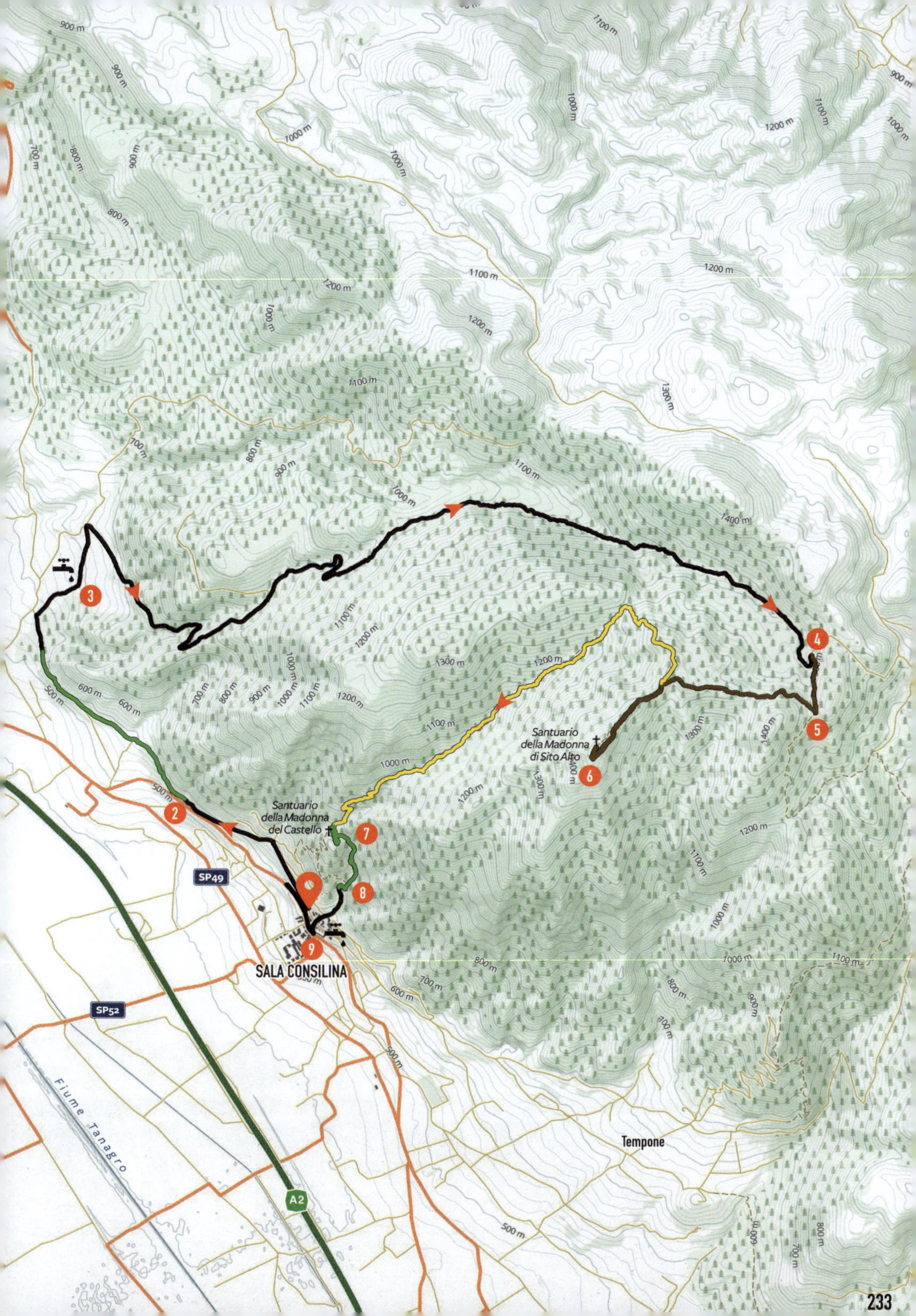

Santuario della Madonna di Sito Alto
Santuario della Madonna del Castello
SALA CONSILINA
SP49
SP52
A2
Fiume Tanagro
Tempone
1
2
3
4
5
6
7
8
9

Keine
Einkehr

Brunnen in der Ortschaft, Brunnen Santa Lucia (km 4)
Trinkwasser

Auf dem Weg
1. Parkplatz Palazzo 4 Torri (560 m)
2. Beginn Singletrail (520 m)
3. Fonte di Santa Lucia (589 m)
4. Weg zur Madonna di Sito Alto (1289 m)
5. Sentiero Frassati (1328 m)
6. Monte Sito Alto – Santuario (1437 m)
7. Santuario della Madonna del Castello (785 m)
8. Ruinen alter Ortskern (660 m)
9. Piazza Umberto I (568 m)

che Battistero di Marcelliano, einzigartig in Italien, da sich die Quelle, aus der das Taufwasser entnommen wird, im Inneren der Kirche befindet.

WEGBESCHREIBUNG

Unseren 14 km langen Anstieg zur Cappella della Madonna di Sito Alto (1437 m) starten wir im Zentrum von Sala Consilina (560 m), am Parkplatz in der Via G. Mezzacapo **(1)**. Wir treten bergauf in Richtung Corso Cavour, folgen der Via M. Pagano nach Nordwesten und biegen rechts ab auf eine kurze Rampe, die zum Beginn des Singletrails **(2)** führt, auf dem wir uns für 1,5 km aufwärmen können. Danach geht es auf Asphalt steil bergauf und wir müssen einen Höhenunterschied von ca. 840 m bewältigen. Wir halten uns rechts und fahren am Brunnen von Santa Lucia **(3)** vorbei. Der Anstieg ist unterschiedlich steil und stellenweise

überschreitet die Steigung auch die 15%-Marke; die Straße ist jedoch kaum befahren und führt durch schöne grüne Naturlandschaften. Im Wald geht es weiter bergauf und bei den steileren Abschnitten ist es wichtig, die kompaktesten Stellen zu suchen oder im Zickzack zu fahren, um die Steigung ein wenig abzuschwächen. Am km 12, auf einer Höhe von 1289 m, stoßen wir auf den Hinweis **(4)** (Holzpfeil) nach rechts zur Kirche Chiesa di Sito Alto. Wir folgen dem Weg Sentiero Frassati **(5)**, halten uns rechts und nach ca. 30 Minuten Anstieg sind wir am Gipfel mit der Jesusstatue und der Kirche **(6)**. Das Panorama hier ist atemberaubend und wir können einen Moment den Ausblick auf die Gipfel von Sirino, Cervati, Alburni und Picentini genießen. An klaren Tagen kann man sogar die Gipfel von Pollino und Orsomarso erkennen. Jetzt können wir uns in die tolle Abfahrt nach Sala Consilina stürzen. Die erste Abfahrt beginnt auf einer Höhe von 1385 m am km 14,5, wo wir an der Abzweigung den Sentiero Frassati verlassen und nach links bergauf bis zum Beginn des berühmten Pilgerweges „Sentiero dei Pellegrini“ fahren. Wir rollen auf dem Trail durch den dichten Wald des „Vallone di Cervara“, der Untergrund ist brüchig, stellenweise nur sehr schwer voraussehbar, eng und mit starkem Gefälle (durchschnittlich -16%). Am km 15

Felsige Passage beim Weg zur Kirche von Sito Alto (© *Antonello Naddeo*)

stoßen wir auf eine Ebne (1300 m) mit einer weiteren Wallfahrtsstätte, hier beginnt die Abfahrt in der Rinne (Canalone), in der eine dichte Vegetation aus Kastanien, Pappeln und Farnkraut wächst. Der Weg ist fast immer mit Laub bedeckt, das zahlreiche Felsaufschlüsse versteckt. Der Trail wird immer schmaler und ca. am km 8 (1000 m) rollen wir erneut über offenes Gelände. Hier sind Protektoren angebracht, denn die Felsaufschlüsse sind sehr scharfkantig und es gibt zahlreiche Stufen. Bei den beiden kurvigen Abschnitten (km 19) öffnet sich vor uns ein tolles Panorama auf die Burg von Sala Consilia. Die weniger erfahrenen Biker sollten hier besonders vorsichtig fahren. Wir erreichen schließlich die Ruinen der Burg Castello di Sala **(7)** aus der Zeit der Normannen, die auch besichtigt werden kann. Neben den runden Türmen sind noch der Innenhof, die Burgmauer und eine Zisterne erhalten geblieben. Nach der Burg geht es wieder auf einem Singletrail bergab, dieses Mal ist der Pfad deutlich sicherer und der Untergrund kompakter. Wir rollen durch die Ruinen des alten Dorfkerns **(8)** und weiter bis zur asphaltierten Straße, die uns, vorbei an der Piazza Umberto I. **(9)** zurück zum Ausgangspunkt führt.

ANMERKUNGEN

Anreise: Autobahn A2 del Mediterraneo, Ausfahrt Sala Consilina (wer von Norden kommt) oder Buonabitacolo Padula (wer von Süden kommt). Weiter auf der SS19 bis zur Azweigung Trinità di Sala Consilina. Alternativ kann man auch den Schienenersatzverkehr ab Battipaglia nehmen. Von Süden: A2, Ausfahrt Atena Lucana und weiter nach San Rufo, Corleto Monforte, Sant'Angelo a Fasanella. Von Westen: Variante SS18, Ausfahrt Capaccio-Roccadaspide und weiter nach Roccadaspide, Aquara, Ottati, Sant'Angelo a Fasanella, Corleto Roscigni Sacco Teggiano und in Richtung Sala Consilina.

Es empfiehlt sich, diese Tour im Frühjahr oder Herbst zu starten, da im Winter der Untergrund rutschig und eventuelle zugeschneit sein könnte. Wer im Sommer unterwegs ist, sollte den Anstieg bereits am frühen Morgen in Angriff nehmen.

Der Pilgerweg (© *Antonello Naddeo*)

Zwischen den Ruinen des alten Dorfkerns (© *Antonello Naddeo*)

41 Vallo di Diano

MONTE MOTOLA

Radweg		0%
Asphaltierte Straße		7%
Betonierte/gepflasterte Straße		0%
Schotterstraße		0%
Saumpfad		21%
Pfad / Weg / Singletrail		72%

★★★★
Schönheit

All mountain
Stil

Frühjahr-Herbst
Beste Jahreszeit

Teggiano Fontana d'inverno, 771 m
N40° 22.917' E15° 28.029'
Startpunkt

1700 m
Höchster Punkt

1068 m
Höhenunterschied

14,1 km
Distanz

4 Std.
Wegdauer

★★★★
Technische Schwierigkeit

★★★★
Körperlicher Anspruch

90%
Befahrbarkeit beim Anstieg

95%
Befahrbarkeit bei der Abfahrt

Ja - Nein
e-bike

Stellenweise kein Empfang
Handyempfang

Der Monte Motola ist 1700 m hoch und liegt im Gebiet der Gemeinden Piaggine, Sacco und Teggiano. Er gehört zu den wildesten und faszinierendsten Bergen der Provinz von Salerno. Der erste Abschnitt (Weg Nr. 520a) führt über Schotter und grasigen Untergrund durch eine stellenweise sehr dichte Vegetation. Der Schotterweg über die Hänge des Monte Motola ist gut befahrbar, kompakt und steinig, erst nach ein paar Kilometern wird der Untergrund erdiger und ist oft mit Laub bedeckt. Stellenweise hat das Wasser tiefe Rinnen in den Weg gegraben und beim letzten Abschnitt des Anstiegs kommen uns vorspringende Karstfelsen in die Quere. Die Wegbeschaffenheit ist außerdem stark von der Menge und Dauer der winterlichen Regenfälle abhängig. Die Strecke kann auch in der entgegengesetzten Richtung gefahren werden, auf diese Weise wird der Schotterweg zu einer schönen Enduro-Abfahrt, wer kein Abfahrts-Experte ist, sollte dabei aber sehr gut aufpassen oder besser dem Cai-Weg folgen, der sicher ist und mindestens genauso schön.

WISSENSWERTES

Nicht weit entfernt von unserem Startpunkt liegt die Ortschaft Teggiano, einer der schönsten Orte der Provinz Salerno. Teggiano liegt auf einer Anhöhe im Tal Vallo di Diano, Mittelpunkt ist die Burg des Prinzen Sanseverino im Herzen der Ortschaft. Der Sitz der Diözese Teggiano-Policastro beherbergt zahlreiche Kirchen und ehemalige Kloster, die reich an Kunstschätzen sind. Außerdem gibt es zwei sehr sehenswerte Museen: das Museo Diocesano und das Museo della Civiltà Contadina. Auch Teggiano selbst ist das reinste Freiluftmuseum, mit engen Gassen, Kreuzgängen, monumentalen Stadttoren und uralten Kirchen. Jedes Jahr im August findet hier das berühmte Fest der Prinzessin Konstanze „Alla tavola della principessa Costanza" statt, bei dem sich der Ort in ein mittelalterliches Dorf verwandelt.

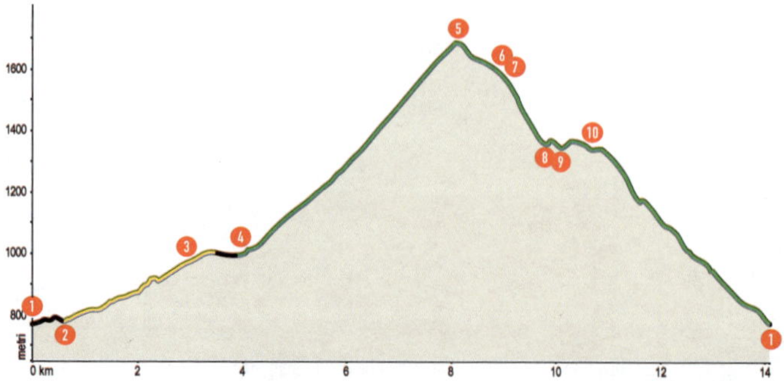

Tempa Nicoletta
Sella del Corticato
SP11f
SP11e
SP11e
SP11f
Monte Vivo
Madonna del Monte Vivo
Fiume Calore
2
3
4
5
6
7
8
9
10

Rifugio Motola und Rifugio Fontanelle

Einkehr

Brunnen Fonte dei Gavati und Fontana Fontanelle

Trinkwasser

Auf dem Weg

1. Teggiano Fontana d'inverno (771 m)
2. Weg 520a Arvanito - Cozzo dei Palombi (778 m)
3. Fonte dei Gavati (976 m)
4. Rifugio Motola (1004 m)
5. Gipfel Monte Motola (1700 m)
6. „Fosse" (1579 m)
7. „Pennina" (1540 m)
8. Fontana Fontanelle (1358 m)
9. Aussichtspunkt (1341 m)
10. Rifugio Fontanelle (1345 m)

WEGBESCHREIBUNG

Wir starten in Fontana Inverno **(1)** an der Provinzstraße SP 11F und treten bergauf in Richtung Sella del Corticato (1026 m). Nach 600 m biegen wir links ab auf den Weg 520a „Arvanito - Cozzo dei Palombi" **(2)**, dazu müssen wir durch ein Tor (wieder verschließen!). Der Wanderweg mit abwechselnd erdigem und grasigem Untergrund geht bald in einen Saumpfad über und führt uns durch das stellenweise sehr dichte Unterholz (hier trifft man oft auf Weidetiere). Am km 3 stoßen wir auf einen Picknickplatz mit dem Brunnen namens Fonte dei Gavati **(3)**, an dem wir unseren Durst stillen können. 500 m weiter sind wir erneut auf Asphalt, nehmen aber sofort den Schotterweg, der nach links abzweigt (kleines Hinweisschild „Rifugio Motola") **(4)**. Der Weg ist breit mit kompaktem, steinigem Untergrund, was einst den Holzfällern und Köhlern erheblich die Arbeit erleichterte. Es geht jetzt steil bergauf und der Untergrund, weich, erdig und mit Laub bedeckt, macht es nicht gerade einfach, im Sattel zu bleiben. Felsaufschlüsse und Furchen könnten an einigen Stellen den ein oder anderen Biker zum Absteigen zwingen. Den Gipfel **(5)** kann man nur zu Fuß, schiebend und mit geschultertem Bike in ca. 20 Minuten erreichen. Das Schwitzen zahlt sich jedoch aus: dort oben ist der Ausblick auf den Cilento und das Vallo di Diano wirklich atemberaubend. Am Gipfel angekommen, gibt es zwei Möglichkeiten, entweder fährt man auf dem gleichen Weg zurück, wobei man jedoch gut aufpassen muss, denn die Abfahrt ist sehr Enduro-lastig. Oder aber ihr befolgt

Typische Almwiese zwischen den Bergen des Vallo di Diano (© *Antonello Naddeo*)

unseren Rat und schließt die Strecke zu einem Ring, dazu folgen wir am Gipfel den Hinweisen des CAI-Wegs in Richtung Osten. Der Weg führt durch Wälder und über weitläufige Lichtungen, die auch „Fosse" **(6)** genannt werden: Karstsenken, die sich in der Eiszeit gebildet haben. Hier stößt man nicht selten auf Wildschweine, freilaufende Pferde und Kühe. Außerdem ist das Gebiet des Monte Motola seit jeher Lebensraum von Hasen, Raubvögeln, Rebhühnern und des italienischen Wolfs, der sich aber nur mit sehr viel Glück entdecken lässt. Der Singletrail entlang der „Pennina" **(7)** ist ein einziger Slalom zwischen uralten Buchen, etwas weiter liegt ein Kiefernwald und die Hütte Rifugio Fontanelle **(10)**, wo man am gleichnamigen Brunnen (Fontana Fontanelle) **(8)** die Trinkwasserreserven auffüllen kann. Ca. 350 m nördlich des Brunnens können wir ganz einfach auf einen Vorsprung, auf dem wir noch ein letztes Mal den Blick über die fantastische Landschaft schweifen lassen können **(9)**, bevor wir uns in die letzte Abfahrt stürzen. Die Abfahrt birgt keine besonderen Schwierigkeiten, mit Ausnahme einiger Stellen mit kleineren Felsstufen. Aufpassen sollte man auf lose Steine und trockene Äste (wobei die Schwierigkeiten natürlich zunehmen, je schneller man unterwegs ist). Nach 6 km und 977 m Höhenunterschied sind wir dann wieder unten, nach einer wirklich tollen Runde durch den Nationalpark Cilento.

ANMERKUNGEN

Anreise: Autobahn A2 del Mediterraneo, Ausfahrt Sala Consilina (wer von Norden kommt) oder Buonabitacolo Padula (wer von Süden kommt). Weiter auf der SS19 bis zur Azweigung Trinità di Sala Consilina. Alternativ kann man auch den Schienenersatzverkehr ab Battipaglia nehmen. Von Süden: A2, Ausfahrt Atena Lucana und weiter nach San Rufo, Corleto Monforte, Sant'Angelo a Fasanella. Von Westen: Variante SS18, Ausfahrt Capaccio-Roccadaspide und weiter nach Roccadaspide, Aquara, Ottati, Sant'Angelo a Fasanella, Corleto Roscigni Sacco Teggiano und in Richtung Sala Consilina.

Warten auf den Sonnenaufgang am Monte Motola (© *Antonello Naddeo*)

Wolkenmeer (© *Antonello Naddeo*)

42 Vallo di Diano

IM LAND DER FUSILLI

Radweg	0%
Asphaltierte Straße	51%
Betonierte/gepflasterte Straße	0%
Schotterstraße	28%
Saumpfad	0%
Pfad / Weg / Singletrail	21%

****/*****
Schönheit

Cross country
Stil

Frühjahr-Herbst
Beste Jahreszeit

Piaggine, 636 m
N40° 20.743′ E15° 22.708′
Startpunkt

1357 m
Höchster Punkt

1660 m
Höhenunterschied

39,2 km
Distanz

4 Std.
Wegdauer

****
Technische Schwierigkeit

****
Körperlicher Anspruch

98%
Befahrbarkeit beim Anstieg

98%
Befahrbarkeit bei der Abfahrt

Ja – Nein
e-bike

Stellenweise kein Empfang
Handyempfang

Diese Tour führt uns in eine Gegend, in der die „Fusilli" (Nudelsorte, die hier mit einem bestimmten „Eisen", ital.: „ferro", hergestellt wird) die unangefochtenen Herrscher am Esstisch sind. Los geht es in Piaggine in Richtung Valle dell'Angelo bis zu dem Weg namens „Sentiero Italia", der für 12 km über die Hänge des Monte Cervati führt. Neben technischen Hindernissen wie losen Steinen müssen wir uns auf Steigungen zwischen 15 und 25% einstellen. Dieser Abschnitt ist der anstrengendste Teil der Ringtour. Danach geht es zur Hütte Cervati e Vallicelli: der Weg hier ist anspruchsvoll und verläuft in Richtung des Kamms, der zum Cervati führt. Ab hier kommen wir am Monte Faggitella (1606 m) und Monte Motola (1705 m) vorbei und folgen dem Weg CAI 514 bis zur Madonna del Monte Vivo (1239 m). Der letzte Teil der Abfahrt schließt den Ring und führt uns über eine verkehrsarme Straße zurück zum Ausgangspunkt. Die Tour ist sehr anstrengend, die verlorenen Kräfte kann man jedoch am Ende des Ausflugs mit einem leckeren Teller „Fusilli al castrato cilentano" und einem Glas Wein in einer der Trattorien in Piaggine oder Valle dell'Angelo wieder auffüllen.

WISSENSWERTES

Valle dell'Angelo ist ein 200-Seelendorf an den Hängen des Monte Cervati, weit entfernt von dem Interesse der Touristen. Die wichtigste Attraktion des Dorfes ist die Höhle Grotta dell'Angelo im Bezirk Costa della Salvia am Monte Ausinito. Sie ist Ziel vieler Pilger und beherbergt die Statue des S. Michele Arcangelo. Man erreicht die Höhle über einen panoramareichen Weg, der durch dichte Wälder führt. Ca. 200 m nach Eintritt in Die Höhle stößt man auf die sogenannte „pietra dell'Angelo", ein Fels mit Aushöhlung, in die die Pilger ihre Hände oder einen Arm strecken, eine alte symbolische Geste in Richtung des Inneren der Erde, die auf Fruchtbarkeit und Schutz des Lebens abzielt. Knapp 100 m weiter befindet sich die „Pietra del riposo", ein Fels, an dem auf wundersame Weise die Müdigkeit der Pilger verschwand.

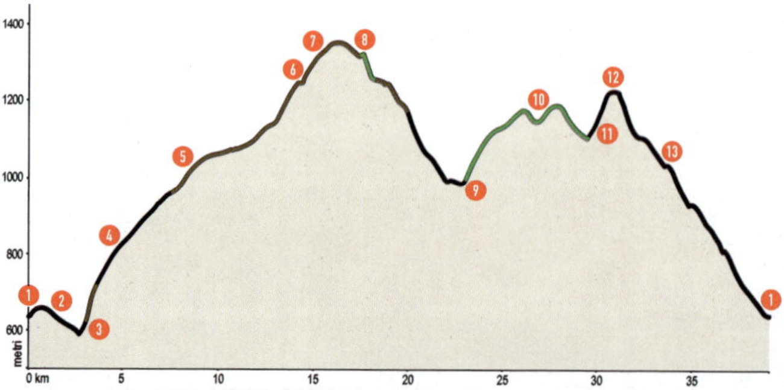

ROSCIGNO
SACCO
PIAGGINE
SP342
SP11
Madonna del Monte Vivo
Fiume Calore
Rifugio Monte Cervati
1
2
3
4
5
6
7
8
9
10
11
12
13

In Piaggine und Valle dell'Angelo

Einkehr

Verschiedene, si. Anmerkungen

Trinkwasser

Auf dem Weg

1. Piaggine - fontana (642 m)
2. Kirche San Barbato 17. Jahrhundert (615 m)
3. Mittelalterliche Brücke (607 m)
4. Brunnen Acqua dei Cavalli (824 m)
5. Abzweigung Serra del Radicone (991 m)
6. Brunnen Caciocavalli (1262 m)
7. Abzweigung Hütte Cervati e Vallicelli (1329 m)
8. Calata dei Vaccari (1330 m)
9. "Masseria Calabrese" (993 m)
10. Tor 1161 m)
11. Fonte del Trifoglio (1123 m)
12. Madonna di Monte Vivo (1240 m)
13. Brunnen (1016 m)

WEGBESCHREIBUNG

Wir starten im Zentrum von Piaggine **(1)** und fahren in Richtung der winzigen 250-Einwohner-Ortschaft namens Valle dell'Angelo, es ist das kleinste Dorf der Region Kampanien. Es geht an der Kirche Chiesa di San Barbato **(2)** aus dem 17. Jahrhundert vorbei und weiter nach links, kurz darauf sind wir bereits auf dem „Sentiero Italia", der uns für die nächsten 12 km über die Hänge des Monte Cervati führen wird. Zunächst geht es auf der mittelalterlichen Brücke **(3)** über den Fluss Calore; im Winter und Frühjahr kann man hier den spektakulären Wasserfällen des Flusses zusehen, ein Bild, das zum Symbol des Nationalparks Cilento, Vallo di Diano e Alburni geworden ist (das Phänomen tritt nur in diesen Jahreszeiten auf). In der Nähe der Brücke befinden sich außerdem der Palazzo Tommasino und die Kirche Chiesa di S. Pietro aus dem 12. Jahrhundert. Hier beginnt der anstrengendste Teil der Tour: 1 km bergauf, beginnend mit 300 m über Stufen. Danach folgt ein Schotterweg mit losen Steinen und die Steigungen von 15-25% machen das Ganze nicht gerade einfach. Diesen schwierigen Abschnitt kann man auch umfahren, indem man nach den ersten Stufen nach rechts abbiegt und an der nächsten Kreuzung nach links auf die SP388 fährt. Diese Alternative läuft nach 2,5 km wieder mit der Originalstrecke zusammen. Nach einigen Kehren bergauf erreichen wir schließlich den Brunnen Acqua dei Cavalli **(4)**, an dem wir unsere Trinkwasserreserven auffüllen und das fantastische Panorama auf Piaggine genießen können. Weiter geht es über grüne Bergweiden bis zum km 7,5, wo wir nach links in Richtung Monte Cervati (ausgeschildert) abbiegen. An der Abzweigung am km 8,1 halten wir uns rechts und fahren im Bezirk Serra del Radicone **(5)** in den Wald. Hier müssen wir auch über den Fluss Calore, gerademal 300 m unterhalb seines Ursprungs. Nach 1 km erreichen einen wunderschönen Aussichtspunkt, am km 14 biegen wir links ab und folgen den Hinweisen zum Brunnen Fontana dei Caciocavalli **(6)**. Der Brunnen ist nach dem Käse „caciocavallo" benannt, die berühmteste Käsesorte dieser Gegend. Im Winter liegt hier fast immer Schnee, im Sommer dagegen stößt man auf einen kleinen See mit kristallklarem Wasser. Im Wald treten wir jetzt nochmal ein paar hundert Höhenmeter bergauf, verlassen schließlich den Sentiero Italia (km 15,5) und folgen der Abzweigung nach links zur Hütte Cervati e Vallicelli **(7)**. Dabei durchqueren das Gebiet von „I Pantani di S. Pietro", das aufgrund seiner zahlreichen Karstformationen, Höhlen und Schlucklöchern besonders interessant ist. Am km 17 sind wir an der sogenannten Calata dei Vaccari **(8)**, wo uns eine 400 m lange, sehr anstrengende Abfahrt mit einem Gefälle von 20% erwartet. Es geht steil bergab durch den Wald, wobei das Laub das ein oder andere Hindernis verstecken und so manchen Biker zum Absteigen zwingen könnte. Nach den ersten steilen Metern rollen wir dann ohne größere Schwierigkeiten weiter bis wir auf eine kaum befahrene, asphaltierte Straße stoßen. Wir folgen der Straße bergab bis zum Brunnen von „Masseria Calabrese" **(9)**. Links der Tränke beginnt der Pfad, der uns im Auf und Ab durch den Wald und vorbei an Tempa Soprana führt. Der Untergrund ist am Anfang kompakt und steinig, wird aber langsam immer mehr von dem Waldboden des dichten Buchenwaldes vereinnahmt. Am Waldausgang öffnet sich vor uns ein traumhafter Ausblick auf Sella del Raccio, den Monte Motola und

die umliegenden Täler mit ihren grünen Wiesen und grasenden Weidetieren. Mit ein bisschen Glück kann man hier einen Blick auf Hasen, Füchse, Marder und Raubvögel erhaschen und sogar die Spuren von Wölfen und Wildschweinen entdecken.
Bald sind wir auf dem Kamm des Massivs, der in Richtung Cervati verläuft. Das Gelände ist rau und felsig mit teilweise sehr hoch gewachsenen Weißtannen (wir sind auf einer Höhe von 1230 m). Nahe der Gratlinie, auf der linken Seite eines Zauns stoßen wir am km 27 auf ein Tor **(10)**. Wir durchqueren das Tor und achten darauf, es wieder gut zu verschließen. Wir Biker können diese Wege problemlos nutzen, unter der Voraussetzung, dass Natur, Weidewirtschaft und Tiere respektiert und entsprechend behandelt werden. Auf dem CAI-Weg 514 kommen wir am Monte Faggitella (1606 m) und am Monte Motola (1705 m) vorbei, nach ein paar Viehgattern stoßen wir auf den Brunnen Fonte del Trifoglio **(11)** und erreichen schließlich die Madonna del Monte Vivo **(12)** (1239 m), wo wir das fantastische Panorama und das saubere, frische Wasser **(13)** genießen können. Der letzte Abschnitt der Tour führt auf einer kaum befahrenen, asphaltierten Straße bergab durch das Tal zurück zum Ausgangspunkt. Am Ende der anstrengenden Tour haben wir uns dann eine Portion der typischen „Fusilli al castrato cilentano“ und ein Glas Wein in einem der Restaurants in Piaggine oder Valle dell’Angelo reichlich verdient.

ANMERKUNGEN

Anreise: A2 Autostrada del mediterraneo, Ausfahrt Battipaglia (von Norden Kommend) oder Eboli (von Süden kommend). Weiter auf der SS18 in Richtung Cappaccio, Ausfahrt in Richtung Roccadaspide und auf der SS166 nach Castel San Lorenzo und Piaggine.
Trinkwasser: Am Ausgangspunkt; Brunnen Acqua dei Cavalli **(4)**, Fontana Caciocavalli **(6)**, Brunnen Masseria Calabrese **(9)**, Fonte del Trifoglio **(11)**, Brunnen am WP **(13)**.

Am Fuß des höchsten Gipfel Kampaniens: der Cervati (© *Antonello Naddeo*)

CIMA DI MÉRCORI

Radweg		0%
Asphaltierte Straße		70%
Betonierte/gepflasterte Straße		0%
Schotterstraße		0%
Saumpfad		0%
Pfad / Weg / Singletrail		30%

★★★★
Schönheit

Cross Country
Stil

Frühjahr-Herbst
Beste Jahreszeit

Zentrum Laurino, 499 m
N40° 20.408' E15° 20.372'
Startpunkt

1638 m
Höchster Punkt

2100 m
Höhenunterschied

53,7 km
Distanz

5 Std.
Wegdauer

★★★
Technische Schwierigkeit

★★★★
Körperlicher Anspruch

100%
Befahrbarkeit beim Anstieg

100%
Befahrbarkeit bei der Abfahrt

Ja - Nein
e-bike

Spärlich
Handyempfang

Die Abfahrt dieser Strecke erfordert Aufmerksamkeit, denn es erwarten uns kompakter Untergrund mit Wurzeln, losen und weniger losen Felsbrocken, Stufen und Treppen in schneller Abfolge. Wir stoßen auf enge Kurven und Gefälle, das an manchen Stellen die 70% erreichen. Die Hindernisse können nur mit einer guten Fahrtechnik überwunden werden, und man sollte in der Lage sein, in jedem Moment bremsen und den Köperschwerpunkt stets in der richtigen Position halten zu können. Es ist wichtig, die Bremskraft richtig zu dosieren und mit dem Körper aktiv zu bleiben. Die Tour ist hart und man muss sich Zeit nehmen, um die fantastischen Naturlandschaften, die es nur in dieser Ecke Italiens gibt, voll und ganz genießen zu können.

WISSENSWERTES

Beim Rückweg kann man einen Abstecher nach Piaggine und einen Spaziergang zwischen den alten Gassen, Rampen, Ecken und Innenhöfen machen. Sehenswert sind die Kirchen Chiesa della Madonna del Carmine und die Cappella della Madonna delle Grazie. Die Ortschaft liegt im Schutz des Monte Cervati inmitten dichter Wälder, wie dem des Cervatello, wo man auf gut markierten Naturpfaden die Umgebung erkunden kann. Außerdem gibt es das Museo della Montagna mit Ausstellungen zu Flora und Fauna der Gegend und das Museum „Chiainari nel mondo", das von der Emigration der Italiener und der Bewohner von Piaggine mittels Audio- und Videoaufnahmen aus den USA, Argentinien, Uruguay und Europa erzählt.

WEGBESCHREIBUNG

Wir starten in Laurino **(1)**, einem kleinen Ort auf einem Vorsprung über dem Tal des Flusses Calore. Wir fahren an der Kirche Chiesa di Santa Maria Maggiore **(2)** vorbei und auf der SP 11D leicht bergauf in Richtung Piaggine. Nach 5 km haben wir Piaggine **(3)** erreicht, wo man sich auf keinen Fall die mittelalterliche Brücke **(4)** am km 6 entgehen lassen sollte. Auf der asphaltierten Straße (SP388) geht es weiter und am km 10 können wir am Brunnen „Acqua dei Cavalli" **(5)** unsere Trink-

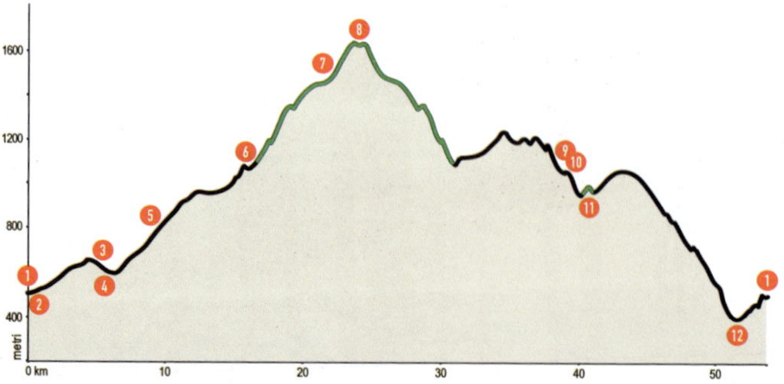

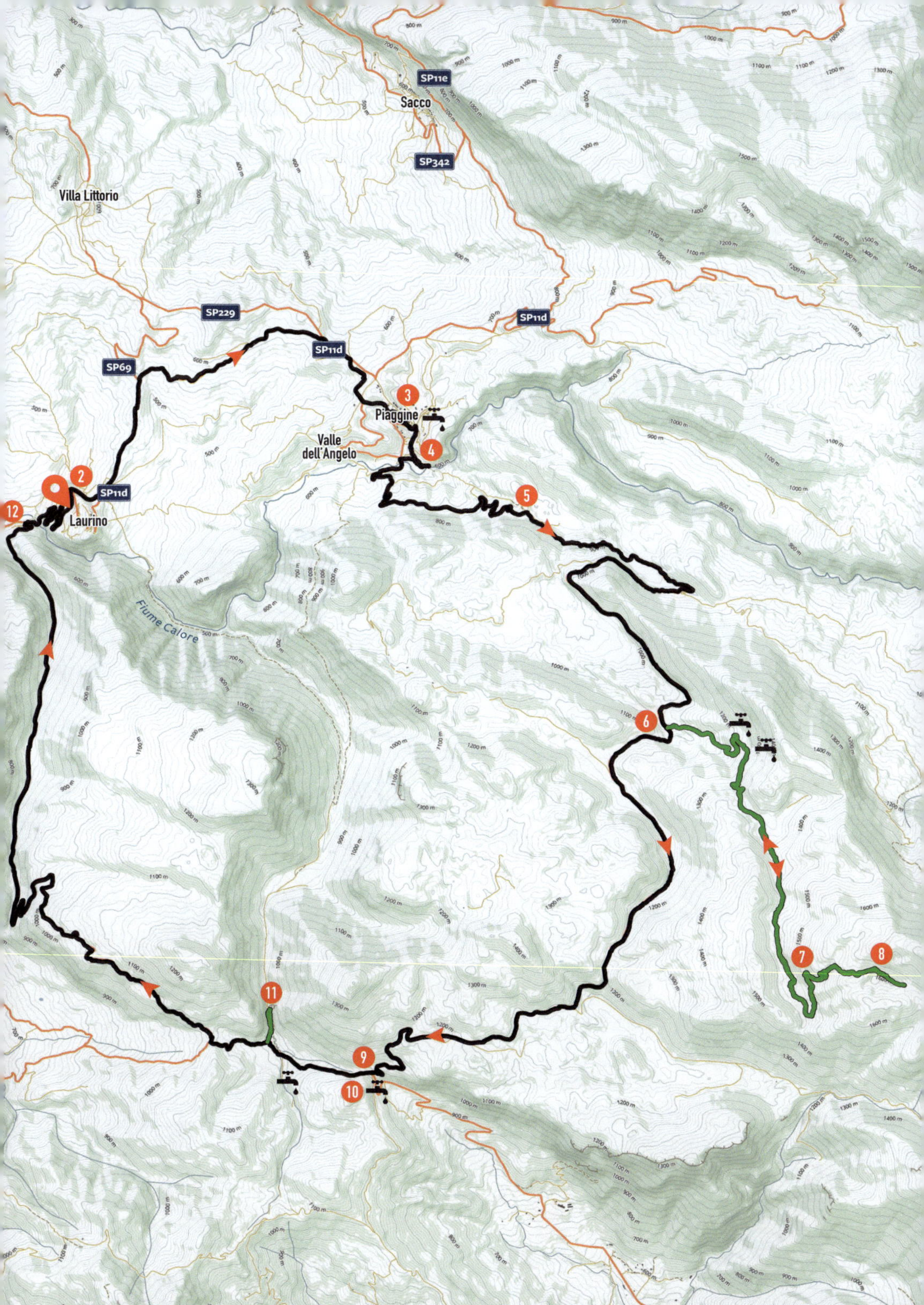
SP11e
Sacco
SP342
Villa Littorio
SP229
SP11d
SP69
Piaggine
Valle dell'Angelo
Laurino
Fiume Calore
2
3
4
5
6
7
8
9
10
11
12

Hütte/Restaurant bei Laurino

Einkehr

Brunnen in Piaggine; Brunnen Acqua dei Cavalli; Sorgente Cutrazzo; Bocca delle tre fontane

Trinkwasser

Auf dem Weg

1. Zentrum Laurino (499 m)
2. Kirche Santa Maria Maggiore (503 m)
3. Altstadt Piaggine (644 m)
4. Mittelalterbrücke über den Calore (608 m)
5. Brunnen Acqua Dei Cavalli (823 m)
6. Località Orsaia (1081 m)
7. Bocca delle tre Fontane (1500 m)
8. Valle di Mércori (1628 m)
9. Croce Di Pruno (1061 m)
10. Weg Grotta S. Elena - Grava Di Vesalo (Sp371) (1056 m)
11. Schluckloch Vesalo (974 m)
12. Mittelalterbrücke (386 m)

wasserreserven noch einmal vor dem harten Anstieg auffüllen. Nach einer ganzen Menge Kehren stoßen wir auf einer Höhe von 1098 m in „Località Orsaia" **(6)** auf den Schotterweg, der links abzweigt und zur Cima Mércori hinaufführt. Der erste Abschnitt ist nicht besonders anstrengend, auch wenn der Schotterweg sehr felsig ist und man leicht das Gleichgewicht verliert. Beim Blick nach oben kann man bereits die Felswände des Berges erkennen, umgeben von dichten Wäldern, der vor allem im Herbst in den schönsten Farben leuchtet. Der Anstieg führt auf eine Lichtung (1330 m), auf der man den Ausblick auf das Tal Valle di Mércori **(8)** genießen kann. An diesem Punkt beginnt auch der harte Teil des Anstiegs, bei dem unter dem Laub versteckte Furchen und lose Steine Spielverderber spielen könnten. Es folgen verschieden steile Rampen und an den steileren Abschnitten empfiehlt es sich im Zickzack zu fahren und so die Steigung ein wenig abzuschwächen. Im Sattel bleiben ist aber wirklich schwierig. Auf 1514 m stoßen wir auf den Brunnen „Bocca delle tre Fontane" **(7)** (km 25) und bei 1637 Höhenmetern erreichen wir eine Ebne mit fantastischem Ausblick. Hier kann man zu Fuß mit dem Bike auf der Schulter weiter zum Gipfel

Mittelalterliche Brücke in Piaggine (© *Antonello Naddeo*)

(1788 m): Es sind nur ein paar hundert Meter Höhenunterschied, aber die dichte Vegetation erfordert viel Kraft und Erfahrung. Die Cima di Mércori erstreckt sich bis zu den Geröllfeldern des Monte Cervati und am Gipfel kann man den Golf von Policastro, den Bulgheria, den Gelbison und den Monte Papa erkennen. Jetzt erwartet uns eine Abfahrt mit zahlreichen Tücken. An manchen, nach Norden ausgerichteten Stellen ist der Untergrund oft rutschig und man sollte den Reifendruck kontrollieren, um den bestmöglichen Grip zu haben. An der asphaltierten Straße (SP388) angekommen, biegen wir an der Abzweigung von Laurino links ab und fahren an der Senke von Campolongo (Karstsenke mit verschiedenen unterirdischen Höhlen und Löchern) vorbei bis nach Località Croce di Pruno **(9)**. Hier folgen wir dem Weg Sentiero Grotta S. Elena - Grava di Vesalo **(10)** (SP371) (1056 m) und machen eine kleine Stärkungspause in der Hütte auf einer Höhe von ca. 1000 m. Unbedingt probieren sollte man typische Köstlichkeiten wie die Fusilli al castrato (Nudelgericht). Frisch gestärkt rollen wir bergab und erreichen nach nur wenigen Kilometern das Schlucklock Grava di Vesalo **(11)**. Der Weg zum Schluckloch zweigt nach rechts ab und führt durch einen dichten Wald mit riesigen Buchen und Erlen; rechts von uns fließt der Wildbach Milenzio. Laurino ist jetzt nicht mehr weit, bevor wir zurück zum Auto fahren, machen wir jedoch noch einen kleinen Abstecher zu der mittelalterlichen Brücke von Laurino aus dem Jahr 1271 **(12)**.

ANMERKUNGEN

Anreise: A2 Autostrada del Mediterraneo, Ausfahrt Consilia und weiter auf der SS19 in Richtung Laurino.

Das Tal von Mércori in herbstlichen Farben (© *Antonello Naddeo*)

DER KOPF DES DRACHENS: COCUZZO DELLE PUGLIE

Radweg	0%
Asphaltierte Straße	74%
Betonierte/gepflasterte Straße	0%
Schotterstraße	4%
Saumpfad	0%
Pfad / Weg / Singletrail	22%

***
Schönheit

All mountain
Stil

März-November
Beste Jahreszeit

Historischer Kern von Teggiano, 603 m
N40° 22.855' E15° 32.361'
Startpunkt

1431 m
Höchster Punkt

1352 m
Höhenunterschied

36,6 km
Distanz

5 Std.
Wegdauer

****
Technische Schwierigkeit

****
Körperlicher Anspruch

93%
Befahrbarkeit beim Anstieg

99%
Befahrbarkeit bei der Abfahrt

Ja - Nein
e-bike

Spärlich
Handyempfang

Diese Strecke führt uns an geschichtsträchtige Orte, durch traumhafte Naturlandschaften und sie berührt die drei schönsten Gipfel des Gebirgsmassivs des Cocuzzo delle Pugle im Vallo di Diano. Die Tour ist sowohl in technischer als auch in physischer Hinsicht sehr anspruchsvoll, aber mit ein bisschen Umsicht ist es möglich, den Gipfel zu erobern und ein fantastisches Kribbeln beim Fahren über die beiden Grate, die am Monte Puglie zusammenlaufen, zu spüren.

WEGBESCHREIBUNG

Wir parken im Ortskern von Teggiano im Parkhaus an der Piazza Portello **(1)**, zwischen dem beeindruckenden Castello dei Sanseverino und einem traumhaften Ausblick auf das darunterliegende Tal. Auf der Via Pomponio Leto geht es bergab und nach 500 m und zwei Kehren erreichen wir die gleichnamige Oberschule (istituto superiore). Danach biegen wir auf den Weg nach rechts ab, über den wir auf die weiter unten verlaufende Straße gelangen. Links vom Sitz des Corpo Forestale dello Stato folgen wir dem Schotterweg bis nach Piedimonte **(2)** und fahren auf der SP11i weiter nach San Marco **(3)**. Nach der Ortschaft folgen wir der SP11f in Richtung Laurino und beginnen mit dem Anstieg, der uns zu dem Pass führt, der die Ebene von Teggiano mit dem Hinterland des Cilento verbindet. Es geht für ca. 17 km sanft bergauf (Asphalt) und auf halbem Weg können wir einen bei dem Brunnen Fontana d'inverno **(4)** eine kleine Pause machen und die Südwand des Monte Puglie bewundern. Am Ende der asphaltierten Straße sind wir am Sattel Sella del Corticato **(5)** (1026 m) angelangt, mit Blick auf den Monte Motola im Süden, den Cocuzzo im Norden, Roscigno und Cilento im Westen und Teggiano im Südosten. Wir folgen jetzt dem Schotterweg nach rechts (Beschilderung des CAI), es handelt sich dabei um die sogenannte „Via Istmica", wo einst mittelalterliche Heere und Hirten mit ihren Herden unterwegs waren. Der Untergrund ist kompakt und steinig und wir treten in Richtung Norden bergauf bis wir auf den Beginn einer schmalen, gestuften Straße stoßen, die zur Ebene Piano della Montagnola (1191 m) ansteigt. Die Treppe ist anstrengend und zwingt uns, das Bike für ca. 100 m zu schultern. Am Ende der Stufen geht es dann auf einem Schotter-

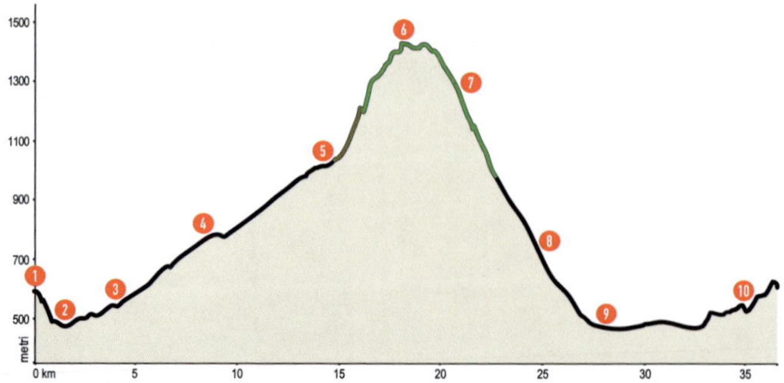

Sant'Arsenio
San Pietro al Tanagro
A2
Atena Lucana
Fiume Tanagro
San Rufo
SS166
SP39a
SP166
Prato Perillo
Castello Sanseverino
TEGGIANO
1
2
3
4
5
6
7
8
9
10

Keine
Einkehr

Altstadt, Loc. San Marco, Fontana d'inverno, Fontana Vecchia
Trinkwasser

Auf dem Weg
1. Teggiano (603 m)
2. Loc. Piedimonte (478 m)
3. Loc. San Marco - Brunnen (552 m)
4. Fontana d'inverno (774 m)
5. Sella del Corticato (1028 m)
6. Monte Puglie (1465 m)
7. Bergsee (1260 m)
8. Saumpfad (686 m)
9. Loc. Fontana Vaglio (476 m)
10. Fontana Vecchia (526 m)

weg weiter, der mit markanter Steigung bis zum Beginn des Saumpfades führt, der über den Südosthang des Cocuzzo delle Puglie verläuft. Wir erreichen schließlich die andere Seite des Kamms und rollen durch einen Buchenwald. Nach einigem Auf und Ab sind wir dann in der Talmulde, die die beiden Grate vom Berg trennt und der Felsabsturz (im Süden) kennzeichnet das Ende des befahrbaren Teils. Zu Fuß und mit dem Bike auf den Schultern machen wir uns auf den Weg zum Gipfel des Cocuzzo delle Puglie **(6)** (1462 m). Wer den besonderen Kick will, der kann ein kleines Stück auf dem Grat nach Südosten im Sattel machen, der Kitzel dauert jedoch nur wenige Meter an, denn es gibt zahlreiche ausgesetzte Passagen und man sollte besser nichts riskieren. Bevor wir uns in die Abfahrt stürzen, empfiehlt sich eine kleine Pause, um sich auf den letzten, nach Norden ausgerichteten Abschnitt vorzubereiten. Am km 23 (1300 m) biegen wir dann an der Abzweigung rechts ab und beginnen einen schnellen Sturzflug auf kompaktem Untergrund. Vorsicht ist bei der ein oder anderen Furche und einigen Buckeln gefragt und wer will, kann hier seine Freestyle-Kenntnisse auf die Probe stellen.

Via Istmica (© *Antonello Naddeo*)

Die Nordseite tückisch sein: im Herbst versteckt ein bunter Teppich aus trockenem Laub lose Steine und Furchen, im Winter könnte dagegen Schnee die Latte auf der Schwierigkeitsskale um einiges höher legen. Wieder zurück an der Abzweigung (km 20,5), halten wir uns rechts und nach 350 m können wir einen kleinen Bergsee **(7)** auf der linken Seite bewundern. Es geht weiter bergab und nach zwei Abfolgen von je fünf Kehren erreichen wir den Ort Acquafredda (rechts halten). Hier müssen wir einen 300 m langen technischen Abschnitt mit lehmigem Untergrund und unbarmherzigen Felsaufschlüssen **(8)** bewältigen. Am Ende geht es durch eine Furt, die für gewöhnlich von Weidetieren genutzt wird und in Fontana Vaglio **(9)** betreten wir das Gebiet der Gemeinde San Rufo. Wir sind wieder im Flachland von Teggiano, es geht an Prato Perillo vorbei und wieder bergauf, erst auf der Via Monte und dann auf der Via Valle Cupa. Oben angekommen, folgen wir der Via Pedemontana, halten uns links bis wir die Via Fontana Vecchia **(10)** erreicht haben. Hier beginnt ein, kurzer Abschnitt auf Schotter zurück zum Ausgangspunkt. Diese Art von Schotterweg wird hier auch „chiaio" genannt und wird nach wie vor für den Viehtransport genutzt.

ANMERKUNGEN

Anreise: Autobahn A2 del Mediterraneo, Ausfahrt Sala Consilina (wer von Norden kommt) oder Buonabitacolo Padula (wer von Süden kommt). Weiter auf der SS19 bis zur Abzweigung Trinità di Sala Consilina, hier in Richtung Teggiano centro.

Der Schotterweg zum Piano della Montagnola (© *Antonello Naddeo*)

45 Vallo di Diano

IM VALLE DEL BUCANA

Radweg		0%
Asphaltierte Straße		82%
Betonierte/gepflasterte Straße		0%
Schotterstraße		0%
Saumpfad		0%
Pfad / Weg / Singletrail		18%

★★★
Schönheit

Cross Country
Stil

Frühjahr und Herbst
Beste Jahreszeit

Silla di Sassano, an der SP 78, 461 m
N40 21.470 E15 35.207
Startpunkt

1071 m
Höchster Punkt

984 m
Höhenunterschied

29,5 km
Distanz

3 Std.
Wegdauer

★★★
Technische Schwierigkeit

★★
Körperlicher Anspruch

100%
Befahrbarkeit beim Anstieg

95%
Befahrbarkeit bei der Abfahrt

Ja - Nein
e-bike

Spärlich
Handyempfang

Diese Tour verläuft im Gebiet zwischen Silla di Sassano, Monte San Giacomo und Teggiano. Wir rollen bequem über kaum befahrene Straßen durch grüne Naturlandschaften, nur der erste Teil des Weges „Sentiero del Bucano“ ist nicht ganz einfach. Die zahlreichen Hindernisse erfordern hier eine gute Fahrtechnik und im Winter könnten Schlamm und der Wasserstand des Wildbachs den Trail ziemlich unwegsam werden lassen. Wer dagegen im Frühjahr unterwegs ist, wird sich über die Farbexplosion der Natur freuen können. Der Beginn des „Sentiero del Bucano“ ist sehr gut markiert.
Am Ende der Tour, noch vor der Straße zurück zum Ausgangspunkt, empfehlen wir, den wunderschönen alten Ortskern von Teggiano mit dem Castello dei Principi Sanseverino und dem Museo Diocesano zu besuchen.

WISSENSWERTES

Neben Teggiano verdient auch die kleine Ortschaft Monte San Giacomo am Hang des Monte Cervati einen Besuch. Im Herzen des Dorfes liegt die Kirche Chiesa Madre, die dem heiligen San Giacomo geweiht ist. Hier wird ein Holzkreuz aus dem 17. Jahrhundert aufbewahrt, eine polychrome Statue des San Giacomo und eine Madonnenstatue von großem künstlerischen Wert. Vom Zentrum kann man den Berg hinaufsteigen bis zur Kirche Chiesa di Santa Maria di Costantinopoli in der Ortschaft Cerri. Falls die Kapelle geschlossen sein sollte, kann man durch das Loch in der Fassade (links vom Portal) das Abbild der Madonna protettrice dei Boschi (Beschützerin der Wälder) erkennen. Ein typisches Produkt aus Monte San Giacomo ist die „pera lardar“, Birnen, die im Oktober in den Bergern geerntet und dann zum Reifen in Wasser in Terracotta-Gefäßen eingelegt werden. Wenn sie reif sind, werden sie bei Bedarf geschält, in Stücke geschnitten und mit Olivenöl. Salz und Knoblauch verfeinert.

WEGBESCHREIBUNG

Wir starten in Silla si Sassano an der Provinzstraße SP78 **(1)** und treten leicht bergauf in Richtung Monte San Giacomo. Nach 700 m biegen

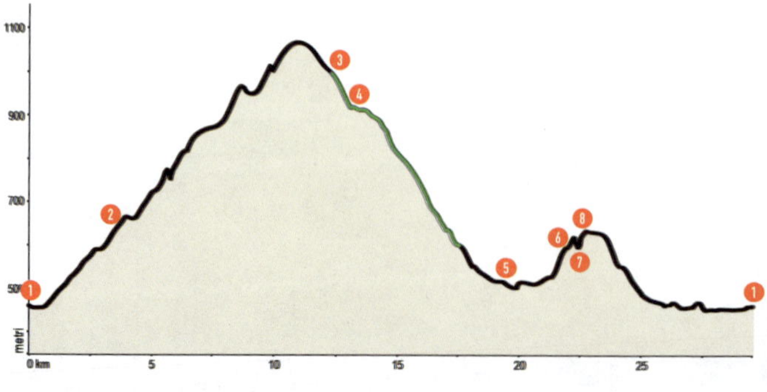

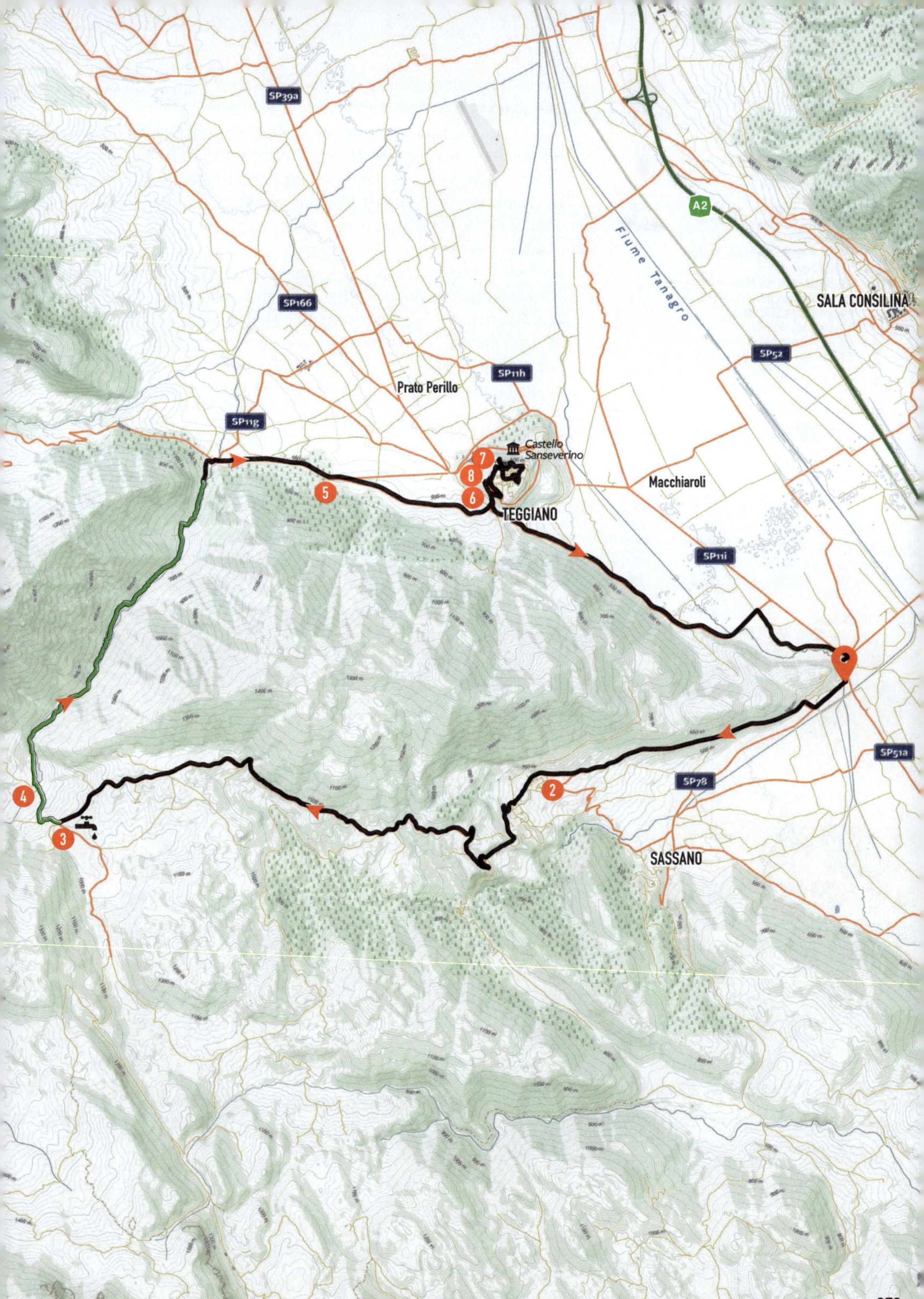

SP39a
A2
Fiume Tanagro
SALA CONSILINA
SP166
SP52
SP11h
Prato Perillo
SP11g
Castello Sanseverino
7
8
5
6
TEGGIANO
Macchiaroli
SP11i
SP51a
2
SP78
4
3
SASSANO

Einkehr
Keine

Trinkwasser
Brunnen bei der Masseria Rezzo; Tränke am Ende der Bucana-Abfahrt

Auf dem Weg
1. Silla di Sassano an der SP78 (461 m)
2. Altstadt von Monte San Giacomo (652 m)
3. Brunnen an der Masseria Rezzo (993 m)
4. Sentiero del Bucana (919 m)
5. Valle Cupa (510 m)
6. Teggiano (591 m)
7. Aussichtspunkt (598 m)
8. Castello di San Severino (618 m)

wir nach rechts auf die SP72 ab. Auf Asphalt geht es an den Gebirgsmassiven von Cozzo dell'Uovo und Serra dei Cuponi (rechterhand) vorbei und nach 4 km mit leichter Steigung erreichen wir die Ortschaft Monte San Giacomo **(2)**. An dem Platz Piazza Sandro Pertini führt eine Straße nach rechts bergauf, die uns nach einigen Kehren zum höchsten Punkt der Tour bringt. Wir sind auf Asphalt unterwegs, das macht aber überhaupt nichts, denn die Landschaften des Monte Cervati und, oben angekommen, das Panorama sind wirklich atemberaubend. An dem Brunnen des Gehöfts Masseria Rezzo **(3)** können wir unsere Trinkwasserreserven auffüllen und den Weidetieren in den umliegenden Tälern beim Grasen zusehen. Am km 13 biegen wir nach rechts auf einen schönen Schotterweg ab und nach ca. 800 sind wir am Beginn des Weges „Sentiero del Bucana" **(4)** (Schild). Der Saumpfad wird von einem Holzzaun gesäumt ist von Anfang an schwierig, vor allem wegen

Beim Brunnen der Masseria Rezzo (© *Antonello Naddeo*)

Zwischen Mohnblüten genießen wir den Blick auf den majestätischen Cervati (© *Antonello Naddeo*)

dem lehmigen Untergrund. Dazu kommen große lose Steine, die eine flüssige Abfahrt verhindern. Am Anfang des Weges müssen wir durch den Fluss, auf der rechten Flussseite beginnt dann der Singletrail durch eine sehr dichte Vegetation. Eine zweite Flussdurchfahrt nach links und ein kurzer Anstieg bringen uns auf einen zweiten Singletrail, der weniger schattig ist. Der Pfad verläuft sehr schmal zwischen der überwuchernden Natur und stellenweise erschweren Felsaufschlüsse das Fortkommen. Das Ambiente ist beeindruckend und vor allem im Frühling ist es hier besonders schön. Im finalen Abschnitt wird der Weg ein wenig breiter und kompakter und macht die Abfahrt angenehmer und sicherer. An der Abzweigung am km 18 biegen wir rechts ab auf die SP11 und am km 20 folgen wir dem Verlauf des Tals Valle Cupa **(5)** bis zum letzten Anstieg, der uns nach Teggiano **(6)** führt. Die Ortschaft ist bekannt für ihre 13 Kirchen, den tollen Ausblick auf das Tal **(7)** und die beeindruckende Burg Castello di San Severino **(8)**. Der Rückweg nach Silla di Sassano ist ein angenehmer Ausklang für eine tolle Tour.

ANMERKUNGEN

Anreise: Autobahn A2 del Mediterraneo, Richtung Salerno-Reggio Calabria, Ausfahrt Sala Consilina für alle, die von Norden kommen. Wer von Süden her kommt, nimmt die Ausfahrt Buonabitacolo-Padula. Weiter auf der SS19 bis zur Abzweigung Trinità di Sala Consilina.

Der Wildbach Bucana (© *Antonello Naddeo*)

46 Vallo di Diano

DAS TAL DER ORCHIDEEN

Radweg	0%
Asphaltierte Straße	43%
Betonierte/gepflasterte Straße	0%
Schotterstraße	49%
Saumpfad	0%
Pfad / Weg / Singletrail	8%

★★★★
Schönheit

Cross Country
Stil

Ganzjährig
Beste Jahreszeit

Silla di Sassano, an der SP 51a, 460 m
N40 21.496 E15 35.219
Startpunkt

1154 m
Höchster Punkt

1216 m
Höhenunterschied

34,50 km
Distanz

4 Std.
Wegdauer

★★★
Technische Schwierigkeit

★★★★
Körperlicher Anspruch

100%
Befahrbarkeit beim Anstieg

100%
Befahrbarkeit bei der Abfahrt

Ja – Nein
e-bike

Ausreichend
Handyempfang

Diese Tour führt uns an einen „magischen“ Ort, das sogenannte „Valle delle Orchidee“ (Tal der Orchideen) im Herzen des Schutzgebietes des Monte Cervati, in dem auch das Gebiet der Gemeinde von Sassano liegt. Wir starten in Silla di Sassano und fahren an verschiedenen Orchideenhainen vorbei, hinauf bis auf eine Höhe von 1186 m. Es geht bergauf bis zur Vesalo Hütte, weiter zum Campo di Gravola, vorbei an der Piscina del Brigante und anderen großflächigen Wiesenlandschaften. Die Strecke ist ca. 35 km (hin und zurück) lang und verläuft über Asphalt, Schotter und gemischten Untergrund. Die beste Jahreszeit für diesen Ausflug ist der Monat Mai, wenn die Blütezeit ihren farbenfrohen Höhepunkt erreicht hat. Auch in den anderen Monaten zeigt sich die Natur hier stets von ihrer besten Seite, nur auf die Orchideenblüte muss man verzichten.

WISSENSWERTES

Das „Valle delle Orchidee“ ist ein Freiluftmuseum auf einer Fläche von ca. 47 Quadratkilometern mit einem kreisförmigen Naturlehrpfad, entlang dem man verschiedenste wilde Orchideenarten bewundern kann. Hier wachsen 184 der in Europa und im ganzen Mittelmeerraum erfassten 319 wilden Orchideenarten. Bereichert wird die Zone außerdem von zahlreichen Birken. Die Orchideen von Sassano blühen von April bis Juni und einige Arten behalten ihre Blüten sogar bis in den Monat Juli. Im Mai findet das traditionelle „Festa delle Orchidee“ statt, mit kostenlosen Führungen, der Verkostung von typischen Produkten, sowie Musik- und Folkloreveranstaltungen, die von der Gemeinde Sassano organisiert werden. Wir möchten hier auch daran erinnern, die Orchideen weder zu pflücken noch zu beschädigen und damit dazu beizutragen, dass dieses pflanzliche Erbe auch weiterhin erhalten bleibt und für alle zugänglich ist.

WEGBESCHREIBUNG

Wir starten in Silla di Sassano und folgen der ebenen Provinzstraße SP51a **(1)** für ca. 3,5 km. Danach geht es auf der Via Ascolese auf

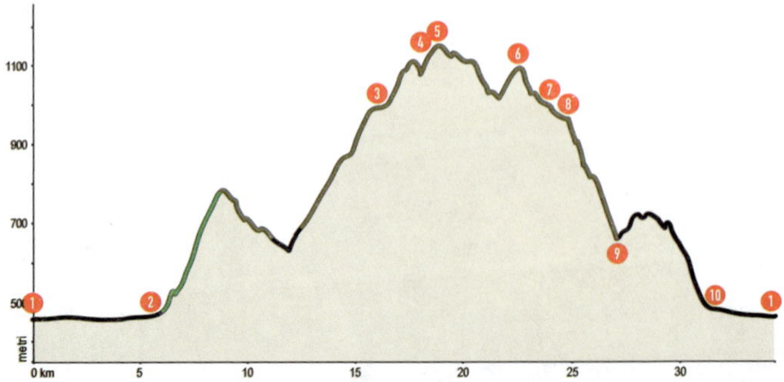

Teggiano
Macchiaroli
SP226
SP11f
SP11i
SP51a
Fiume Zia Francesca
SP78
SP78a
Monte San Giacomo
Fiume Tanagro
A2
Varco Notar Ercole
Sassano
SP213
Sterpone
SP51a
SP213
Fiume Imperatore
Fiume Tanagro
SP517
1
2
3
4
5
6
7
8
9
10

Rifugio Vesalo

Einkehr

Brunnen an der Brücke Ponte Peglio

Trinkwasser

Auf dem Weg

1. Silla di Sassano, an der SP51a (460 m)
2. Fluss Tanagro (469 m)
3. Rifugio Vesalo (997 m)
4. Aussichtspunkt Schutzgebiet (1126 m)
5. Höchster Punkt (1154 m)
6. Campo di Filano (1092 m)
7. Affonnaturo (1009 m)
8. Belvedere Di Gravola (961 m)
9. Ponte Peglio (663 m)
10. Sassano (502 m)

der linken Seite des Flusses Tanagro **(2)** weiter bis zum Beginn des Schotterweges, der gut markiert ist und in das Tal der Orchideen führt. Zwei enge Kehren weisen gleich am Anfang auf einen anstrengenden Anstieg hin. Auf einer Höhe von 791 m angekommen, biegen wir an der Abzweigung rechts ab und folgen der angenehm ebenen Straße, die später in einen Schotterweg übergeht. Am km 11 biegen wir an der Abzweigung links ab und kurz darauf müssen wir wieder schwitzen und in die Pedale treten. Es geht steil bergauf bis zur Vesalo Hütte **(3)** (1000 m) am Gipfel des Monte Serra Lunge. Hier empfiehlt sich eine Pause zur Stärkung, danach fahren wir auf der Straße vom Hinweg ca. 20 m zurück und biegen nach links auf den Schotterweg ab. Es geht weiter bergauf und wir kommen jetzt in eine der schönsten Zonen des Schutzgebietes **(4)**. Wir umfahren den Monte

Cono Sanseverino in action bei einem der harten Anstiege im Valle delle Orchidee (© *Antonello Naddeo*)

Serritore (1200 m) und erreichen schließlich den höchsten Punkt unserer Tour **(5)**. Wir kommen am Campo di Filano **(6)** und kurz darauf an dem sogenannten Affonnaturo **(7)** vorbei, einem der größten Schlucklöcher in dieser Gegend. Danach rollen wir über weitläufige Wiesen, auf denen für gewöhnlich freilaufende Tiere grasen, bis zum Aussichtspunkt Belvedere di Gravola **(8)** (1020 m), an dem wir ein wirklich fantastisches Panorama auf die Umgebung genießen können. Die letzten Kilometer führen bergab bis auf die Straße vom Hinweg, doch zuerst überqueren wir noch die Brücke Ponte Peglio mittelalterlichen Ursprungs **(9)** und statten dem reizenden Dorf Sassano **(10)** einen kleinen Besuch ab.

ANMERKUNGEN

Anreise: Autobahn A2 del Mediterraneo, Richtung Salerno-Reggio Calabria, Ausfahrt Sala Consiline (von Norden kommend) oder Buonabitacolo (von Süden kommend) und weiter auf der SS19 bis zur Abzweigung von Trinità di Sala Consilina - Silla di Sassano.

Anstieg auf dem Schotterweg der Vesalo Hütte (© *Antonello Naddeo*)

Die Naturlandschaften des Monte Serritore (© *Antonello Naddeo*)

47 Vallo di Diano

DIE WUNDERBARE WELT DES MONTE CERVATI

Radweg	0%
Asphaltierte Straße	69%
Betonierte/gepflasterte Straße	0%
Schotterstraße	25%
Saumpfad	0%
Pfad / Weg / Singletrail	6%

★★★★
Schönheit

All mountain
Stil

Spätes Frühjahr-Sommer
Beste Jahreszeit

Sassano - Loc. San Rocco, 473 m
N40° 20.769' E15° 33.940'
Startpunkt

1853 m
Höchster Punkt

2646 m
Höhenunterschied

70,8 km
Distanz

8 Std.
Wegdauer

★★★★
Technische Schwierigkeit

★★★★
Körperlicher Anspruch

100%
Befahrbarkeit beim Anstieg

99%
Befahrbarkeit bei der Abfahrt

Ja - Nein
e-bike

Keiner
Handyempfang

Der Anstieg auf den Monte Cervati führt über kompakte, steinige Schotterwege, wobei wir gegen Ende auf kleinere Wasserläufe, die Furchen bilden und Betonrampen mit Steigungen um die 20% stoßen. Ab der Wallfahrtskirche **(10)** kann man über einen Wanderweg nach Norden bis zur Höhle Grotta della Madonna della Neve **(10b)**. Danach folgen wir einem Saumpfad im Auf und Ab, Felsaufschlüsse erhöhen dabei leicht den Schwierigkeitsgrad. Man kann hier weiter zum eigentlichen Gipfel **(11)**, wenn man ab dem km 49,3 den Weg verlässt und in Richtung Süden fährt. Bergab rollen wir über einen alten Pilgerweg **(12)**, mit sehr felsigem und losem Untergrund. Am Anfang ist der Weg sehr stark ausgesetzt, ohne Zaun und instabile, lose Hindernisse erschweren das Ganze noch zusätzlich. Das durchschnittliche Gefälle liegt um die -20%, bei manchen Stellen aber auch weit mehr als -35%. Der Weg am Brunnen Fontana degli Zingari **(14)** ist ein typischer Waldweg mit weichem Untergrund, der im nassen Zustand ziemlich rutschig werden kann. Die Strecke ist anspruchsvoll und man sollte Erfahrung und eine gute körperliche Form mitbringen. Am Gipfel stößt man auf eine charakteristische Senke. Der Gipfel ist kein Muss, weil irrelevant für die Schönheit der Tour.

WISSENSWERTES

Der Monte Cervati ist mit seinen 1899 m der höchste Berg der Region Kampanien. Hier wachsen Buchen, Ahornbäume, Eichen und Erlen und auch die Fauna lässt nichts zu wünschen übrig, vom Wolf über die Wildkatze bis hin zu Steinadler und Wanderfalke ist alles dabei. Ganz in der Nähe des Gipfels liegt die Wallfahrtskirche Madonna della Neve aus dem 10. Jahrhundert. Seit mehr als 1000 Jahren trägt die Bevölkerung von Sanza ein Madonnenbild bei der Prozession in der Nacht zwischen dem 25. und dem 26. Juli hinauf zur Wallfahrtskirche. Hier gibt es auch eine Höhle, in der eine alte Holzstatue der Madonna aufbewahrt wird. Am nahegelegenen Gipfel liegt die sogenannte Nevera (Bezeichnung für Schneegruben, in denen Schnee für die heiße Jahreszeit konserviert wurde): Die Legende erzählt, dass der König von Neapel Ferdinando I. von Aragona im heißen Sommer 1461 seine Soldaten losschickte, um sich im Herrschaftsgebiet auf die Suche nach Eis zu machen, damit dem

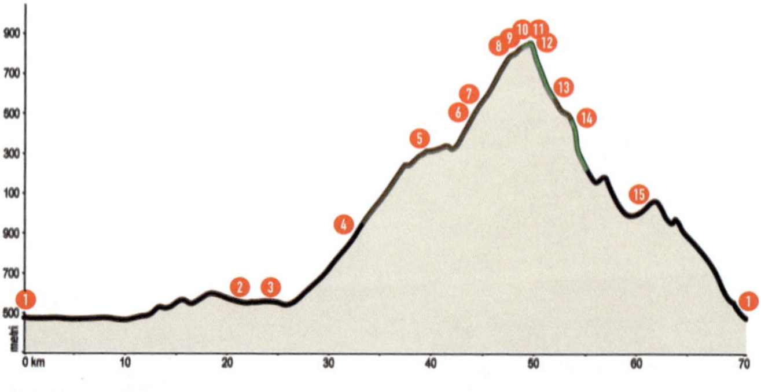

TEGGIANO
SILLA
MONTE SAN GIACOMO
SP72
A2
SS19
Torrente Peglio
1899
Monte Cervati
Cippo Carlo
Pisacane
SANZA
VICO SAN SEBASTIANO
Fiume Bussento
SS517
1250 m
1000 m
750 m
500 m
1500 m
1750 m

Hütte am Gipfel und Rifugio Cervati Casa Rosàlia
Einkehr

Entlang der Strecke, si. Anmerkungen
Trinkwasser

Auf dem Weg
1 San Rocco (473 m)
2 Sanza – Brunnen (557 m)
3 Brunnen am Weg der Madonna della Neve (561 m)
4 Zugangstor Cervati (793 m)
5 Colle del Pero - Weg zum Schlucklock Vallevona (1233 m)
6 Brunnen ù Palummo (1401 m)
7 Ruscio di Vallevona - Brunnen - Picknickplatz - Abenteuerspielplatz (1468 m)
8 Nevera (1777 m)
9 Hütte am Gipfel - Beginn Pilgerweg (1852 m)
10 Santuario Madonna Della Neve - Aussichtspunkt (1854 m)
10b Grotta Madonna della Neve (1807 m)
11 Gipfel Monte Cervati (1873 m)
12 Abfahrt Chiaia Amara - Pilgerweg (1835 m)
13 Rifugio Cervati Casa Rosalia (1597 m)
14 Brunnen Degli Zingari - Wildbach Acqua che suona (1445 m)
15 Brunnen Masseria Rezzo (993 m)

König ein Zitronensorbet zubereitet werden konnte. Genau hier, am Monte Cervati, wurden sie schließlich fündig und transportierten die kühle Fracht auf Eseln bis zum nahegelegenen Hafen von Palinuro.
Auf einer Höhe von 1250 kann man im Gebiet von Vallicelli, auf der Bergseite von Monte San Giacomo, beeindruckende Schlucklöcher und Höhlen besichtigen, die jedes Jahr das Ziel zahlreicher Touristen und Höhlenforscher sind.

WEGBESCHREIBUNG

Diese Tour ist eine der schönsten und anspruchsvollen Touren über die Hänge des Monte Cervati, dem höchsten Gipfel der Region Kampanien. Los geht es im Bezirk San Rocco di Sassano **(1)**, wir fahren zuerst in Richtung Südosten übers Flachland, vorbei an der Serra di Corleto und weiteren Hügeln. Nach 5,6 km folgen wir dem Schotterweg am Ostufer des Flusses Tanagro entlang und erreichen schon bald Buonabitacolo (km 13) und Sanza **(2)** (km 21), die letzte Möglichkeit für eine Stärkung vor dem Anstieg. Etwas später stoßen wir auf einen Brunnen an dem Weg „Sentiero storico Madonna della Neve“ **(3)** und ca. 10 km nach Sanza passieren wir die Zugangsschranke zum Monte Cervati, mit dem Hinweisschild **(4)**,

das den Beginn des Schotterweges hinauf zum Gipfel markiert. Nach 6,5 km sind wir in Colle del Pero **(5)** an der ersten Abzweigung und können eine kurze Panoramapause machen. Hier hat man Blick auf den Wald von Vallinova, wo der sogenannte „Patirach" aus dem Buchenwald emporragt, eine uralte Weißtanne, die mehr als 40 m hoch ist und „Patriarca di Donna Nina" genannt wird. Es geht weiter bergauf und wir kommen an dem Brunnen Fontana U' Palummo **(6)** und an dem Brunnen Fontana del Ruscio di Vallevona **(7)** vorbei. Nach weiteren 3,5 km bergauf erreichen wir die letzte Kehre, die zu der sogenannten Nevera **(8)** (1777 m) führt, einem riesigen Schluckloch, in dem der Schnee das ganze Jahr über nicht abschmilzt. Auf einer Höhe von 1855 m angekommen, wird das Ambiente von hohen Felswänden dominiert und wir stoßen auf die letzte Rampe, die zur Wallfahrtskirche Santuario della Madonna della Neve **(10)** und zur Hütte am Gipfel **(9)** führt. Hinter der Kirche gibt es einen Aussichtspunkt, der die Mühen des Anstiegs sofort vergessen lässt. Nach einer kurzen Fotopause folgen wir dem Pfad an einer grünen Hochebene vorbei bis zur Freitreppe zur Grotta della Madonna **(10b)**. In der Hütte **(9)** können wir uns dann umziehen bevor wir uns in die adrenalinlastige Abfahrt stürzen. Der Pilgerweg „Sentiero dei Pellegrini" führt uns bis zum Weg namens „Chiaia Amara" **(12)**, mit verschieden hohen Stufen und vielen instabilen Felsbrocken. Der Weg erfordert Kraft, Technik und einen guten Gleichgewichtssinn. Der Sturzflug auf dem Enduro-Trail führt uns direkt in die Hütte Rifugio Casa Rosàlia **(13)**, wo uns die freundlichen Hüttenwirte mit einem warmen Tee und knisterndem Kaminfeuer erwarten. Danach geht es weiter durch den Wald bis zur Abzweigung des Weges, der am Brunnen Fontana degli Zingari vorbei, sowie am Wildbach „dessen Wasser klingt" („Torrente dell'Acqua che suona") **(14)** und den hohen Felswänden namens „Scanni dei Vallicel-

Weitläufige Ebenen am Fuß des Gipfels (© *Antonello Naddeo*)

li“ entlangführt. In diesem Gebiet ist der Untergrund oftmals nass und rutschig, man sollte daher sehr vorsichtig fahren und den Körperschwerpunkt nicht ganz so weit nach hinten verlagern, damit das Vorderrad nicht wegrutscht. Wichtig ist dabei der richtige Reifendruck, für besseren Grip sollte man genug Luft ablassen. Der Weg durch den Wald mündet auf Höhe von Vallescura in eine asphaltierte Straße, ganz in der Nähe von Vallicelli. Beim Rückweg nach San Rocco di Sassano kommen wir an der Masseria Rezzo (Brunnen) **(15)** vorbei und durchqueren den alten Ortskern von Monte San Giacomo.

ANMERKUNGEN

Anreise: A2, Ausfahrt Sala Consilina (von Norden kommend) oder Padula-Buonabitacolo (von Süden

kommend). Weiter in Richtung Sasano-Monte San Giacomo. Mit dem Zug: Linie Napoli-Salerno-Scignano degli Alburni-Lagonegro Haltestelle Sassano; Linie Napoli-Salerno-Reggio Calabria Haltestelle Sapri. **Trinkwasser**: Brunnen in San Rocco **(1)**, Brunnen in Buonabitacolo, Brunnen in Sanza **(2)**, Brunnen am Weg Sentiero Madonna della Neve **(3)**, Brunnen ù Palummo **(6)**, Brunnen in Ruscio di Vallevona **(7)**, Brunnen Masseria Rezzo **(15)**.

Beginn des Wegs auf den höchsten Berg Kampaniens (© *Antonello Naddeo*)

Der Sentiero dei Pellegrini bei Sonnenuntergang (© *Antonello Naddeo*)

PAPARELLA-RINGTOUR

Radweg		0%
Asphaltierte Straße		42%
Betonierte/gepflasterte Straße		0%
Schotterstraße		14%
Saumpfad		4%
Pfad / Weg / Singletrail		40%

★★★
Schönheit

Cross country
Stil

Frühjahr-Herbst
Beste Jahreszeit

Padula, 521 m
N40° 20.030' E15° 38.937'
Startpunkt

1379 m
Höchster Punkt

1795 m
Höhenunterschied

45 km
Distanz

4 Std.
Wegdauer

★★★
Technische Schwierigkeit

★★★★
Körperlicher Anspruch

100%
Befahrbarkeit beim Anstieg

100%
Befahrbarkeit bei der Abfahrt

Ja – Nein
e-bike

Gut
Handyempfang

Die Gegend des Vallo di Diano ist einzigartig in seiner Art, reich an Natur, Geschichte, Kunst und Kultur. Wir starten mit einer kleinen Runde zum Aufwärmen und statten der Certosa di San Lorenzo einen Besuch ab. Das Kartäuserkloster gehört zum Weltkulturerbe der Unesco und ist mit seiner Fläche von mehr als 50000 Quadratmetern eine der größten Klosteranlagen Europas; der Kreuzgang ist sogar der größte weltweit. Neben dem Kloster kommen wir bei dieser Tour noch an weiteren Kulturschätzen vorbei, wie beispielsweise die Taufkirche Battistero di San Giovanni in Fonte: eine einzigartige frühchristliche Kirche, bei der das Taufwasser direkt aus der Quelle entnommen wird. Dann ist da noch das Museum und Monument zum Gedenken an Joe Petrosino, dem berühmten amerikanischen Polizisten (berühmt für seinen Einsatz im Kampf gegen die Mafia in New York), der in Padula geboren wurde,die historische Altstadt von Padula und die Via dei Prigionieri (dt.: Straße der Gefangenen), die von tschechoslowakischen Gefangenen während des Ersten Weltkrieges gebaut wurde. Die Strecke führt uns außerdem zur archäologischen Fundstätte „Cosilium", ursprünglich eine Lukaner-Siedlung, ab dem Jahr 89 v. Chr. siedelten sich hier jedoch die alten Römer an. Ein längerer Aufenthalt lohnt sich auf jeden Fall, auch, um vielleicht die ein oder andere kulturelle Entdeckungstour ohne Bike zu machen.

WISSENSWERTES

Das Kartäuserkloster Certosa di San Lorenzo ist auf jeden Fall einen Besuch wert. Sehenswert ist außerdem das Museo Archeologico Provinciale della Lucania Occidentale, hier kann man die archäologischen Fundstücke, die bei Ausgrabungen in Sala Consilina und Padula freigelegt wurden, bewundern. Es werden griechische Vasen, Statuen, Stelen und weiter kostbare Fundstücke aus dem Umfeld der ca. 1500 gefunden Gräber ausgestellt.

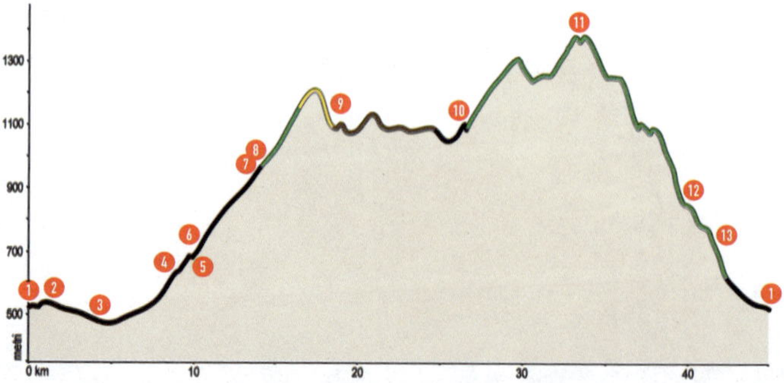

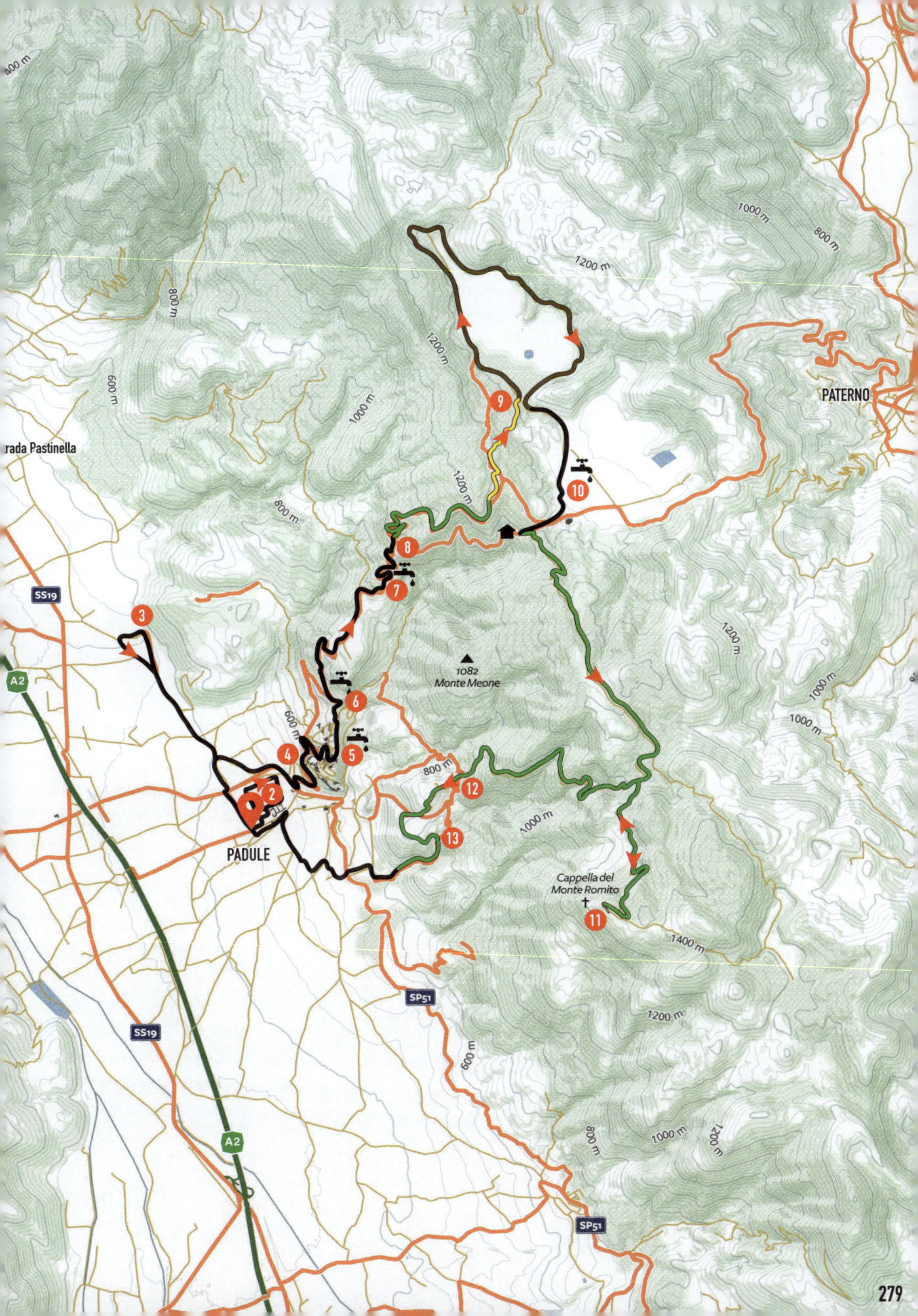

400 m
800 m
600 m
rada Pastinella
1000 m
1200 m
1200 m
1200 m
800 m
1000 m
800 m
PATERNO
SS19
A2
3
9
10
8
7
6
5
4
2
1082
Monte Meone
600 m
800 m
12
13
PADULE
1000 m
1200 m
1000 m
1000 m
Cappella del
Monte Romito
11
1400 m
SP51
SS19
1200 m
600 m
800 m
1000 m
1200 m
A2
SP51

Verschiedene Möglichkeiten entlang der Strecke
Einkehr

Brunnen entlang der Strecke
Trinkwasser

Auf dem Weg
1 Padula (521 m)
2 Certosa di San Lorenzo (536 m)
3 Battistero di San Giovanni in Fonte (484 m)
4 Gedenkmonument Joe Petrosino (600 m)
5 Brunnen an der Kirche S. Clemente (683 m)
6 Brunnen am Aussichtspunkt (734 m)
7 Brunnen am Picknickplatz (911 m)
8 Tre Fontane (1062 m)
9 Militärzone Mandranello (1118 m)
10 Mandrano (1062 m)
11 Monte Romito (1358 m)
12 Archäologische Fundstätte Cosilinum (859 m)
13 Wallfahrtsort San Michele alle Grottelle (749 m)

WEGBESCHREIBUNG

Unsere Tour trägt den Namen „Paparella-Ringtour", weil der Streckenverlauf an die Form einer Gans erinnert, sie ist auch das Wappentier der Gemeinde Padula, in deren Territorium wir unterwegs sind. Wir starten in Padula am Parkplatz des Klosters **(1)** und beginnen mit einer kleinen Aufwärmrunde durch die traumhaften Gärten, die sich hinter den Mauern der Certosa **(2)** verstecken. Hinein kommt man in den riesigen Klosterkomplex über ein Tor in der Viale Certosa; es kann sein, dass man klingeln muss. Nachdem wir die ersten Gärten durchquert haben, erreichen wir das „desertum", ein Garten im Stil des 18. Jahrhunderts, der von den Mönchen in Klausur genutzt wurde. Er liegt links von uns, auf der rechten Seite dagegen befindet sich der achteckige Turm, der eine ellipsenförmige Steintreppe aus dem 18. Jahrhundert beherbergt. Wir folgen weiterhin dem Rundweg bis zum Atrium, wo einst alle Handelsaktivitäten mit der Außenwelt stattfanden; hier kann man auch die beeindruckende Hauptfassade aus dem 16. Jahrhundert bewundern. Wir lassen das Kloster schließlich hinter uns und rollen für 2,7 km über Radwege und Straßen bis zur Taufkirche Battistero di San Giovanni in Fonte **(3)** aus frühchristlicher Zeit, die ebenfalls sehr sehenswert ist. Hier machen wir eine Kehrtwende und am km 7,2 folgen wir der Provinzstraße SP 51b in Richtung des al-

Auf dem Gipfel schwimmt man häufig in einem Meer von Wolken (© *Antonello Naddeo*)

ten Ortskerns von Padula, ein auf einer Anhöhe befestigter Weiler mit charakteristischen Gassen und Freitreppen. Bei dem Monument in Gedenken des amerikanischen, in Padula geborenen, Polizisten Joe Petrosino **(4)** angekommen, sind wir auf einer Höhe von 600 m und können einen Augenblick lang die fantastische Aussicht auf das Vallo di Diano und das Kartäuserkloster mit seinen Innenhöfen genießen. Auf dem Weg durch den Ort kommen wir am Platz Piazza Umberto I und der Kirche Chiesa di San Clemente aus dem 13. Jahrhundert **(5)** vorbei. Hier liegt auch der erste Brunnen, die nächsten beiden befinden sich am km 10,8 **(6)** und am km 13,5 **(7)**. Der Anstieg, beginnend am Kloster, führt uns mit konstanter Steigung für ca. 11 km bis auf eine Höhe von 1213 m, dabei bringen wir einen Höhenunterschied von gut 900 m hinter uns. Hier kommen wir an den Orten vorbei, an denen sich Carlo Pisacane einst dem Heer der Bourbonen entgegenstellte. Wir folgen der Provinzstraße SP231 und nach vier Kehren biegen wir auf den Schotterweg nach links ab. Wir sind jetzt auf der berühmten Via dei Prigionieri **(8)**, die von Gefangenen im Ersten Weltkrieg angelegt worden ist und die am Tempone del Cerri (1216 m) vorbei und über die Ebene Piana di Mandranello **(9)** an der Grenze zum Lucanischen Apennin führt. Unser Blick fällt auf ein komplett unbewohntes Tal mit ganz und gar unberührter Natur. Die Tenuta Mandranello ist ein ehemaliges Munitionsdepot und Militärzone in einem der schönsten und ältesten Buchenwälder Süditaliens. In der Mitte der Ebene gibt es ein Schluckloch, das sich nach Regenperioden mit Wasser füllt und einen kleinen See bildet. An diesem zauberhaften Ort tummeln sich außerdem zahlreiche Weidetiere. Nach ca. 6 km über die Ebene erreichen wir Mandrano, wo wir am Brunnen **(10)** unsere Trinkwasserreserven auffüllen können (der Brunnen wurde 1957 vom 21. Battaglione Genio Pionieri di Trani gebaut). Weitere Trinkwasserquellen gibt es, abhängig von der Jahreszeit, am km 26 und am km 29. Über den Durchgang am km 26,5 auf der linken Seite ver-

lassen wir Mandrano und folgen dem markierten Schotterweg bergauf in Richtung Monte Romito. Es erwartet uns ein 7 km langer Anstieg mit teilweise sehr starker Steigung (bis zu 25%). Man ausgewogen und kontinuierlich in die Pedale treten, um nicht den Grip zu verlieren. In der kalten Jahreszeit und bei Regen ist der Weg kaum noch praktikabel. Auf einer Höhe von 1358 m erreichen wir die Hochebene mit der Wallfahrtskirche Cappella del Monte Romito **(11)**. Hier kann man den traumhaften Ausblick auf das komplette Vallo di Diano zwischen den Massiven des Monte Motola, des Monte Cervati und des Monte Sirino genießen. An besonders klaren Tagen kann man sogar den Monte Gelbison und das Meer von Palinuro erkennen! Nach einer Pause um die Ruhe und den Frieden dieses Ortes voll auskosten zu können, rollen wir auf dem Weg vom Anstieg bergab bis zum km 36. Hier nach links auf den Schotterweg mit dem Zaun. Die Abfahrt auf dem Weg „Sentiero degli Stranieri" ist schnell und wir rollen über kompakten Untergrund; höchstens ein paar kleinere Felsaufschlüsse könnten Schwierigkeiten machen. Man sollte daher stets aufmerksam fahren, denn die tückischen Felsen könnten mit Laub bedeckt und nur schlecht erkennbar sein. Die Abfahrt führt uns an der archäologischen Fundstätte namens „Cosilium" **(12)** vorbei, ein Gebiet, in dem man Hinweise auf Besiedelung ausgehend vom 6. Jh. v. Chr. bis zum 11. Jh. n. Chr. gefunden hat. Nach dem 11. Jahrhundert wurden die Siedlungen nach Übergriffen von Sarazenen und Arabern komplett verlassen. Wir fahren weiter und stoßen bald auf den Wallfahrtsort San Michele alle Grottelle **(13)**, eine Höhle, die bereits in der Antike ein Ort religiöser Kulte war und im Christentum dem Erzengel Michael geweiht wurde. Hier können wir einige Fresken aus dem 14. Jahrhundert bestaunen. Jetzt fehlen uns nur noch 4 km bis zum Ausgangspunkt, dabei folgen wir den alten Wegen der Mönche bis zu einer jüngeren Ausgrabungsstätte, die eine antike Brücke vor dem Eingang zum Kloster ans Licht befördert hat. Die Tour ist lang, aber die fantasti-

In Richtung Monte Romito: Der Wald begleitet uns fast bis zum Gipfel (© *Antonello Naddeo*)

schen Naturlandschaften und die kulturellen Highlights machen aus ihr eine besonders angenehme und interessante Strecke. Wer Schwierigkeiten mit der Länge der Strecke hat, kann die Tour auch abkürzen. Dazu folgt man einfach der Provinzstraße SP 273 bis nach Mandrano und sofort weiter bergauf in Richtung Monte Romito; auf diese Weise spart man sich die Via dei Prigionieri und die Ebene Piana di Mandranello.

ANMERKUNGEN

Anreise: Padula liegt ca. 6 km von der Autobahn A2 del Mediterraneo entfernt. Ausfahrt Padula-Buonabitacolo und weiter auf der Staatsstraße SS19, ca. 3 km von der Abzweigung Padula Scalo entfernt. Mit dem Zug: Ab Napoli/Salerno bis Battipaglia/Eboli und mit dem Schienenersatzverkehr der der Buslinie Sicignano - Lagonero bis nach Padula. Der Bahnhof ist ca. 3 km von dem Kartäuserkloster entfernt.

Fresken in der Wallfahrtsstätte von S. Michele alle Grottelle (© *Antonello Naddeo*)

49 Vallo di Diano

VALLE STRAZZA UND SENTIERO DI SAN MICHELE

Radweg		0%
Asphaltierte Straße		75%
Betonierte/gepflasterte Straße		0%
Schotterstraße		0%
Saumpfad		0%
Pfad / Weg / Singletrail		25%

★★★
Schönheit

Cross Country
Stil

Frühjahr und Herbst
Beste Jahreszeit

Sanza, 559 m
N40 14.687 E15 33.081
Startpunkt

708 m
Höchster Punkt

1148 m
Höhenunterschied

31,9 km
Distanz

3,30 Std.
Wegdauer

★★★★
Technische Schwierigkeit

★★★
Körperlicher Anspruch

90%
Befahrbarkeit beim Anstieg

90%
Befahrbarkeit bei der Abfahrt

Ja – Nein
e-bike

Buono
Handyempfang

Diese Tour beginnt in Sanza, einem kleinen Dorf, das sich an die Hänge des Monte Cervati im Tal Vallo di Diano drängt. Die Strecke ist fantastisch, technisch wie physisch, vor allem im letzten Abschnitt in Richtung Monte Pittari. Sie ist nicht besonders lang (ca. 31 km), man braucht jedoch gut 5 Stunden, denn das ständige Auf und Ab ist ziemlich anstrengend. Im ersten Abschnitt des Anstiegs gibt es einige harte Rampen und der darauffolgende Singletrail erfordert einiges an Aufmerksamkeit: die richtige Position des Körpers (Gewicht nach hinten und Fersen auf den Pedalen nach unten für besseren Grip) ist hier besonders wichtig, um Probleme zu vermeiden. Der zweite Teil der Tour führt zum Monte Pittari, auch bekannt als Monte San Michele, hier geht es ebenfalls steil bergauf. Am Gipfel angekommen, rollen wir um den Berg bergab, wobei auch das Panorama zwischen Felswänden und -türmen nichts zu wünschen übriglässt. Zum Abschluss der Tour gibt es dann noch eine Abfahrt, die richtig viel Spaß macht. Achtung: die Strecke ist nicht für Regentage geeignet.

WISSENSWERTES

Caselle in Pittari liegt am Hang des Monte Pittari (auch Monte S. Michele) und ist ein typisch Cilentanisches Dorf, mit schmalen, gewundenen Gassen, alten Häusern und reizenden Kapellen. Über eine Bergstraße gelangt man von Caselle in Pittari zur Grotta di San Michele Arcangelo. Der Erzengel Michael ist Schutzpatron des Dorfes und wird hier in einem Flachrelief aus dem 12. Jh. dargestellt. Bei unserer Erkundungstour können wir außerdem die Höhlen von Tavaniello und Tavaniello und Occhio Nero, sowie den Hügel Gobba del Colle Serra (690 m) entdecken. Wer will, kann von der Strecke abzweigen und einen kleinen Abstecher zu den Schluchten von Morigerati machen, wo der Fluss Bussento wieder ans Tageslicht tritt. Caselle ist auch bekannt für seine Karstlandschaften mit zahlreichen Höhlen, Dolinen und Schlucklöchern. 2 km von der Ortschaft entfernt öffnet sich mitten in der dichten Vegetation ein beeindruckendes Loch, dessen Felswände für gut 150 m abfallen, es wird „La Rupe" genannt. Kleinere, aber nicht weni-

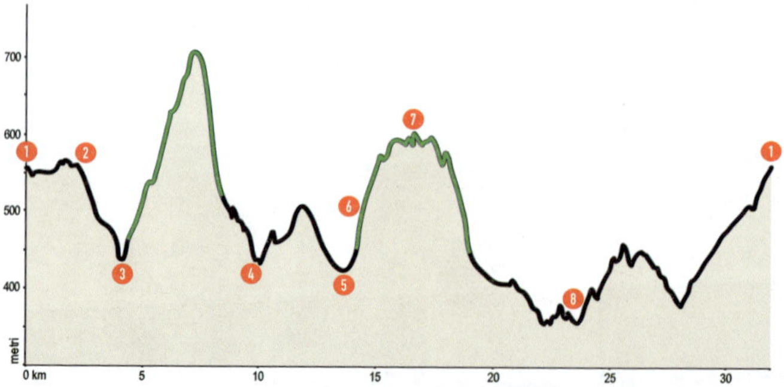

SANZA
SS517
SS517var
SP18b
2
3
SS517var
4
SS517
Sant'Eliano
8
Lago Sabetta
SS517var
Tempe
Caselle in Pittari
5
6
7
SP16
Sisamo
Tortorella
SP210
Morigerati
Sicilì

Bars in Sanza und Caselle in Pittari
Einkehr

Brunnen Madonna della Neve und bei Caselle in Pittari. Kein Trinkwasser auf dem Monte San Michele
Trinkwasser

Auf dem Weg
1. Zentrum Sanza (559 m)
2. Weg der Madonna della Neve (560 m)
3. Ponte dell'Abate (437 m)
4. Valle Strazza (472 m)
5. Caselle in Pittari (424 m)
6. Aussichtspunkt (547 m)
7. Pilgerstätte San Michele Arcangelo (594 m)
8. Ausblick auf den Staudamm Sabetta (362 m)

ger beeindruckende Ponore sind Orsivacca, Caravo und Cozzetta, alle nicht weit von La Rupe entfernt. Man erreicht sie über kurze Pfade, die durch eine dichte, noch unberührte Natur führen.

WEGBESCHREIBUNG

Wir starten im Zentrum von Sanza **(1)** auf der asphaltierten Straße, die in Richtung Südwesten zum Beginn des alten Weges der Madonna della Neve **(2)** führt. Der Weg war einst von großer Bedeutung für Pilger, die die Madonnenstatue hinauf zur Wallfahrtskirche auf einer Höhe von 1898 m trugen. Am km 3 biegen wir links ab, an der Abzweigung der mittelalterlichen Brücke „Ponte dell'Abate" **(3)** (km 5), die zur Verbindung von Sanza und Caselle in Pittari diente. Es geht bergab zu dem Weg Sentiero di Brancato, der zur alten Gemeindemühle führt (die Ruine kann besichtigt werden). Nach wenigen Metern (Achtung, nicht den Schotterweg neben der Brücke nehmen) mündet der Weg in die Schotterstraße, die durch einen dichten Eichen- und Kastanienwald führt. Die Straße wird steiler und es wird schwieriger, das Gleichgewicht im Sattel zu halten, der steinige Untergrund erschwert das Ganze noch zusätzlich. Nach einigen steilen Rampen und engen Kehren erreichen wir den höchsten Punkt unserer Tour (708 m, ca. 300 m Höhenunterschied

Freeride zwischen den Kastanien des Valle Strazza (© *Antonello Naddeo*)

Auf dem Sentiero di Michele Arcangelo (© *Antonello Naddeo*)

auf ca. 3 km Länge), wobei die letzte harte Rampe gleichzeitig auch als Verbindung zwischen dem Waldstück und einem Singletrail fungiert. Am Ende des Singletrails (Geröll beim Anstieg) hat man das fantastische Gefühl auf der weitläufigen Fläche mit Blumen und Farngräsern „zu schwimmen". Danach wird der Weg ebener und wir können kurz durchatmen, bevor wir uns in die Abfahrt stürzen, die einiges an Aufmerksamkeit erfordert. Das Gefälle hat es in sich und der Weg wird von zwei parallel verlaufenden Rinnen durchzogen (entstanden in Regenperioden), was hohe Geschwindigkeiten unmöglich macht. Am km 10 erreichen wir Valle Strazza **(4)** mit einem charakteristischen Picknickplatz mitten in einem uralten Kastanienhain und fahren auf Asphalt erst eben, dann bergauf weiter bis nach Caselle in Pittari **(5)**. Nach der Ortschaft (445 m) treten wir auf einem steinigen Weg (Nr. 901) bergauf in Richtung Monte Pittari (auch Monte San Michele). Hier beginnt der anspruchsvollste Teil der Tour (ca. 2 km), bei dem uns die zahlreichen Felsaufschlüsse und Stufen das Fahren schwermachen. An manchen Stellen zwingen uns die Felsen sogar zum Absteigen (portage), alle Mühen werden jedoch sofort von dem fantastischen Panorama belohnt **(6)**. Der letzte Abschnitt ist dann einfacher und führt zu den Höhlen, in denen sich die dem Erzengel Michel geweihte Pilgerstätte befindet **(7)**. Man kann die Höhlen besichtigen, sollte jedoch eine Taschenlampe dabeihaben, denn stellenweise ist es ziemlich dunkel. Zurück im Sattel fahren wir auf dem gleichen Weg bergab, wobei es nicht immer einfach ist, das Gleichgewicht zu halten. Wir erreichen erneut Caselle in Pittari und rollen jetzt für ca. 5 km auf Asphalt bergab in Richtung des Staudamms Diga Sabeta **(8)**, der den Stausee des Flusses Bussento abschließt. Hier machen wir uns dann auf den Weg zurück zu unserem Ausgangspunkt in Sanza.

ANMERKUNGEN

Anreise: Autobahn A2 del Mediterraneo, Ausfahrt Padula-Buonabitacolo.
Sanza liegt 10 km von der Ausfahrt Buonabitacolo entfernt (SS19).

Biker versteckt im Farn (© *Antonello Naddeo*)

50 Vallo di Diano

DER AFFONDATORE DI VALLIVONA

Radweg	0%
Asphaltierte Straße	52%
Betonierte/gepflasterte Straße	0%
Schotterstraße	9%
Saumpfad	0%
Pfad / Weg / Singletrail	39%

***
Schönheit

Cross Country
Stil

Frühjahr-Herbst
Beste Jahreszeit

Comune di Sanza, 558 m
N40° 14.687' E15° 33.166'
Startpunkt

1245 m
Höchster Punkt

1210 m
Höhenunterschied

36,2 km
Distanz

3,30 Std.
Wegdauer

**
Technische Schwierigkeit

**
Körperlicher Anspruch

100%
Befahrbarkeit beim Anstieg

100%
Befahrbarkeit bei der Abfahrt

Ja – Nein
e-bike

Spärlich
Handyempfang

Die Tour ist nicht besonders schwierig und beginnt mit einem langen Abschnitt auf Asphalt, der ideal zum Aufwärmen ist. Der Anstieg auf Schotter ist einfach, der Untergrund kompakt und steinig, genauso wie die folgende Abfahrt in Richtung des Schlucklochs. Es gibt keinerlei natürliche Hindernisse, nur im Wald, kurz vor dem Schluckloch (it.: inghiottitoio oder affondatore), könnte der Untergrund schlammig sein und im Herbst könnte Laub das Vorwärtskommen erschweren. Nahe der Quelle „dell'acqua che suona" (dt.: das Wasser, das klingt) liegt ein Rohr an der Oberfläche und man sollte sehr vorsichtig fahren. Am Schluckloch angekommen, sollte man die Stirnlampe nicht vergessen haben, denn im Tunnel gibt es kein Licht und es ist dunkel, obwohl Ein- und Ausgang gut sichtbar sind. Der Weg ist gut markiert. Die Strecke gehört zu den schönsten im Gebiet des Nationalparks.

WISSENSWERTES

Am Ende der Tour empfehlen wir einen Stopp in Sanza, ein kleines, reizendes Dorf umrundet von Wäldern, in denen überwiegend Kastanien, Buchen und Zerreichen wachsen. Im Gebiet der Gemeinde liegt einer der höchsten Berge Kampaniens, der Monte Cervati (1898 m), an dem auch der Fluss Bussento entspringt. Im Dorf kann man die Kirche Chiesa Madre aus dem 16. Jahrhundert, die Kirche S. Francesco und den „Cippo di Pisacane" besichtigen. Der sogenannte „cippo" ist ein Monument, das an die unglückliche Mission des Carlo Pisacane und seinen Männern erinnert; er starb hier nach der Schlacht mit dem Heer der Bourbonen im Jahr 1857. In Sanza ist die Verehrung der Madonna della Neve weit verbreitet, die „Jungfrau des Schnees" wird auch Madonna del Cervato genannt und der Kult hat uralte Wurzeln. Jedes Jahr Ende Juli kommen die Gläubigen in der Nacht in die Kirche Ciesa Madre di S. Maria Assunta, um die Madonnenstatue zu huldigen. Danach geht es in einer Prozession hinauf zur Kapelle auf dem Monte Cervati auf einer Höhe von 1850 m.

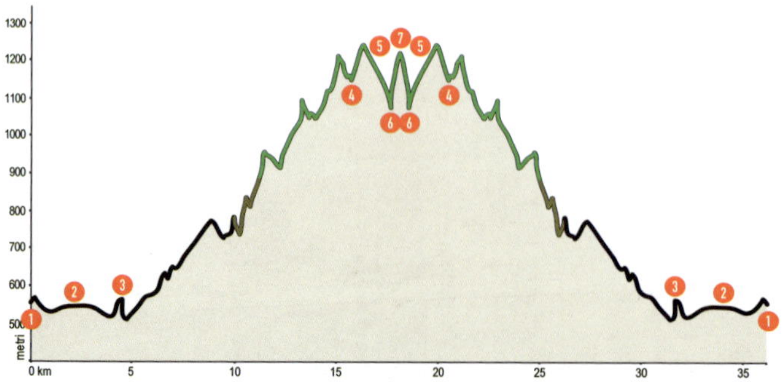

SANZA
SP18b
Fiume Bussento
SS517var
SS517
Caporra
1
2
3
4
5
6
7

Keine
Einkehr

Brunnen entlang dem Weg „Madonna della Neve“
Trinkwasser

Auf dem Weg
1. Ortschaft Comune di Sanza (545 m)
2. Weg der Madonna della Neve (548 m)
3. Ponte Inferno über den Bussento (560 m)
4. Località Colle del Pero (1146 m)
5. Picknickplatz (1213 m)
6. Tunnel des Schlucklochs (1075 m)
7. Affondatore di Vallivona (1220 m)

WEGBESCHREIBUNG

Wir starten in Sanza **(1)** und folgen der mehr oder weniger ebenen (519 m) Provinzstraße SP18/b in Richtung Monte Cervati (ausgeschildert). Nach 2 km stoßen wir auf die Abzweigung des alten Weges Sentiero della Madonna della Neve **(2)**. Wir überqueren den Fluss Bussento auf der Brücke Ponte Inferno **(3)** und erreichen das Schild, das auf den Weg zum höchsten Gipfel Kampaniens hinweist (km 10; 843 m). Der Anstieg beginnt mit einer angenehmen Steigung und nach 6,5 km und einer Reihe an Kehren stoßen wir in Colle del Pero **(4)** auf die erste Abzweigung: der Weg links führt zum Gipfel des Cervati, der Weg nach rechts dagegen zum Ponor namens Affondatore di Vallivona. Der Schotterweg ist sauber und birgt keine besonderen Schwierigkeiten. Am Ende der Abfahrt befindet sich auf der linken Seite ein Lattenzaun und ein Picknickplatz **(5)** mit tollem Ausblick von oben auf das Schluckloch. Am Zaun fahren wir dann nach rechts auf dem Schotterweg bergab bis zu dem Schluckloch, einer der spektakulärsten Karstformationen Italiens. Wir

Der Affondatore di Vallinova im winterlichen Gewand (© *Antonello Naddeo*)

erreichen den Tunnel **(6)** (km 17,7), in dem sich das Wasser sammelt und der zum Ponor führt. Der Eingang in den Tunnel ist ein wenig gruselig. Der mehr als 200 m lange Tunnel wurde in den 70er Jahren gebaut um das Wasser des riesigen Schlucklochs in den Valone dell'Inferno umzuleiten. Auch wenn der Tunnel nicht natürlichen Ursprungs ist, so hat man dennoch das Gefühl, das Innere des Berges zu betreten. Raus kommt man dann in einem riesigen Krater mit hohen Felswänden, Wasserfällen und einem kleinen See, der das Schmelzwasser von Schnee und Eis sammelt; ein wirklich beeindruckendes Ambiente. Der Untergrund im Tunnel ist glatt, gerade und ohne Löcher und normalerweise fließt hier ein kleiner Wasserlauf (sehr viel mehr Wasser im Winter). Man sollte gute Schuhe anhaben, falls man bremsen und die Füße absetzen muss. Auf keinen Fall sollte man die Stirnlampe vergessen, auch wenn Ein- und Ausgang des Tunnels stets sichtbar sind. Es ist faszinierend, den Tunnel mit dem Fahrrad zu durchqueren, das Wasser am Grund ist eiskalt, genauso wie die Luft im Inneren. Am Ende des Tunnels kann man dann aufatmen, der Affondatore **(7)** ist eine friedliche Oase zwischen hohen Felsen, in der die Frösche ihre „Gesänge" erklingen lassen. Eine kleine Pause an diesem fantastischen Ort und schon ist es Zeit, auf dem gleichen Weg zurück zum Ausgangspunkt zu fahren.

ANMERKUNGEN

Anreise: Autobahn A2 del Mediterraneo, Ausfahrt Buonabitacolo Padula und weiter in Richtung Sanza.

Picknickplatz oberhalb des Schlucklochs (© *Antonello Naddeo*)

DURCH DEN WALD: CERRETA - COGNOLE

Radweg	0%
Asphaltierte Straße	0%
Betonierte/gepflasterte Straße	0%
Schotterstraße	100%
Saumpfad	0%
Pfad / Weg / Singletrail	0%

***
Schönheit

Cross Country
Stil

Ganzjährig
Beste Jahreszeit

Wald von Montesano sulla Marcellana, 583 m N40 14.777 E15 39.537
Startpunkt

677 m
Höchster Punkt

487 m
Höhenunterschied

17,8 km
Distanz

2 Std.
Wegdauer

**
Technische Schwierigkeit

**
Körperlicher Anspruch

100%
Befahrbarkeit beim Anstieg

100%
Befahrbarkeit bei der Abfahrt

Ja - Nein
e-bike

Spärlich
Handyempfang

Unsere Tour führt uns durch das Tal Vallo di Diano, in den Wald „Cerreta - Cognole“, der ca. 823 Hektar groß und besonders in Hinblick auf den Schutz und die Wiedereinführung bedrohter Arten interessant ist. Der Wald Cerreta war einst ein Geschenk des Königs Karls von Anjou an den Baron von Montesano sulla Marcellana, 1636 erwarb ihn dann der Prior des Kartäuserklosters von Padula. Der Wald blieb bis ins 19. Jahrhundert im Besitz des Klosters, erst mit der Abschaffung der Klöster ging er in staatlichen Besitz über. Seit 1975 gehört der Wald zu den Wäldern der Region Kampanien, die ihn in Zusammenarbeit mit dem Corpo Forestale dello Stato verwaltet. Das Forstgebiet wird von einem Tal in zwei Teile geteilt, der Wald von Cerreta, der zur Gemeinde von Montesano sulla Marcellana gehört und der Wald von Cognole, der zur Gemeinde von Sanza gehört.

WISSENSWERTES

Montesano sulla Marcellana ist ein kleines Dorf mit reizenden Gassen und alten Kirchen aus verschiedenen Epochen, umgeben von traumhaften Naturlandschaften. Der riesige Wald macht aus dem Gebiet eine der „grünsten“ Gegenden der Provinz von Salerno. Das Schutzgebiet für einige bedrohte Arten grenzt an die Gemeinden Sanza und Casalbuono und neben den Naturlandschaften gibt es hier auch einige interessante Kulturgüter zu entdecken. Dazu gehören beispielsweise die Höhle Grotta di S. Angelo im Ortsteil Lucito und das imposante Kloster S. Maria di Cadossa, das im 9. Jahrhundert von Basilianer Mönchen gegründet wurde und heute zu den Besitztümern des Kartäuserklosters Certosa di San Lorenzo in Padula gehört. Außerdem kann man in Montesano auch das Kapuzinerkloster Convento dei Cappuccini mit der anliegenden Kirche S. Matteo besichtigen. Nicht zu vergessen, die Thermalquellen von Montesano, entlang der Staatsstraße, am Fuß des Maddalena-Massivs, gibt es mehrere Thermalbäder, in denen man sich nach anstrengenden MTB-Ausflügen entspannen kann.

WEGBESCHREIBUNG

Wir starten am Waldeingang, nahe dem Picknickplatz auf einer Seehöhe von 566 m **(1)** (hier kann man auch Mountainbikes ausleihen)

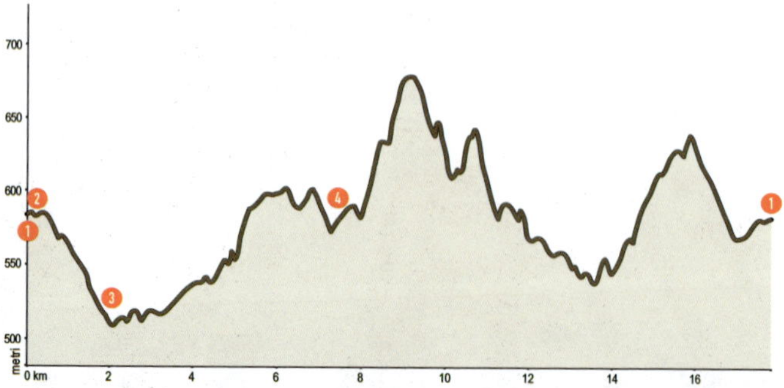

BUONABITACOLO
SS517
SP103
SS517var
Fiume Tanagro
A2
CASALBUONO
Gioncoli
3
2
4
500 m
600 m
700 m
800 m
900 m
1000 m
1100 m

Picknickplatz: Rifugio Forestale

Einkehr

Mehrere kleine Brunnen: Fontana del Salice, Caprile, Sauco

Trinkwasser

Auf dem Weg

1. Eingang zum Wald Foresta da Montesano sulla Marcellana (566 m)
2. Gebiet zur Aufzucht und Wiedereinführung des Hirschs (580 m)
3. Cerreta (520 m)
4. Wachturm (592 m)

und rollen auf dem breiten Forstweg in den Park. Auf der linken Seite können wir den Bereich zur Aufzucht und Wiedereinführung von Hirschen entdecken **(2)**, eine Art, die in der Vergangenheit im Gebiet des Monte Cervati zuhause war. Wir kommen an eingezäunten Bereichen vorbei, in denen wir Wildschweine, Rehe, Dammhirsche und Mufflons beobachten können. Der erste Teil der Tour birgt keine besonderen Schwierigkeiten, wir fahren über einen sauberen, feinkörnigen Schotterweg, der auch für Familien mit Kindern bestens geeignet ist. Erst fahren wir für ca. 2 km bergab, danach geht es für ca. 2,5 km eben dahin und wir halten die Höhe von ca. 550 m. Je weiter wir vorankommen, desto dichter wird der Wald, in dem zahlreiche Zerreichen wachsen **(3)**, eine in mediterranen Gegenden sehr typische Pflanze (die Zerreiche, auf Italienisch „cerro", deutet auch auf den Namen des Waldes „Cerreta" hin; Anm.d.Ü.). Die nächsten 4 km treten wir leicht bergauf, dann folgt ein anstrengenderer Abschnitt, der uns zu einem Aussichtspunkt führt.

Hier ragt ein Wachturm **(4)** empor, der den Förstern dazu dient, Waldbrände schnell ausmachen zu können (am km 10). Ca. 700 m nach dem Turm beginnt der beste und auch anspruchsvollste Teil der Tour. Ein ca. 1 km langes Geröllfeld mit ziemlich losen Stellen, die auch die Fahrtechnik der erfahreneren Biker auf die Probe stellen werden. Hier sollte man das Gewicht stets stark nach hinten verlagern, damit das Vorderrad leichter über die losen Felsbrocken kommt. Es geht bergab und nach 4 Kehren sind wir wieder im Unterholz und rollen weiter bergab. Ab dem km 14 geht es auf und ab und nach einem letzten Anstieg sind wir wieder auf einer Höhe von 650 m. Dieser letzte Abschnitt führt auch durch das Flussbett des Chiavico, einem Zufluss des Calore. Nach ein paar finalen Rampen erreichen wir schließlich erneut den Ausgangspunkt der Tour. Die Cerreta ist täglich geöffnet, aber um die hier beschriebene Tour fahren zu können, empfiehlt es sich, telefonisch abzuklären, ob alle Bereiche des Walden geöffnet sind (Öffnungszeiten: im Sommer 9-20 Uhr, im Winter 9-17 Uhr; Eintritt frei).

ANMERKUNGEN

Anreise: Autobahn A2 del Mediterraneo, Salerno-Reggio Calabria, in Richtung Süden, Ausfahrt Padula-Buonabitacolo und weiter auf der SS19 „delle Calabrie" in Richtung Süden für ca. 5 km. Dann den Hinweisen zur Foresta Demaniale Cerreta Cognole bis zum Zentrum der Forstverwaltung folgen.

Der faszionierende Wald Cerreta Cognole (© *Antonello Naddeo*)

CASALBUONO RINGTOUR

Radweg	4%
Asphaltierte Straße	17%
Betonierte/gepflasterte Straße	0%
Schotterstraße	30%
Saumpfad	0%
Pfad / Weg / Singletrail	49%

**
Schönheit

Cross Country
Stil

Ganzjährig
Beste Jahreszeit

Casalbuono, 627 m
N40 13.010 E15 40.832
Startpunkt

910 m
Höchster Punkt

655 m
Höhenunterschied

18,1 km
Distanz

2 Std.
Wegdauer

**
Technische Schwierigkeit

**
Körperlicher Anspruch

98%
Befahrbarkeit beim Anstieg

98%
Befahrbarkeit bei der Abfahrt

Ja - Nein
e-bike

Gut
Handyempfang

Diese Tour ist besonders in technischer Hinsicht interessant, es gibt anspruchsvolle Anstiege, Singletrails und lange Schotterwege durch Wälder und über Flüsse. Der erste Abschnitt führt uns für 4 km am Fluss Calore entlang und birgt keine besonderen technischen Schwierigkeiten. Der folgende Anstieg geht dafür umso mehr in die Beine und bei starker Steigung geht es über 350 Höhenmeter bergauf bis zum höchsten Punkt der Tour, „Località Uva Lupa". Die finale Abfahrt verspricht jede Menge Bike-Spaß, es geht stellenweise durch richtige Canyons, die Wind und Wasser in das sandige Gelände gegraben haben. Die Strecke ist zwar nicht lang, aber dafür sehr anstrengend. Es empfiehlt sich, zwischen Frühjahr und Herbst zu starten, denn bei Regen wird der Untergrund hier extrem rutschig.

WISSENSWERTES

Casalbuono ist ein kleines Dorf, das auf einer Anhöhe mit fantastischen Blick auf das Tal Vallo di Diano liegt. Es gibt zahlreiche Naturpfade in der Gegend und auch das kulturelle Angebot lässt nichts zu wünschen übrig. So kann man die beeindruckende und erst kürzlich restaurierte Burg Castello Baronale aus dem 15. Jahrhundert besichtigen oder die wunderschöne Kirche Chiesa Madre di Santa Maria delle Grazie aus dem 12. Jahrhundert, mit einem Portal von 1518 und dem Wappen der Certosa di Padula. Sehenswert sind außerdem der Palazzo Romanelli und der historische Ortskern. Auf keinen Fall auslassen sollte man die typischen Köstlichkeiten Castebuonos. Hier dreht sich alles um die Bohne, klein und rund, weiß mit roten oder bräunlichen Schattierungen. Gekocht werden sie in den hier typischen Tontöpfen. Eine weitere Köstlichkeit ist die „panèlla chièna", eine Art gefülltes Brot mit Paprika und Ei.

WEGBESCHREIBUNG

Wir starten in Casalbuono **(1)** (627 m) und folgen der Staatsstraße SS19 in Richtung Montesano sulla Marcellana. Nach ca. 50 m biegen wir links ab und rollen ein kurzes Stück bergab bis zum Fluss Calore

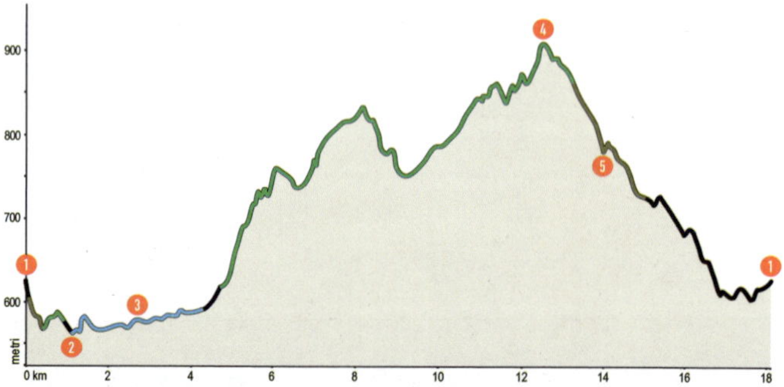

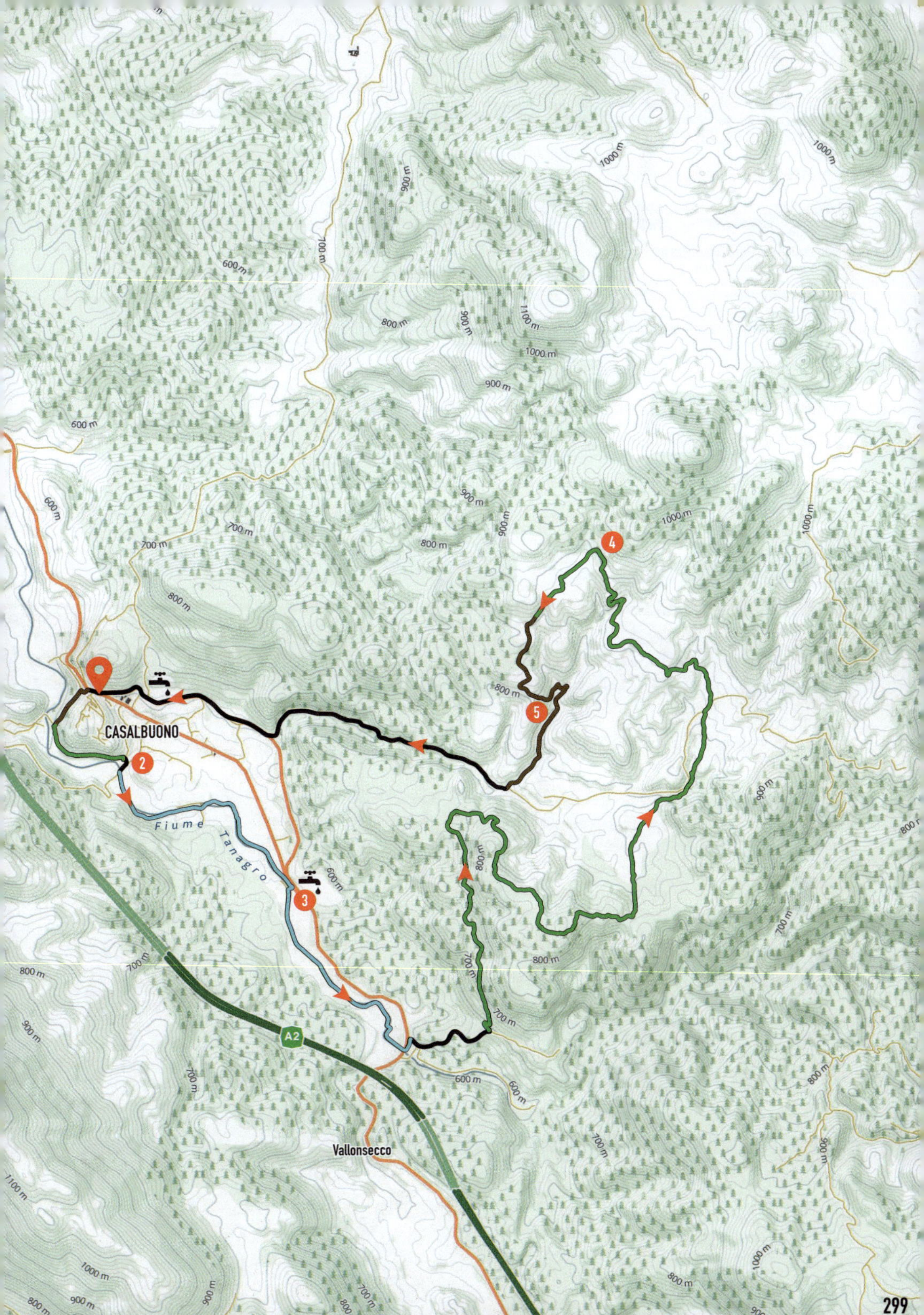
CASALBUONO
Fiume Tanagro
A2
Vallonsecco
2
3
4
5
600 m
700 m
800 m
900 m
1000 m
1100 m

Keine

Einkehr

Brunnen in Casalbuono, Brunnen Acquabianca

Trinkwasser

Auf dem Weg

1. Casalbuono Piazza Michele Calabria (627 m)
2. Brücke über den Fluss Calore (563 m)
3. Fontana Acquabianca (579 m)
4. Località Uva Lupa (910 m)
5. Località Varco del Carro (782 m)

(563 m). Am Ende der Abfahrt biegen wir wieder links ab und folgen dem Singletrail bis zur Kläranlage der Gemeinde (Loc. Costarelle). In der Nähe des Klärwerks stoßen wir auf ein kleines Wasserbecken, hier müssen wir nach rechts und über die Brücke **(2)**. Auf der anderen Flussseite beginnen wir den 4 km langen Abschnitt auf dem Radweg, der am Fluss entlang bis nach „Ponte del Re" führt. Hier nach links und auf Asphalt bergauf. Nach einer Kehre beginnt der anstrengendste Anstieg unserer Tour mit einer durchschnittlichen Steigung von ca. 20%. Auf dem Schotterweg geht es durch den Mischwald (Zerreichen, Ahorn, Goldregen und Hainbuchen), bis wir auf einen breiten und sauberen Karrenweg stoßen. Wir fahren nach links und erreichen bald die asphaltierte Straße, die nach Casalbuono führt (ideale Fluchtweg für alle, die Schwierigkeiten haben). Wir halten uns rechts und treten weiter bergauf über den jetzt steiler werdenden Weg bis nach Località Pietra Villosa. Nach dem Singletrail geht es auf einem Schotterweg bis nach Località Molarito und bis zum Brunnen Acquabianca **(3)** auf einer Höhe von 579 m. Wir lassen den Brunnen links hinter uns und treten durch die Talschlucht bergauf, dabei müssen wir für ca. 10 absteigen und schieben. Am Ende des Anstiegs

Durch den Fluss (© *Antonello Naddeo*)

folgen wir der Straße über die Felder bis nach Località Cesariana, wo man auch die Reste einer antiken Siedlung besichtigen kann. Nach Cesariana biegen wir rechts ab und nach ca. 500 m rollen wir nach links bergab (die Straße führt nach Tardiano di Montesano). Nach einer weiteren Talschlucht sind wir schließlich am höchsten Punkt der Tour in „Località Uva Lupa" **(4)** (910 m) angekommen und können uns in eine fantastische Abfahrt stürzen. Über sandigen Untergrund geht es bergab bis nach Località Varco del Carro **(5)**. Die Abfahrt endet im „Vallone Acquabianco", hier biegen wir rechts ab und folgen der asphaltierten Straße auf der rechten Seite des Flusses Bagnoli. Nach ca. 1,7 km kreuzen wir die SS19, die uns in knapp 1,2 km zurück zum Ausgangspunkt der Tour bringt.

ANMERKUNGEN

Anreise: Wer von Süden kommt, fährt auf der Autobahn A2 del Mediterraneo bei Lagonegro Sud ab, nimmt die Talstraße des Noce (fondovalle del Noce) und biegt auf die SS19 ab; nach ca. 9 km erreicht man Castelbuono. Wer von Norden kommt nimmt die Ausfahrt Padula/Buonabitacolo und folgt der SS19; nach ca. 10 km erreicht man Castelbuono (den Hinweisen nach Buonabitacolo folgen).

Versteckt in den Wäldern des Vallo di Diano (© *Antonello Naddeo*)

	Stil	Starpunkt	Höchster Punkt	Höhenunterschied	km	Wegdauer	Technische Schwierigkeit	Physischer Anspruch	Befahrbarkeit bei Anstieg	Befahrbarkeit bei Abfahrt
OBERER CILENTO										
01. Entdeckungstour zu den Trezeni	XC	27 m	255 m	586 m	13,4 km	1,30 Std.	***	***	95%	95%
02. Den Sirenen auf der Spur	XC	492 m	56 m	164 m	14,3 km	1,30 Std.	*	*	100%	100%
03. Monte Licosa Rundtour	XC	22 m	270 m	374 m	24 km	2,45 Std.	***	**	100%	97%
04. Monte di Pietra	FR	12 m	694 m	870 m	35,18 km	2,30 Std.	***	***	95%	95%
05. Die Oase des Alento	XC	0 m	639 m	1063 m	53,8 km	1,30 Std.	***	***	100%	100%
06. Gole dei Tremonti - Solofrone Wasserfall	XC	22 m	373 m	836 m	39.6 km	3 Std.	***	**	95%	95%
07. Sentiero di San Francesco	4ALL	4 m	292 m	422 m	13,9 km	2,10 Std.	**	**	95%	100%
08. Fiumarella und Valle dei Mulini	XC	332 m	630 m	1152 m	25,3 km	3,30 Std.	****	****	95%	95%
09. Vatolla - Zwischen Geschichte und Natur	XC	38 m	459 m	554 m	22,3 km	2 Std.	***	***	95%	99%
10. Fünf Dörfer	XC	15 m	518 m	793 m	29,8 km	2,45 Std.	**	***	98%	100%
11. Transmontemare	XC	24 m	443 m	1607 m	54,9 km	5,30 Std.	***	***	100%	100%
12. Ringtour Piano Vetrale und Monte Serra	XC	22 m	921 m	992 m	25 km	3 Std.	**	**	98%	100%
13. Sentiero del Pane Cilentano	XC	22 m	639 m	887 m	50 km	3,30-4 Std.	***	***	97%	100%
14.S(t)ella Ronda Cilentano	XC	6 m	1108 m	1787 m	48,7 km	5 Std.	***	***	100%	93%
ZENTRALER CILENTO										
15. Auf dem Gipfel des Gelbison	XC	375 m	1667 m	1892 m	34,2 km	5,30 Std.	****	****	98%	95%
16. Die schönste Küste des Cilento: La Tangeta	XC	4 m	462 m	875 m	34,2 km	2,45 Std.	***	***	95%	98%
17. Auf den Spuren des Parmenides	XC	2 m	682 m	1250 m	28,3 km	3,30 Std.	****	****	95%	95%
18. Am Hof von Castelnuovo Cilento	XC	17 m	287 m	484 m	19 km	2,30 Std.	**	**	97%	100%
19. Civitella Ringtour	FR	386 m	761 m	774 m	21 km	3 Std.	***	**	97%	95%

UNTERER CILENTO										
20. Capo Palinuro	AM	8 m	162 m	299 m	5,8 km	1 ora	****	**	100%	90%
21. Valle del diavolo und Sentiero dei Briganti	XC	7 m	384 m	962 m	27,68 km	3 Std.	***	***	95%	95%
22. Karibik des Cilento: Baia degli Infreschi	XC	60 m	284 m	779 m	48,60 km	5,30 Std.	***	***	95%	95%
23. Küste und Wachtürme	AM	49 m	386 m	633 m	17 km	1,30 Std.	****	***	85%	90%
24. Monte Castelluccio	FR	7 m	690 m	962 m	18 km	2 Std.	***	**	100%	98%
25. Calvario-Ringtour	XC	3 m	622 m	973 m	25,85 km	2 Std.	***	***	100%	100%
26. Pianoro di Ciolandrea und Vallone del Marcellino	AM	3 m	577 m	985 m	26,3 km	5 Std.	****	****	100%	70%
27. Oasi del Capello	FR	530 m	695 m	695 m	12,8 km	3 Std.	***	**	90%	90%
VALLE DEL CALORE ALBURNI										
28. Campora - Rundtour	FR	522 m	1014 m	968 m	25,8 km	4,30 Std.	****	****	95%	90%
29. Monte Chianiello Rundtour	XC	578 m	916 m	1062 m	21,8 km	3 Std.	***	***	95%	95%
30. Die Schluchten von Felitto	XC	207 m	916 m	1674 m	38,5 km	3,30 Std.	***	****	98%	98%
31. Geisterstädte und die Schluchten des Sammaro	XC	510 m	763 m	1026 m	24 km	4 Std.	***	***	90%	90%
32. Passo della Sentinella und Sella del Corticato	XC	742 m	1210 m	1397 m	29,5 km	3,30 Std.	***	****	90%	100%
33. Valle del Fasanella: Ruinen und archäologische Fundstätten	XC	508 m	789 m	980 m	24,1 km	3 Std.	**	**	100%	100%
34. Hüttentour in den Monti Alburni	XC	518 m	1406 m	1937 m	46,1 km	5 Std.	***	****	100%	100%
35. Antece	XC	1046 m	1203 m	759 m	19 km	3,30 Std.	***	***	95%	95%
36. u' Figliuliedd	XC	1166 m	1407 m	525 m	15,1 km	1 ora	**	**	97%	100%
37. Von San Pietro al Tanagro zu den Campi di Cerabona	XC	447 m	1221 m	1047 m	33,5 km	3,30 Std.	***	****	95%	90%
38. Monte Capo La Serra	XC	784 m	1124 m	651 m	13,9 km	2 Std.	**	**	95%	100%

	Stil	Starpunkt	Höchster Punkt	Höhenunterschied	km	Wegdauer	Technische Schwierigkeit	Physischer Anspruch	Befahrbarkeit bei Anstieg	Befahrbarkeit bei Abfahrt
VALLO DI DIANO										
39. Pertosa - Rundtour	XC	252 m	655 m	703 m	16,9 km	2 Std.	**	**	98%	98%
40. Sito Alto und Sentiero dei Pellegrini	AM	559 m	1437 m	1155 m	20,8 km	3 Std.	***	****	100%	95%
41. Monte Motola	AM	771 m	1700 m	1068 m	14,1 km	4 Std.	****	****	90%	95%
42. Im Land der Fusilli	XC	642 m	1357 m	1660 m	40 km	4 Std.	***	****	98%	98%
43. Cima di Mércori	XC	499 m	1638 m	2100 m	53,7 km	4,30 Std.	***	****	100%	100%
44. Der Kopf des Drachens: Cocuzzo delle Puglie	AM	603 m	1465 m	1352 m	36,6 km	5 Std.	****	****	93%	99%
45. Im Valle del Bucana	XC	461 m	1071 m	985 m	29,5 km	3 Std.	***	**	100%	95%
46. Das Tal der Orchideen	XC	460 m	1154 m	1217 m	34,5 km	2 Std.	***	***	100%	100%
47. Die wunderbare Welt des Monte Cervati	AM	473 m	1853 m	2646 m	70,8 km	8 Std.	****	****	100%	99%
48. Paparella-Ringtour: Monte Romito und San Michele in Grottelle	XC	521 m	1379 m	1795 m	45 km	4 Std.	***	****	100%	100%
49. Valle Strazza und Sentiero di San Michele	XC	559 m	708 m	1150 m	31,9 km	5 Std.	****	***	90%	90%
50. Der affondatore di Vallivona	XC	785 m	1245 m	1210 m	36,1 km	3,30 Std.	**	**	100%	100%
51. Durch den Wald: Cerreta - Cognole	XC	566 m	677 m	487 m	17,8 km	2 Std.	**	**	100%	100%
52. Casalbuono Ringtour	XC	627 m	910 m	655 m	18,1 km	2 Std.	**	**	98%	98%